法学教室

第2卷

李 昊 主编

LEGAL STUDIES

中国法制出版社
CHINA LEGAL PUBLISHING HOUSE

编辑部

儒者在朝则美政，在乡则美俗

苏亦工*

日前，出版社嘱我为法学院系学生写上几句毕业前的寄语，作为一名从事法学研究、教学工作三十余年的教师，感觉有点推托不掉，只得勉为其难了，但又感到很惭愧，也很惶恐。首先，我想声明，在此只能谈谈个人的一点想法，这些想法很多人可能并不认同，这是让我感到惭愧的地方。其次，让我感到惶恐的是，不知道该说些什么，怕说得不中听，引起大家的反感。我知道，寄语毕业生，最简单也最安全的讲法是向大家说些恭维、祝福的套话。这些话我也会说，想必大家已经听得不少了。无非是："你们是天之骄子"，"你们是状元、才子"，是国家未来的栋梁之才，是高智商的群体云云。大概你们一走进大学校园，听到的就是些谀辞艳句了吧？在你们行将走出校园之际，如果还沉湎于这些华丽的辞藻里不能自拔，我怕你们在今后的生活环境里会水土不服的。

不错，你们确实都很优秀。但是这个社会上优秀的人很多，应该不止你们吧？只是很多人没你们这样幸运罢了。你们能走进大学校园、顺利毕业，是凭着自己的优秀呢，还是凭着幸运？抑或二者兼有呢？但愿你们心里都能有点儿数。不要稀里糊涂地进来，又稀里糊涂地出去。如果到现在还弄不清楚，以后难免会碰壁的，幸运之神不可能永远站在你这边。要知道，这个世界从来不缺聪明人，但据说这世界上的蠢事都是聪明人干出来的。《红楼梦》里的王熙凤很聪明，结果怎么样呢？"机关算尽太聪明，反误了卿卿性命。"[1]整天靠耍小聪明过日子是走不了多远的！

---

* 清华大学法学院教授。

〔1〕（清）曹雪芹:《红楼梦》（上），人民文学出版社 2000 年版，第 58 页。

孟子说："始条理者，智之事也；终条理者，圣之事也。"[1]刚开始做事很有条理的，不过巧智而已。但是能够从头到尾都做得很有条理，最终能成就一番事业的，那可就是圣人了。圣人的事业靠投机取巧是不行的。

看着你们即将离校走向各自的未来，就像看着我自己的孩子一个人初次离家远行一样。心情很是复杂，一方面为你们高兴，你们终于大了，终于可以不依赖父母了。但是，更多的一面则是为你们担忧，担心你们还太年轻，太单薄，太脆弱，能不能够应付得了当今这个复杂而又多变的世界？你们能行吗？能扛得住吗？

我带过一个学生，周围的老师和同学都夸她智商高，她自己也以为自己聪明绝顶。只有我这个导师说她傻，简直是傻气四溢。你说什么她都听不进去，那只有随她去了。毕竟以后路要靠她自己走，走得怎么样，只有凭她个人的造化了。这样的学生，我见到的可不止一个，应该说不是个别现象，有一定的普遍性。有些同学，人很聪明，学习能力很强，但就是做事不通情理。是何原因造成的呢？我反思了一下，应该是我们的教育出了问题。尤其是法学教育，究竟教给了你们些什么？你们学到了些什么？你们学到的那些法学到底是从何而来的呢？依我之见，那是一套经过汉译的纯西方话语体系，是全套的西方概念、制度、价值观和文化背景的移译。

我听说，有个部门法博士生，记不得是民法还是刑法专业的博士生了，他说他感觉自己的文化祖国是德国。依此类推，宪法的博士生可能会觉得他的文化祖国是美国，有的专业可能觉得他的文化祖国是英国、法国、日本，如此等等。他们有这样的感觉应该说毫不奇怪。但是我们不妨扪心自问，难道我们多年来的教育就是处心积虑地要把你们培养成黄皮白心的香蕉吗？就是要把你们培养成会说中国话但连自己的文化祖国都忘却了的西方人吗？这样的教育和学习会产生什么样的后果呢？请大家不要做意识形态化的理解，我说的与政治无关。

我个人以为，西方文化有两个基本特征：那就是功利主义和斗争哲学。法

〔1〕 杨伯峻：《孟子译注》，中华书局 2010 年版，第 215 页。

学应该就是西方文化这两个特征的最集中体现。著名的德国法学家耶林有本名著叫作《为权利而斗争》[1]，这个书名应该说就是对全部西方法学的精确概括。西方法学上所说的权利是什么呢？学界有各种各样的解释。在我看来，说穿了，就是财产利益和可以折算成财产的利益。但不要忘了，西方的功利主义又是和个人主义捆绑在一起的。西方人鼓吹的斗争哲学，通常都带有浓厚的暴力色彩。

这样的一套为自身利益而拼命斗争的学说体系经过中国法学教师群体的概念化、教条化的理解或曲解并传授给你们，会产生什么样的效果呢？北京大学有位已退休的教授钱理群先生有一句名言，大家应该都听说过：如今中国大学教育培养出来的是一群“绝对的、精致的利己主义者”。这些精致的利己主义者包不包括你们呢？应该包括吧？但显然不止你们，也应该包括我们这些教过你们的老师吧？

再这样说下去，你们要么很悲观，要么很愤怒，同侪学者可能也会群起而讨伐我了。这就是一开始我就声明只代表个人观点的用意所在。

好了，概括一下上文这些话的意思，不外是说：你们这些年来学到的西方知识体系与你们即将面对的中国社会是格格不入、完全脱节的。这就是我对你们的最大忧虑所在！

如此说来，你们的所学岂不是全都白费了吗？那倒也不至于。不要忘了，你们毕竟还是中国人，你们就生活在中国的土地上，生活在中国人的社会中。只要你们能洗脱你们身上的四股气，老老实实做人，扎扎实实做事，认真解读人生的这本大书，解读中国社会和中国文化的这本大书，当你们真正读懂了人生和社会文化这两本大书的时候，你们就会脱胎换骨，获得新生。你们就可以真正消化吸收这些年里学到的西方知识，并将这些西方知识变成有益的营养，变成你们生活、学习和工作的动力。

哪位可能会说，您说的那四股气是指什么，告诉你们，就是：傲气、洋气、娇气和俗气！你们身上有没有这四股气？自己掂量去吧，不用跟我来争！

---

〔1〕 中文版可参见［德］耶林：《为权利而斗争》，郑永流译，商务印书馆 2018 年版。

等到你们走出校门之后可能很快会发现，你们这些年里在大学校园辛辛苦苦学到的那些法学知识，不知不觉间就被忘了个精光。不过不要为此感到苦闷，学习最要紧的是明理，忘掉那些具体的知识也没什么大不了的。但是有两句话希望你们一定要记住，永远要牢记！那就是：自强不息，厚德载物！这两句想必你们早都耳熟能详了。这两句分别来自《周易》乾、坤两卦《象传》的名言究竟是什么意思呢？你们认真思考过吗？

长话短说，这里我仅借用《孟子·离娄上》的话来稍做阐释："爱人不亲，反其仁；治人不治，反其智；礼人不答，反其敬。行有不得者皆反求诸己，其身正而天下归之。"〔1〕简单翻译一下就是：做事不成，要找自己的原因，而不是埋怨别人，更不要把责任推到别人身上。不能要求别人和你相向而行，要求别人配合你，跟你合作，甚至连梦都要求别人做得跟你一样。那怎么可能呢？那是强加于人。什么事儿都不能强求，更不能靠暴力压服。强扭的瓜不甜嘛！儒家说的自强是凡事要求自己，检讨自己，提高自己！

还记得电影《霸王别姬》里的那位戏班子老师傅教戏时说的那番话吧？有两点：一个是从一而终，另一个是"自个儿成全自个儿"。他是讲唱戏做人的道理，其实也是我们每个人办事做人的道理。做事要一以贯之，善始善终；做人要相信自己、依靠自己、成全自己，不要有任何的侥幸心理。所谓"天行健，君子以自强不息"，"地势坤，君子以厚德载物"，〔2〕其深意就在这里。希望大家能够谨记不忘！

古语说：儒者在朝则美政，在乡则美俗。这话典出《荀子·儒效》："儒者在本朝则美政，在下位则美俗。"〔3〕这里的儒者，与前面《周易·象传》里说的君子应该是同指。用现在的话说，就是受过教育，有一定知识技能并有一定道德操守的人。你们都是受过一定教育、拥有一定知识技能的人，这应该是没有疑问的了。但是你们是否都有一定的道德操守呢？是否都有自己的道德底线呢？如果有，那你们就是儒者，就是君子！

---

〔1〕杨伯峻：《孟子译注》，中华书局 2010 年版，第 152 页。
〔2〕高亨：《周易大传今注》，齐鲁书社 2009 年版，第 34、54 页。
〔3〕王先谦：《荀子集解》，中华书局 1988 年版，第 120 页。

希望我们的法学毕业生都能有自己的道德底线，也都能坚守住这个底线！儒者无论在朝在野，无论在上位在下位，无论为官、为商、为学、为民，无论走到哪里，都应该给也都能够给他所到之处带去一股清新、和谐、高雅的气象。这就是我所理解的荀子在这里所说的“美”的含义，也是我对诸生的殷切期待！我想，这应该也是养育了你们的父母和所有教导过你们的老师们的共同期盼吧？再说一遍：儒者在朝则美政，在乡则美俗。不管你们走到哪里，不管你们从事什么职业，我们都期盼着你们能给你们所到之处带去一股清新、和谐、高雅的气象！成为儒者，成为名副其实的君子！

目录

案例研习

实务评述

实务第一站

法律文献导读

法学大师课

法学的想象

——大陆法系突破困境的议程设定

苏永钦*

目 次

摘 要：法律在世界各国的功能相似，但法律文化和法律思维却非常不同，两大法系间始终存在的鸿沟使得跨越法系的整体转轨几乎不可能。在此背景下，我们必须面对法律移植中"建立第一手的法教义学"的老问题，以及法教义学相对于社会科学和 AI 出现的新挑战。法学教育需要培养法科学生的宏观视野与跨界能力，传习更多样的方法和风格，激发同学们的想象力和勇气。大民法典、部门宪法、介面的教义学、社科法学是有助于推动法教义学应对未来挑战的四

---

* 台湾政治大学讲座教授。时间：2020 年 5 月 11 日晚 7:00—10:00。听录整理：张弘毅（中国政法大学研究生）。

个新领域。

关键词：法系鸿沟　大民法典　部门宪法　介面的教义学　社科法学

我从 1981 年开始在台湾政治大学法学院教书，到今天 39 年没有间断，中间有几次出任公职，但始终没有停止我的教学和研究，所以在思考用这样的一种方式来和大家见面谈什么问题的时候，我就放弃了去谈比较具体的、有争议的问题，而想站在多年服务法学、法律教育的立场上，整体地谈一下我对法学的未来、法律教育的未来的一些不成熟的想法。

总的来讲，在快速变迁的社会中，我们其实已经可以看到法学、法律教育的一些危机。我想就从这些我看到的问题、贡献，未来我们可以有什么样的应变、改善，来谈起。简单地讲，我认为法学必须加入更多的想象力，法律教育必须以培养有创意、能跨界的法律人为目标。也是基于这样的想法，我这几年在政大和浙大、南大合开的课程，就以“法学的想象”为主题，形成了一个系列，过去一个学期进行的第一个议题是“大民法典”，第二个议题是这个学期还在进行中的“部门宪法”，第三个议题是下学期我想谈的“介面教义”，也即跨越不同法域的问题，最后一个议题我会谈“社科法学”。这些是我认为现在我们在面对一个快速变迁的社会、面对不可知的未来，有很多的机会，也有很多的风险的情况之下，法学和法律教育可能可以找到的一些新领域、新研究题材。

一、以法教义学为出发点

在具体地谈这四个领域、四个新的问题之前，也许我们可以从“法学是什么”出发。“法学”从来也没有一个很清楚的定义，在西文中，与中文的“法学”相对应的表达其实有很多，在德国会说“法律科学”，但英美法学却从来不会出现“legal science”这样的表述。这其实已经隐隐约约告诉我们，法学家在不同的法文化里，所做的努力是非常不一样的。但我们可以说功能是一样的，所谓的法学，在不同的国家、不同的法文化里，首先要做的大概就是理论化，在法治的体制之下，怎样去找到法律，如何恰当地适用法律，让法律的可预见性很高、很稳定，同时结果又很公平妥善。法学通常也会从这样一种核心活动延伸出去研究周边的或者后设的一些东西，比如法哲学、法史学。我们大概可以将这些总称为“法学”。

我想突出的是，在全球化的今天，在世界的每个角落，我们面对的问题大同小异，最后的解决结果大同小异。可是在过程中，这些理论家、这些整理、这些“法学”，其实是非常不同的。我们都在读法律、读案例，可是读的方法不一样。在大陆法系国家，所谓的法学，核心领域就是“法教义学”，这种以制定法为核心的思维，跟英美发展出来的普通法思维是截然不同的。法教义学以制定法为中心，不问制定法本身内容的好坏，而对其进行系统的研究，这种方式、这种努力，在普通法的法文化里头，不只是看不到，而且是被排斥的。

表 1　问题不在法源，而在法源结构

法系＼法源	法条	案例
英美	材料	适用规范
欧陆	适用规范	材料

为什么法教义学在普通法的文化里是被排斥的，我常常用这个图来表达它们的基本差异。我要强调的是，问题不在“法源”本身，比方 A 的法文化重视制定法，忽略案例，在 B 的法文化里重视案例，不重视制定法。我们看到的事实并非如此。普通法也有素质很高的立法，大陆法系也有非常精彩的案例，在法学院两者被同样地重视，所以也有人说这种二分其实已经是历史。真正的问题在于“法源结构”。欧陆法系形成的思考，是以制定法为中心，而且最关键的是，要回到制定法，最后解决找法、用法问题的，还是某一个法条，案例只是整个思考、法解释的辅助材料；相反，在英美法文化里，确实也可能从制定法出发，尤其在新法颁布还没有案例时，一定是从制定法出发的，可是一旦有案例以后，就把案例作为解决问题的法律基础了，制定法

对普通法的思考来讲，只是一个材料。这就是所谓“法源结构”最大的不同。

如果能够掌握这一点，就能知道二者为什么有这么大的差异。在欧陆法系，法学主要的内容就是法教义学，法教义学虽然没有任何的拘束力，但是法官大部分情况下的思考，事实上却受整套法教义学的影响；相反，在英美法系，有了案例以后，法律是案例的主要理由，所谓 ratio decidendi，法官最后引用的是哪个案例，法条甚至提都不提。这个差异是我们在后面谈法学如何改善的前提。接下来我谈的四个新领域，都是以“我们法学的核心在法教义学”为前提，法学的想象，是从大陆法系的法文化出发，探讨它的问题、它的不足，而英美法系法学的问题并不在这里。

二、法系间始终存在鸿沟

很多人也会讲，社会改变得那么快，也许很多问题就源于思考的僵硬性，我们还过多地停留在 19 世纪、20 世纪僵硬的教义里。现在出现的很多问题，我们也许可以从在 20 世纪被证明有更强问题解决能力的英美（特别是美国）法文化当中找寻养料，进而改善我们的法律体系和法律思维。

这种想法是对的，但是可能也要注意到另外一个问题，那就是我讲的，法源结构其实只反映了法文化上最技术性的问题：比如，阅读率最高的德国两位作者 Zweigert 和 Kötz 写的《比较法总论》在对法文化、法系进行区分时，就是以所谓的“法律思维”为最主要的参数，而法律思维最主要的参数，就是法源结构；但如果我们更完整地看二者的差异的话，其实会发现更多的因素。

两大法系间始终存在的鸿沟

指导理念：法治国 vs 法治

国家图像：理性国家 vs 有限政府

思考方式：体系取向 vs 个案取向

司法功能：定分 vs 止争

主要法源：制定法 vs 案例法

法律理性：形式主义（逻辑）vs 唯实主义（经验）

法官角色：法官仅为法律之口 vs 法律见于法官之口

基本论证：法条演绎 vs 案例归纳

模式维护：学院 vs 法院

法学教育：法学院 vs 法科大学

法官养成：科举法官 vs 红尘法官

审判体系：多元 vs 一元

违宪审查：集中 vs 分散

刑事诉讼：犯罪控制 vs 正当程序

司法行政：垂直管理 vs 水平协调

裁判风格：蜜蜂法官 vs 蝎子法官

上述 16 个参数，显示了两大法系的差异。再往前，在法律思维背后的理念层次方面，我们可以问："法律是为了什么？法治是为了什么？"由此可以找到指导理念的差异、国家图像的差异等。往后推，可以一直推到司法行政的差异、裁判风格的差异。我现在整理的这些参数，大概可以显示法源结构的差异也只是两大法文化差异的一部分，还有很多其他的环节与之相互影响。

虽然没有时间仔细介绍这些参数，但是我希望说明，从中可以看到两大法系始终存在鸿沟。可以得出的一个结论是，欧陆法系国家法治体系的形成，都不是偶然的，最后在以上所列因素的表现上大体趋于一致，缘于它们之间环环相扣。在全面了解二者的差异之后，可以做某些"嫁接"，做某些程度的修改；整个的"移植"，在技术、理论上不是不可能，但是成本太大，横柴入灶地进行取法乎上的改革，可能会产生更大的问题，这就是通常所说的"转轨的困难"。所以，如果想整个进行非常大的改变，放弃以法教义为核心的法学，转采案例取向的思维，个人认为是不可能的。

三、教义学的传统议程依旧任重道远

回到最初的讨论，如果我们的法学始终是以这样的法源结构继续下去的话，我们将面对、我们必须面对哪些问题？

根据我身在其中的经验，法学面对的，一个是比较老的问题，也就是我们的法律，从实体、程序的规定，到配套的立法司法制度、法律方法，基本上都是从欧陆移植过来的，我们在一百年里要消化人家几百年的方法和成果，会在很多地方遇到困难。而法学研究作为理论支持，常常就是现成地把我们作为典范的某些国家的法学整个移植过来。这本身当然不是很合理，不是很健康，因为法教义学的前提，是在特定的主权国家当中，通过系统的研究解决这个国家本身的问题，直接把其他国家的法教义学移植过来，会使得法学研究者欠缺自己的问题意识。当然，在把别国法律大部分的内容移植过来之后，可能有一段时间不得不去借鉴他国的法教义学，但是长远来看，必须建立我所称的“第一手的法教义学”。

两岸的法学到今天都还远远没有办法和我们作为典范的国家相比较，还有很多工作都没有达到法教义学既有的目标。以现在大陆的法学来讲，法教义学有一些必须具备的很基本的工具，都还正在发展之中。首先是期刊，期刊最重要的功能是发现问题，讨论问题，然后形成多数说、通说，去影响司法。其次是法条的评释（评注），它很重要的功能是联系理论和实务，按照法条的次序把现有的积累归纳整理，从而可以通过个别的条文最快地找到问题，现在实务理论上有什么样的发现，有什么样的讨论，以及讨论的初步结果。当然，更大本的评释书还有更大的企图心，例如去做一些比较法、法史的整理。台湾地区在这方面到今天还是不及格的。评释的体系化功能是绝对不可被替代的，不论是教科书还是期刊论文。大陆在民法典出台以后，评释可能会是新一波的研究方向，必须像期刊一样把它很快地建立起来。教科书是第三个必要的东西。这三者就是法学最基本的文献工具。

这三者在典范国家早都已经有了进阶的发展。期刊有了周刊、半月刊、月刊，领域内的或者跨领域的。评释也是一样，有小的评释、大本的评释、标准版的评释。教科书同样如此，西方国家从一开始就把很多精力放在教科书的写作上，有适合入门者阅读的体系整理，也有成一家之言、足以挑战现行法领域体系的新的内在体系。这些进阶的目标，可以用来判断法教义学发展到了什么地步，也是两岸法学都还没做完的功课，比方最高境界的教科书，今天的大陆、台湾地区都还只能继续期待。

虽然法学的发展还有很多既有的功课要做，但是这些都不难，如果很认真地规划，都可以做到。这是我所说的第一个问题。

四、法律人的失落感

我所提出的法学面对的第二个问题，典范大陆法系国家似乎自身也没有做到很好，就是法学相对于其他社会科学出现的一个比较大的问题。

法律人的现状……

不受欢迎的法律人（社会领域）

法律＝去伦理化？

不受肯定的法律人（学术领域）

法律＝去理论化？

不受尊重的法律人（政经领域）

法律＝去理念化？

在以事实为对象的科学领域，会有不断发现、发明的动力。法教义学的思考是从规范到规范，它所谓的系统、科学，基本上就是法规范的整理，制定一部部的法律，然后展开制定法和制定法的关系，慢慢变成一个法领域，最后追求法典化，形成法典的内在体系和外在体系，这样的工作减少了研究者大部分的研究动力。由于现在的学术管理体制习惯将法学和自然科学、社会科学相提并论，这时，法学的科学性、创新性就常常会受到质疑。我曾经在台湾地区有机会参与学术管理的工作，担任科技主管部门的法律学门召集人，在和其他召集人一起开会评价法律成就、法学研究成就的时候，就能感觉到法律受到了比较大的不公平待遇。比方说，台湾地区到目前为止，还没有授予过任何法律人院士的成就。从这里，我们就可以看到法学的又一个困境，无论多么努力，只能在法学圈内有一定评价，离开了这个圈子，便不能像商学、政治学、经济学、心理学这些领域那样受到肯定。

对于法律人而言，处于这样的环境中，有好处也有缺点，大概可以这样描述——“高度充实的感觉”。对于投入法学的新生法律人来讲，学习是非常饱满的，法学的内容非常固定，目标很清楚，贡献好像也很清楚，当把法学整理得越好、越有体系、越可预见，就越可以直接影响到司法、行政、社会商业的运作，这能产生很高的成就感。在整个大学环境里，以同学们学习的动机和投入论，法学院是名列前茅的。我们法学院常常有三分之一到一半的同学在图书馆挑灯夜战。法学院的学生，因为职业选择的目标很明确，学习的材料很丰富，有了高度的充实感。但是再往下走，在之后的发展中，法律人就会出现倦怠感。这种现象虽然在每一个领域都可能有，但法律人的倦怠感相较而言是比较强烈的。到了后来他会问自己：“到底可以在学习中找到多少乐趣？”期刊、网络上，好像永远有讨论不完的问题，照理说应该是乐趣无穷，可通常会发现，甲说乙说丙说很多情况下没有正确答案，很容易进入某种循环论证之中，不太能够从中体会到社会科学、自然科学那样得到普遍印证、发现真理的乐趣。也许运气好，乙说变成了多数说，甚至变成了通说，打败了甲说，但到底什么是真理？继续探究下去得到的就是失落感。我其实很早就有这种感觉：“所为何来？”当午夜梦回的时候我就会想，这样的工作意义到底在哪里？ 19 世纪德国有一位检察官冯・基尔希曼（von Kirchmann），他在一个演讲中非常严厉地批判了所谓的概念法学，说 90% 的法学家是在穷究概念。相似的批评有很多，但是基尔希曼的表述是最一针见血的，他说立法者改三个字，整个法学图书馆就可以烧掉了。这当然非常夸张，但意思就是说，整个下游法学的工作，并不是一个真理发现的过程，由于系乎立法，当法律的品质不好的时候，围绕法律进行的甲说乙说辩论便很辛苦，也会产生一种失落感，虽然可能现实地解决当前的一些问题，但并不能为这个世界、这个宇宙，找到什么颠扑不破的真理。这是以法教义学为核心的法学，除了法移植问题之外，目前面对的特殊困难。

五、法律人的现状

法律教育的问题也是一样，有非常正面的一面。法学教育者也是抱着很大的期待，希望可以教育出为社会做出很大贡献的法律人。在黄金时期的台湾地区，可以看到，从升学考试开始到执业资格考试，法律人享受的待遇早期是处于各类职业排名中间的，差不多在台湾地区经济快速起飞的时候，整个社会在各方面都有一些新的进展，开始去思考怎么建立一个更好的分权制度、人权保障的制度，如何追求民主，此时法律人的行情是节节升高的，甚至有一段时间排在最前面。当然，我们没法儿跟医学院、农学院、理工学院作比较，但是在跟社会科学其他领域相比的时候，可以很清楚地看到，法律人从中游走到了上游。在我自己读书的时候，法律还是处于中上游的，甚至等到我开始教书的时候，收到的学生也是对社会问题有兴趣的年轻人里最优秀的一批。他们会选择法律，就可以看到社会对法律工作意义的肯定。

不难理解当时在台湾地区为什么会这样，在大陆我相信现在也可以看到这样的现象。原因在于，“依法治国”已经被写入宪法，整个法律制度已经到位，民法典即将出台，大量法律人进入律师、法官、检察官的岗位，法律的影响力越来越大，几乎可以说无所不在，国家不再以单纯的行政命令，而是通过法律语言来实现治理。因此，法学院培养出的擅长法律语言的人，无论走到哪里，都可以做出很多贡献。在台湾地区，或者再往外推，在欧美国家，可以看到法律人在社会各个领域中的地位，其实都随着法治的发展有所提升：在国会里，他们是最擅长辩论的人，非常知道怎么样精确地把法律语言用在政策的辩论当中；在行政部门中也一样；在工商部门、经济行业中，法务人员是董事会必须咨询的对象。有人在全盛时期对这些情况进行了长期的观察，比方在德国前100的大企业董事会里，法律人出身的董事占多少百分比，在国会里法律人占多少百分比。虽然可能有历史的偶然因素，但不可否认也是上述法律重要性水涨船高的一种体现。

这是法学院培养的正面功能，可是现在回头看，当中很多问题也越来越清晰。比方在经济领域，法律人面对新的全球化环境、贸易复杂化，所能做的贡献未必符合现实要求。也有调查显示，董事会中法律人的比例开始下降，因为法律人没有办法做出很积极的贡献，而只是说“这个不对，那个不可以”，是“no-sayer”。在我教书进入第二个十年的时候，东吴大学开始让非法律人进入法学院，这一政策直接的推动者是一个长期在公务界服务的人，他说在公务界看到法学院培养出的公务员只会说不可以，但就现在公务的复杂度而言，需要的是能够提出最好选择的人，需要“yes-sayer”，而法学院培养的人，没有这样的能力。法律人作为领导人，法治有没有提高暂且不论，但是很多人说，法律人身上缺乏对现代社会治理能够起到领导、感染作用的魅力。

法律人的现状是有些让人担心的。在社会领域，两岸都还处于相当传统的社会之中，法律人给人的感觉就是在文字上打转，而忽略了法律背后蕴含的更深层的社会伦理。这种批评在很多场合都会出现，法律人的受欢迎程度也就慢慢降低了。在学术领域，当法学跟其他的科学摆到一块的时候，尽管很努力，但是看起来理论化的含金量是比较低的。在政经领域，法律给人的感觉似乎少了一些理念支撑，绕了半天还是停留在法律规定上。这是对法律教育进行的回顾。我今天把法律教育跟法学放在一块谈，是因为这两者始终是相辅相成的。在大陆法系国家，法学院是法学传递最主要的机制，法学将它的发现、整理回馈给法学院，作为教材传递给下一代法律人。法学教育的很多问题来自法学，法学的很多问题也来自法律的教育。

六、教义学的 AI 兼容性

AI，不是会不会，而是取代多少

哪些工作会被取代？

李开复：“重复、日常、优化的工作”

哪种法律职业？法官、检察官、律师？

谁说教授不会，也许英美法系国家的教授不会，以法教义学研究为主轴的大陆法系教授可能更有可替代性

接下来是一个更新的问题，也是在以法教义学为中心的大陆法系法学特别能感受到的——人工智能（Artificial Intelligence，AI）的冲击。现在很多行业都在思考、在恐惧，AI 会在多大程度上分担人类的工作。人工智能已经存在，它不是未来。我想引用对这个问题很有研究的李开复先生的描述，他认为人工智能不会取代所有的工作，但是它会特别快速地接替那些重复性高、日常性高的优化工作，不只是日常重复性工作，还包括一些特别需要精细思考、避免主观的、优化的工作。如果仔细比对，这三个特征的描述，法教义学好像都符合。精准的概念（多是人工语言而非日常语言），逻辑的规则，体系的运作，法教义学就是在此基础上建构的、可替代性很高的优化工作。我有时候也跟同学开玩笑，孟德斯鸠说法官不应把自己的好恶、观念、公平感觉放在司法判断中，而只能是法律的嘴巴，如果 18 世纪、19 世纪这些思想家已经知道有了人工智能，可能就会认可 AI 是他们心目中最好的法官、最好的检察官、最好的律师、最好的法学教授。

很多人会想法官会不会被替代，检察官会不会被替代，比较少有人谈法学教授，但实际上在我看来，被替代的概率也是一样的，已经有了很多这方面的研究。我去年在厦门大学上课时，有机会参观了一个创新基地，一位退休法官和一位人工智能语言专家牵头，他们涉及的一些 AI 实验已经接近可以处理案件了（当然还是比较日常的争议，如金钱借贷）。AI 要全面取代还很早，还有一些疑难杂症要处理，不过趋势确实就是这样，如果还以为 AI 是未来式的话，恐怕就过于乐观了。

如果了解了问题之所在，如何为未来未雨绸缪的答案其实已经呼之欲出了：我们需要让法律、让法学有更多创新、跨界、统合的能力，有更多的感情。这些是法教义学到目前为止比较缺乏的。人工智能，不要去回避它，也抵挡不住；相反，它可以为我们所用，我们可以很放心地慢慢把很多法教义学的工作交给 AI 做，但同时也要保持法学、法律教育 AI 做不到的优势。

七、德法都有意培养跨界能力

接下来，我想简单谈一下我所认识的传统上具有典范地位的法国跟德国。它们在进行法学思考、法律教育的时候，其实已经隐含了我刚刚提到的一些法律人应该有的能力。在移植这些国家的经验技术的时候，其实很少人注意到这些方面，所以下面举两个例子来谈。

第一个例子是德国。德国是怎么样培养法律人的？在德国待过一段时间的人基本上都知道“完全法律人”（Volljurist）的概念。完全法律人的思考在德国有很长的历史，从普鲁士开始就致力于建立一个和法治融为一体的“法治国”（Rechtsstaat），因此，国家必须投入非常高的成本来培养具有完整能力的法律人。德国整个法律教育制度是一条鞭式的，法律人必须完成大学所有的法律训练，然后通过两次国家考试，才有可能做法官、检察官、律师、法学教授。学生通过国家考试以后，并不会集中在一个点训练，而是像医生要到内科、外科、皮肤科各科去蹲点一样，法律人要到审判部门、检察部门、行政部门、律所，甚至国外的律所去学习和实习。这种培养不像后来的法律职业——尤其是法学——那样非常细致地区分公法、民法、商法，再区分公司法、保险法等。在德国，经过很长时间的理论到实务的培养，最后每一个人都具有处理各个法领域基本问题的能力，这也使得他们培养出来的法曹具有高度的互相理解和交换位置的能力，让国家在法治的推展上有非常大的方便，这是其他国家很少看得到的，东亚国家做不到，欧陆其他国家也很少做到这样的程度。这种训练使得法律人具有人工智能没有办法取代的能力，因为他们不是局限在某一个领域——只是信托法或者行政程序法的专家——而是对每一个领域都有基本的了解。当然，在真正进入到教授、法官、检察官的职业里之后，可能会有一些专业化。这是德国的培养方式。

第二个例子是法国。法国没有“完全法律人”的理想，但是我了解到，法国的法学院在招聘教授的时候会通过另外一种特殊的程序来考核能力。原巴黎一大的 Prof. Pontier 告诉我，法学院招聘教员的时候，当然也跟其他国家一样要看论文发表、同行评议等，但他们有一个很特殊的程序——口试。所谓的口试就是对谈，争取职位的几位入选者，要在约定的时间里抽取一个题目，然后做很完整的回答。很有趣的是，比方要招聘一位保险法教授，给的问题一定不会是保险法的问题，而可能是一个国际私法的问题，或者一个程序法的问题，甚至是公法的问题。准备时间很短，一整天或两天，在约定的地点，可以使用图书馆，甚至可以找几个朋友一起讨论，最后要对一个非保险法专业的问题作出完整的回答。这样的测试背后的想法，我想是很清楚的，就是一个好的法律教员，应该有宏观的视野和跨界的能力，他必须在有限的时间里把不熟悉的法律领域，循着已有的认识法律、找法的方法，以及找法的资源（比方可以咨询哪些专家），最终从他的角度给出最好的答案。法国的法学院和其他学院一样，受到法国重要的哲学家、教育家笛卡尔的影响，因此非常重视对问题辩证思考和表述的能力。所以法学院的考试都不会只有笔试，而一定有口试，甚至每堂课都有一段时间请学生做报告。这种模式跟美国法学院苏格拉底式的教学并不一样，它所要培养的仍旧是法教义学的思考方式，只不过通过口述来表达，而不像美国式的案例教学所要培养的是对个别的案例议题深挖的能力。

八、法学院重要的是风格的传习

以上这些观察至少对我来说算是开了眼界，知道了大陆法系国家的法教义学并不只是在书房、图书馆里抱着教科书反复阅读，然后思考甲说乙说，而是也必须具备跨界的能力和开阔的视野。面对崭新的未来，我们必须去培养同学们跨界的意愿和跨界的能力。现在许多大陆高校的课程和活动已经是非常多样的了，这一点非常好。在我看来，法学院未来要提供更多样的课程、更多种的方法，更重要的是在人才、教员的招募上，应该寻找更多样的风格。

法学院本身不应该只是把累积整理好的知识完全塞进年轻法律人的脑子里，这些工作将来会被大量取代，类似 FinTech，现在常常讲 LegalTech，新科技可以很好地整理学习材料，甚至可能比教师更能胜任。法学院的教学更多的应该是一种“风格的传习”。我现在很少会回头看二三十年前写的东西，因为大部分都没有任何意义了，可能问题都被解决，法律都改了，我的老师辈的文章，更是如此。教科书可能不断地有人修订增加一些内容，但还是不免会被取代。我的老师辈到今天仍在影响我的，从来不是他们讲的哪一个甲说或乙说，而是他们的思考方式、他们的讲学风格、他们面对法律的态度。所以我想，法学院面对多变的社会，其中一个重要的功能就是风格的传习，招聘不同风格的教员，让学生去比较、去学习，让学生敢于不同，敢于面对未来各种的新挑战，敢于思考怎么样是最好的选择。

九、大民法典

在谈完了困境以及未来之后，我下面要谈的这四个议题——大民法典、部门宪法、介面的教义以及社科法学，即使在典范的大陆法系国家，也仍然完全没有被用心开拓。但是在我看来，它们恰恰是可以对未来法学的发展起到很大作用的。我在这两年已经着手处理这些问题，但这个任务绝不可能由一个人完成，它是对于全新领域的开发，因此，需要更多学者的投入。我希望将来有机会对这些议题个别地做完整的论述，以下仅简单介绍一下主要内容。

表 2　潘德克顿民法典的五编制体例

总则·{债·〔通则·（各论）〕·物·〔通则·（各论）〕 ·亲属·〔通则·（各论）〕·继承·〔通则·（各论）〕}
特别法
特别法的特别法

“大民法典”是我教习民法过程中很早就意识到的一个问题。德国学者对所谓潘德克顿五编制的民法典，好像也都看不到这样的一种思维，也就是我一再强调的“纯粹民法典”的思维。他们确实谈到了提取公因式等方法，相关讨论是存在的，但是“通过纯粹化来提高法典适应社会变迁能力”这样的提法，我感觉是没有的。大陆民法典差不多从 2000 年开始酝酿，我也有幸可以参与部分的讨论，进行了相关的思考。到后来我慢慢意识到，“纯粹性”是

德国民法典表现出的最精髓的部分，是其可以成为大陆法系典范的原因。如果说，19 世纪法国民法典是因其自由主义、个人主义，把私人自治的理念发挥到极致而成为典范的话，那么，20 世纪的德国民法典真正成功的地方，便是其纯粹性所产生的跨越的能力。通过这种纯粹性的设计，再加上“法典—特别法—特别法的特别法”的技术，资本主义的德国和社会主义的苏联可以用同样的民法典的格式进行运作，由此可见其跨度之大。

就大陆目前即将通过的七编制民法典来看，当然非常务实，但也有值得进一步讨论的地方。如果把优质法典的评价标准定义为，找法用法方便、法规范的储存量大、利于法规范的再制（立法）、有助法学教育传习的话，那么大陆民法典还有很多可以期待改善的地方。这背后有一个非常关键的认识性问题，就是潘德克顿体系最大的优势在于其“普通法模式”：德国民法典是在一个没有干预、没有政策考量的背景下，去设计人与人之间的交易规则，而把现代社会面对的各种各样的保护劳工、保护消费者、保护环境等国家干预所涉及的民事工具，都放到特别法中规定，不放入民法典。这样的层次结构，有更大的体系效益，符合利于找法、储法、立法、法学教育的评价标准。大陆的七编制民法典，从民法总则起步，带给我们一种抽象民法典的想象，被期待至少有德国民法典的格局，但实际上连债法这样的一个中游的、承上启下的部分都未规定，而仅直接将物权编、合同编、人格权编、婚姻家庭编、继承编、侵权责任编接在总则之后，可以说其实已经走向另外一种体系架构，也就是下图中的“部门民法模式”了。

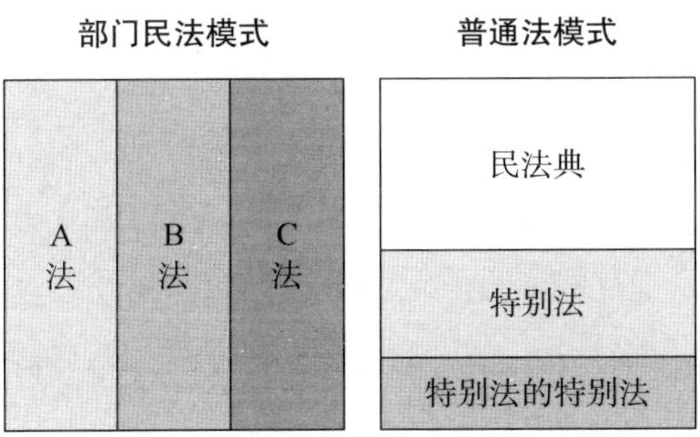

图 1　民法典立法模式

在这种模式之下,《合同法》《侵权责任法》《物权法》有没有编在一起,其实没有差别。这种模式短期来看,处理问题的能力比普通法要强,比方在《侵权责任法》里可以找到所有跟侵权有关的规定,从抽象的、一般的侵权的构成要件,到个别领域的,如环境的、医疗的侵权规范,在找法、用法上有一定的效益;可是往长期看的话,这个模式的体系效益会不断递减,成本会不断递增,原因在于它的规范之间会互相冲突,物权编跟合同编、侵权责任编会经常出现规则矛盾,但若跑到总则编找答案又过于抽象。因此,这样的一种部门民法模式会让我们不禁怀疑:从各单行法到民法典,走的这一步是不是太小了?

表 3　两种模式几乎针锋相对

特征 \ 立法模式	定位于普通法的民法典	部门民法
体系路径	水平分割:按普通特别方式堆栈	垂直分割:按部门各自平行立法
思维方式	抽象规则思维:个体观点	具体规制思维:总体观点
指导理念	自治	融合自治与管制
公私汇流	外接法:以转介条款外接管制政策	内建法:公法与民法规定统摄一法
规范领域	领域中立	产业、部门取向
规范角色	抽象交易主体如受雇人、买受人	具体社经角色,如劳工、消费者
规范对象	以法官为对象,无需普法	以人民为对象,必须普法
规范风格	偏重精确、逻辑	偏重通俗、经验
修改频率	不须经常修改	须随政策需要而不断调整
教育功能	法典即为专业基本教材	法典不具有类似文法功能
合宪控制	体系正义	平等原则、比例原则、社经体制

从这个表格可以看到,这两种立法模式有非常大的差异,因此,不可能有中庸之道,只能做一个选择。部门民法模式下,规则要不要整编成法典,是可以打一个问号的,规范单行存在和编在一起,操作方法几乎没有两样。若期待编在一起能产生特别的效益的话,可能除了纯粹民法典,没有别的选择。

这些年,全球化带来了很大的改变,交易不受地域限制,国家治理替代了传统的统治,全球的治理等新生的事物,都让德国五编制的体例遇到了瓶颈。在此基础之上，我开始有一种“大民法典”的思维，不是去扬弃原来纯粹民法典创造的好处，而是在这个基础上再往前走，把法典规范的面向扩大，处理问题的能力增强。我最主要的想法就是改变“债跟物的分流”——我并不是说“债跟物的区分”，债跟物的区分还是颠扑不破的，债权跟物权、债权行为跟物权行为，这些概念的建构到今天都还是非常符合体系效益要求的——五编制比较大的问题是把债跟物这两个本质上具有高度选择关系或替代关系的制度，摆得远远的，给操作带来了很多困难。所以，大民法典希望突破五编制，在债权、物权行为仍然区分的情况下，把这些规则做重新的整编，达到“债物合流”的效果。我的建议是变成六编制，在民法总则之下，设置财产法通则，再接下来规定意定关系和法定关系，意定关系之下规定债跟物的意定关系，法定关系也再分债跟物的法定关系。这样重新体系化将更符合上述的评价标准，也会产生更大效益。这不是一个小的改变，更不只是文字游戏，它会在体系的操作上带来很多便利。过去以物权法定原则把物单独处理，造成了物权的萎缩，加上债法、合同法的独大，使得体系不是那么自然，只是我们今天把它当成理所当然。如果朝未来看，当整个环境、技术发生改变以后，特别是对世权登记制度的成本大幅降低、可以实现物权自由化以后，债物就不应该再分别处理，而应该合流，将意定、法定作为新的分类标准，再以财产法通则来提取共同之处。

大民法典很重要的另外的一个理由在于，未来的国家治理没有办法清楚地区分公和私，很大一部分国家治理的工作需要运用民事工具实现。一些对人民生活很重要的制度，像都市更新、社会法、以房养老等，基本上都是国家对社会的引导干预，这些引导和干预通过民事的手段可以达到更好的治理效果。所以，民法典要配合这样的趋势，必须把它的地基打得更深，把它的概念放得更宽，把它的规则放得更开。

十、部门宪法

第二个议题是部门宪法。我参与宪法的讨论，一直以来都有一个感受，宪法教义学由于传统上受到典范国家的影响，长期进行整套宪法的注释，这会产生一些盲点，其中最重要的就是宪法去本土化、脱离文本的问题。现代国家大都是历史的产物，宪法反映着每个国家长远的历史，以及人文、物理各方面的环境，因此每个国家的宪法彼此都应该不一样。但是在宪法教义学里，却有着高度雷同的人权清单，或者权力架构，原因在于学者东移西挪、拿来主义地进行解释。在其他领域，这种教义学的缺点产生的后果都没有办法跟宪法相比。没有办法契合宪制条件和事实的解释方式，将会带来非常大的扭曲，对此我有很多切身的经验。在我参与的讨论中，其实很多议题都集中在："宪法如何本土化？如何让宪法回到文本？"

在这样的想法之下，我在 15 年前编写了一本《部门宪法》，提出一个可能的应对方式：从每个国家自己形成的特有的多元结构切入来进行注释。这种部门的宪法，可以更符合宪法跟政治的互动，可以更有能力反映每个国家多元的秩序。特别是由于大陆在追求从宪法规范到规范宪法，这个过程是依法治国、依宪治国必走的过程，在宪法教义学的建构上，不能只是整体的宪法教义学，而应该通过个别部门的注释去发现自己的特色。

另外，通过部门化的思考，结合个别部门法体系化的成果，可以鼓励部门法学者的参与，让宪法更普遍化，让宪法思考不会仅停留在少数宪法学者之中。宪法应该是所有法领域上游共同的最高规范。

部门宪法，可以让部门法和宪法作一个调和，甚至可以完成社会科学跟宪法的跨越。我在 15 年前编的《部门宪法》，就用了这种方法，在每一个部门宪法的子题里，邀请社会科学的学者来谈。比方宗教宪法，要真正把部门宪法的内涵找出来，体系化做得很好的话，不可能不了解这个国家实际的宗教现状、宗教制度，所以我请了研究宗教学的学者、研究宗教法的学者和研究宪法的学者，一起来谈宗教宪法的内容。

部门宪法有以上提的这些好处，但是在理论建构上，它跟大民法典一样，我们并没有看到典范国家可以提供比较完整的参考：部门宪法为什么要这么做，它的界限等。但这并不表示这些国家没有这样做，基于不同的原因，特别是欧陆国家受欧洲化的影响，在最近几年已经更多地开始进行部门宪法的注释。我觉得这是两岸的法学发展上，具有很大发展空间的领域。这个学期我也正在开设部门宪法的课程，每次都能有很大的收获。

十一、跨域教义

第三个我要谈的是所谓的“跨法域的教义学（跨域教义）”。法教义学在传统上一直不断形成法域，“法域”比个别的单行法范围要广，不同规范最终会在一个共同理念下形成法域。早期我们将公法、私法，实体法、程序法二分，在19世纪后期慢慢地出现了第三法域，经济法、劳动法、社会法，到了20世纪越来越多的领域被细分出来。个别的法域其实是大陆法系国家法教义学非常重要的出发点，就某个法域，制度上会有学会，国家会有分科考试，每个法域中会有一群法律人一起研究建构一个体系，在体系越来越完整以后，会有法典化的需求，这就是大陆法系教义学运作的方式。在这整个的运作里头，可以看到一个重要的缺口越来越清楚：传统法教义学都只是边缘地、即兴地去处理这些法域之间的关系，而忽略了这个问题的结构性。

应该在20世纪80年代，我自己当时注意到一个很大的问题，就是法律行为的效力会受到公法的干扰，从另外一个角度看，就是要协助把公法规范转化为私法规范。从法律行为法开始，后来在侵权责任法，在物权法、不当得利法、无因管理法当中，都可以看到这个现象——公法规范转入私法。对于这个现象大家知其然，但是没有人试着去知其所以然。我很早就把这样一个过程叫作“转介”，并且去发现这些转介条款的存在，去整理这些转介条款之间的共性，然后去了解它的功能、操作方式，可以说这是一个难度很高的工作。大陆改革开放以后，民法快速地走向成熟，这个问题在合同法中非常受重视，但始终没有足够的理论支撑，只能依赖实务界的司法解释进行个案处理，原因就是，在教义学的分科里头，公法跟私法各有各的关注对象和研究方法，而我们从来没有体系化地处理这样一个公私跨界的问题。

法域间的六个主要接口

转介——公法规范由公转私

假借——私法规范技转公法

统合——以宪法理顺法体系

耦合——法域相互串联增力

义和——特别理念跨越公私

应和——实体与程序的探戈

这只是法域跨界问题中的一个，也就是由公转私的“转介”。其实由私转公，将私法的技术移转给公法的情况在德国也非常常见，从德国行政法的祖师爷 Otto Mayer 开始就不断强调，德国行政法的形成在很大程度上受惠于民法建构的概念、规则、制度，我把这种现象称为“假借”。另外一个介面关系，是宪法和普通法律之间的“统合”，宪法以其最高法、基本法的地位将其精神投射到每一个其他法领域里。相关的讨论最近这些年在两岸也有很多，有公法学者参与，也有私法学者参与，在德国这方面的讨论也是比较完整的。第四个介面关系是完全没被讨论的，我称之为“耦合”，指平行法域之间在某些制度上并不是结构性地必然会串联，但如果能实质上通过某些设计进行串联的，可以得到最好的综合效果，比方过去我在相关的课程里，邀请过不同的老师来谈刑法跟行政法之间的耦合，经济法跟民法的耦合等。接下来我要谈的是“义和”，是指借助特别理念跨越公私法，最典型的是劳工法、社会法。这些领域其实有公法也有私法，可是，当一个劳资关系同时涉及公法和私法的时候，公法就不纯粹是公法，私法就不纯粹是私法，而是有一些共同的意识形态把公私法连接起来。最后，技术性最高的是程序法跟实体法的对应，它们的关系不是想象中的“程序法永远只是实体法的影子”那么简单，有时程序法倒过来会影响实体法，我把这种关系称为“应和”。

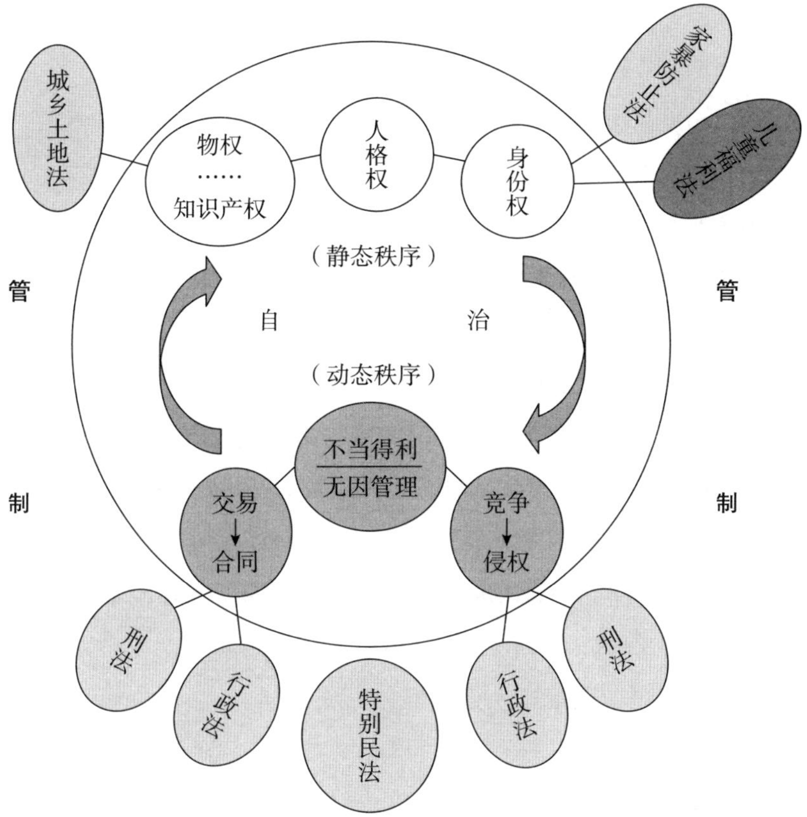

图 2 “纯粹”民法典怎样融合自治与管制?

前图是过去我在清华北大上课的时候，我的助理帮我画的。我们可以看到，民法典高高在上非常抽象，但是不接地气，它在处理很多实际问题的时候，其实是以两种方式去调和与外部法律之间的关系：一种是“特别法优于普通法”，在明确有特别立法的时候，对相关问题作与民法典不同的处理，这时候找法问题不大；但是在现代社会的复杂议题里，立法者通常来不及对具体的私法问题制定特别规定，这时候就要动用第二种方式——转介条款，也就是规定“如果违反了公共利益就如何如何”这样的概括条款、兜底条款。这时问题的关键在于，怎样调和公私法，使得规范之间不会产生相互矛盾、彼此抵消的效果。

转介条款只是介面教义学的一部分，在台湾地区，这些问题大部分只是即兴地、边缘地被讨论，并没有被作为一个教义学的领域进行体系的整理。因此，我觉得现在是时候推动更加深入的研究了。

法学共同体的“公田”如何耕耘?

这个新领域的耕耘，需要按以下步骤来进行：

1. 建立问题意识，各领域要开始盘点各种法域间问题。

2. 有心投入者以吃第一只螃蟹的勇气跨越法域的边界。

3. 代表性期刊和学会应给予关注并建立跨法域的论坛。

4. 改善法学教育课程使未来法律人有全观视野与能力。

如果我们把法教义学看成一个产业，一群法律人把复杂的法律教材、层出不穷的司法问题进行系统化整理的话，可以发现，过去大家都是在各自的领域分别耕作，但是现在既然看到了一些跨领域的问题，那么就要建立一个现代的井田制度，要求大家一个月中间有一天，全部从私田到公田来耕作。为了实现这样的想法，需要做出很大的改变，跨域教义跟部门宪法一样，都是重要的跨越，要求整个法学共同体的投入。

十二、社科法学

最后我想很简短地谈一下，最近十年在大陆探讨很多的一个问题——社科法学，这主要是受到了美国法学的影响，我们从美国法学里看到了太多在大陆法学看不到的新的天地。

法教义学和社科法学似乎是对立的。社科法学告诉你，怎么样更多地从社会实际运转、社会科学已经找到的事实结论中，为法律找法、用法提供答案。这种做法在不以法教义学为核心的普通法文化里，有很大的生存空间，虽然仍然要跨越应然跟实然的界限，可是法律的基础是案例，可以有很大的空间去接受双方律师或者教授们提供的看法，然后让法官造法。但是在法教义学里，这个空间好像就不大，所以形成了一种对立：要不就选择法教义学，要不就选择社科法学。可是如前面所讲，在开始继受、移植的时候——那个时点是不是已经太迟了，我不知道——就要做这个决定，当已经走到现在这个阶段，大概已经没有办法再做大的转变。

所以我的建议是，未来要建立“以法教义学为目的的社科法学”，它并不是在美国法典范跟德国法典范之间做选择，而是将法教义学作为核心，把社会科学研究的精华放到法教义学找法用法的过程里，这样二者就不再是对立的关系。

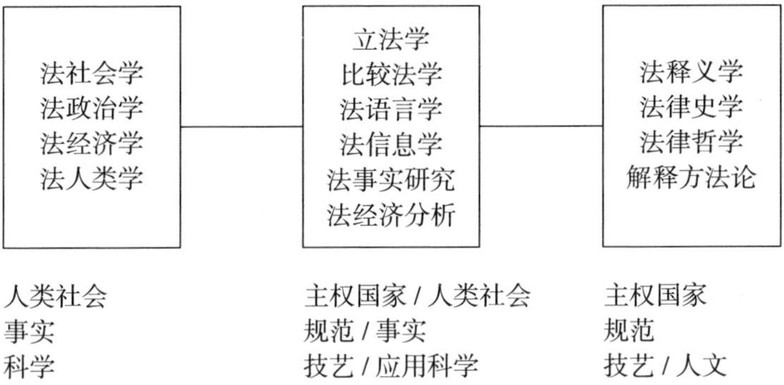

图3　大陆法系的社科法学

我常常用这样一个图来表示它的可能性。我把美国的各种社科法学——法政治学、批判法学、法社会学等——的研究摆在最左边，这些研究的成果和初衷都不是为了法学，而是为了那个学科自己的需求。比方法社会学是为了社会学的研究，因此是在社会学的典范之下的次级领域，法政治学、法经济学也一样。与之相对，最右边是传统的法教义学，及其延伸出来的背景性的领域，例如法律史学、法律哲学、解释方法论等。我要讲的社科法学是中间这一块，我零星地观察到德国的学者已经在进行相关的研究，他们往往称之为法律理论（Rechtstheorie）。所谓法律理论，并不是要建构适用于所有社会的理论，而是跟法教义学一样，它是以特定主权国家的需求为对象的。当不具有那么高的科学含量的时候，它基本上属于技艺的范畴，而不是科学，因为科学在我们的观念中是适于全球的（universal），需要进行印证（verify）或否定（falsify），而传统的法学只是一种技艺，能够告诉你怎么样更好地运用一个主权国家所建立的规范。我讲的社科法学，就是把法教义学的眼界打开，把社会科学的养料放进来。但必须很清楚的是，法教义学是目的，因此只能在法律方法允许的范围内融入社会科学。

20 世纪后期，特别是在最后的 20 年中，欧洲法学发展出了新的法律文化，常常被称为“实质化”，也就是不那么要求形式理性，更多地追求实质理性，把很多特别是在美国发展出来的社会科学的研究成果吸收进来，但他们仍然使用的是比较严谨的方法，比方通过立法学、法语言学、法信息学或者是法事实研究等。我在过去几十年零零星星也做了社会调查、经济分析、立法学还有比较法的研究，这些学科在定位、目标和方法上跟左边的这些学科是不一样的，它是以右边的这些学科为目的来做的，这就是我构想中的第四个法学要开拓的领域。

COVID-19 对法律人的启示

从封锁到解封，重新认识我们的世界

从断链到重接，注入更多人性和尊重

面对全新的世界秩序，法律人更要以创意建立更公平而有活力的法治

我想我非常冗长的、没有条理的报告到这里大概就要结束了。在当下，新型冠状病毒的危机还没有完全消解，在对抗病毒的过程中，很多的产业链都发生了断裂，不只是如此，很多的“链”都断了，在重接它们的时候，最重要的是注入更多的人性和尊重。我相信总有解封的时刻，那也将是我们重新认识世界的时刻，是一个非常重要的反省和再出发的时刻。对于法律人，特别是投入法律的新人来讲，应该要有更多的创意、更多的感情、更大的勇气去跨越和挑战，去建立一个更公平而有活力的法治。这是我借景抒发的对法学的期待，当然，我也要借这个机会祝福大家都平安健康。谢谢！

【问答环节】

李昊（主持人）：苏老师在两个小时内把多年来的学术构想给大家作了一个展示，这四个维度是苏老师想进一步推动传统以体系思维为核心的法教义学，实现现代转型、回应现代社会多元治理机制和科技浪潮的挑战。今天的报告只是整个宏大研究规划的一个导言，很多具体问题，苏老师其实在浙大、南大以及台湾政治大学的课程中有细化的讲解，期待苏老师以后也可以在我

们的平台持续地展开“法学的想象”的其他板块，不断地把思考呈现给各位观众和读者。

李韶（华东政法大学）：作为法学生，如何在长久的法学学习中保持探索法学的激情，如何在法律规范历经时代变迁后，仍旧保持学习和接受新法的动力？

苏永钦：我很能够理解这样的一种学习法律的内在感受，我刚刚描述的那种倦怠失落感，是一定会有的。但是我自己到现在，有时候还是会产生想跳起来的冲动，就是因为我一直觉得还有很多事情可以做。不一定要很功利地想，自己的研究会不会被接受、被发表或者怎么样。我过去的习惯是，在思考到一个问题的时候，就把它写下来，再不成熟也先写下来，任何想法没有写下来，它都不会成熟，它绝对不会变成你的研究成果，写下来以后，慢慢会有“一点、两点、三点”，当你看到思考慢慢积累的时候，它就会变成一种动力。现在科技让我们有更多的可能性，更方便地记录思考，和非正式的讨论对象去沟通等。大陆讲“不忘初心”，其实这是很好的一句话，当初我们选择了法学、法律作为我们的职业，是出于我们的热情（passion），没有这个东西，所有的专业学习都不太可能会成功，包括看起来很理性、很冷酷的医学也是如此。

陈俊达（西南政法大学）：我是一名民事诉讼法学专业的研究生，我在学习本专业过程中有一些困惑。对于中国这样一个法治后发国家，大量规范和学说都继受于德国、日本，而研究者在进行研究时，往往也会借助比较法的资源。问题是，这种“比较”很多都是借助比较法来为自己的见解“撑腰”，例如“我的观点虽然不同于现行通说，但是类似的观点曾被德国或日本某某教授主张过，所以我的观点的确是存在合理性的”，而这些内容实际上游离于论证逻辑本身之外，删去也无害整个文章的逻辑。就我个人理解，这很大程度上也是我们不够自信的表现。想请教苏老师，您如何看待这种现象？在可见的将来我们是否可以克服这个问题？

苏永钦：德国民法是先注释罗马法，然后再跟他们自己的日耳曼法融合形成一个法学体系，制定一部法典，他们是学说体系跟法律体系同步成长。现在大陆的情况就是这样，在《合同法》《侵权责任法》《物权法》等法律出台之后，不可能期待法教义学立刻就很成熟，所以必须去借鉴那些已经成熟的、跟大陆在法律内容上相近的国家的经验，这有其合理性。

大陆相对于台湾地区的优势是，可以更好地意识到我讲的“第一手的教义学”的目标。台湾地区是从第三手的教义学到第二手：民国时期，生产的几十部民法教科书内容都很类似，基本上是参考日本学者的教科书，把它中文化；后来培养出一批能够读德文的法律人，在德国受教育之后才大概能够知其所以然，但这还是第二手的教义学，因为法条还是有差异的，社会是完全不一样的。所以，一个真正好的教义学，必须在自己的法条之下去处理自己的社会问题，要有正确的问题意识。到今天，台湾地区很多时候还停留在那些老师的老师的写作方法、思维能力上；大陆学者已经意识到这样的一个问题，但是要建立第一手的教义学，还需要培养一些能力。

我特别提到民法，是因为这个领域的拿来主义有其正当性。民法特别难，特别追求体系逻辑，所以即使是第三手的教义学也是必要的。但是在宪法或行政法领域，法条结构差异很大，如果在方法上没有主体意识，问题就会很大。这位同学提的这些情况，我相信将来应该就会慢慢不再被接受了。

杜如益（香港城市大学）：民法典本身强调体系性，而新兴的一些民事权利（如虚拟财产、个人信息、FinTech）的规制，往往需要突破民法典本身的规范体系，并在此情形下，形成“典外新体系和新秩序”，这在德国法上也比较常见。这种典外体系是否构成对法典化的解构？这是否是大陆法系“更新”传统民法典，比较务实而经济的选择？

苏永钦：刚刚开始的时候台湾地区也是用特别法的方式来处理新问题的，比如信托、物业管理、动产担保都是如此。现在我的看法是，更可以从中看到民法典普通法的一面，比方交易标的，在 19 世纪的德国民法典中，还仅是“物”，虽然“物”已经放到最大了，包括有体物、无形的电力等，可是还有大量的“物”，例如新科技造成的可以估量控制的利益，或者国家干预造成的各种许可指数等放不进去，这些都需要民法典做到普通法化，才可以尽量地容纳。我在两个学期以前开设的大民法典课程中，提出来一个完整的“新财产法”的概念，就是要扩张“财产”，扩张“财产行为”，比如把信托行为放进去。

杜同学讲得很对，对于小民法典而言，很多具体问题没有办法放在里面，就只能摆在特别法里，导致特别法膨胀，民法典被解构、掏空，就好像巨人被小人国给捆绑起来一样，民法典的意义似乎已经不大了。这种解构其实就是在提示小民法典遇到了瓶颈，因此必须突破，必须走向大民法典，要做一个真正的工具箱，放入足够的工具、模板，所以就必须把概念放大，把规则放宽。

李昊：这是苏老师这么多年一直在探讨的话题，不过，我们在开会的时候也跟苏老师聊过，苏老师现在可能对财产法部分有相对成熟的想法，将来怎么在亲属法领域实现大民法典的更新化，值得我们继续关注和研讨。

刘晓义（中南民族大学）：在目前民法典已经形成定局的情况下，如何实现大民法典的想象？

苏永钦：我提出大民法典这个想法，是在中共十八大民法典讨论起步之后，我当时觉得还是有现实可能性的。现在即将通过的民法典，虽然高度务实，从宪法政治学、可行性各方面进行评估可能相当正确，但无论如何，看起来与大民法典的想法还是有蛮大的差距。但是法教义学仍然可以在已经有拘束力的规范中，继续讨论慢慢地形成一个共同的理念、内在体系。大民法典在现在的七编制草案之下发展空间确实不大，但对于大陆学者、同学们的热情以及思考能力，我还是有很大期待的。

目前看起来遇到一些瓶颈的，并不只是我们新的民法典，其实日本的、韩国的、欧陆的民法典，都正在面对这样的瓶颈。我前面有提到合同法独大、物权法萎缩的情况，这并不是理所当然的，而是萨维尼的法教义学的结果。把债物壁垒分明地分开，在19世纪甚至20世纪初期也许都是一种好的教义学，但是在现在看来，应该是可以做出改变的。

雷志富（中国人民大学）： 苏老师是否承认在普通民法模式和部门民法模式之间存在更加可取的中间模式？因为所谓的纯粹民法更多只是理想，而部门民法和普通民法之间的中间模式才是现实。在抽象与具体之间，中等程度抽象的民法典或许才是更为务实的，这也可以解释中国民法典的绿色化、中国特色化。

苏永钦： 有一个公共政策的大师叫作林德布洛姆（Lindblom），他有一个理论，所有公共政策都是渐进的（muddling through），一定是一点一点发展的，不可能一次到位。从政策学角度看，一个好的民法典的出现，也是需要时间的。但是我们要把理想的形象先提出来，如果能够缩短刚才讲的 muddling through 的时间的话，这就是一件好事。另外，我也从来不觉得有什么绝对的东西，任何模型都带有一点混合，我只是特别用这种理想形态，通过部门民法和纯粹民法的比较，希望能够缩短发展的时间，否则我们便会安于对现状的妥协，浪费掉非常多的脑力、期刊篇幅，作无意义的争论。

现在的七编制草案，又水平又垂直，戴着民法总则这样一个非常典型的潘德克顿体系的帽子，底下却又维持一些垂直的小体系，会浪费掉非常多的理论和实务的探索时间。最终我们还是应该作出选择，是走到纯粹部门的（垂直的体系化）体系，还是纯粹普通的（水平的体系化）体系。

刘昊（听众）： 从目前的法学研究和法学教育的发展状况看，如何有效地打通法教义学和社科法学？

苏永钦： 这又是一个大问题，但是我觉得这个问题是我们要持续追问的。比如我们可以先问："法教义学是不是有瓶颈？"如果非常诚实地面对这个问题，那答案是，很多时候是有的。教义学有时候会撞墙，会循环论证，所以需要把社科法学的一些养分带进来。但在此之前，必须先在方法论上做一些讨论。从 19 世纪后期到 20 世纪初期，法学对于方法论的讨论特别多，基于对概念主义的不满，出现了自由法运动等各种各样的新方法——类比的方法、先见的方法等。虽然这些方法并不那么容易在法学的思考里立足，但是经过深思熟虑、彼此沟通，最后慢慢也就会被接受。也就是说，我们先要了解对新方法的需要，才会愿意去接受，并且之后具体地建立方法。我提倡社科法学就是希望在观念上否定这是两个绝对对立的东西。

我过去10年在大陆看到一个非常好的现象，就是先去质疑、批判，可是我觉得这个阶段应该跨过去了，应该要进一步思考，我们究竟可不可能整个丢掉法教义学。应该不太可能，甚至照我的看法根本不可能，那么，就只能把社科法学带进来。我自己有所涉猎的是法经济分析、法事实研究（实证调查）、立法学这些领域，我基于刚刚讲到的需要开始去投入、思考、阅读，然后慢慢提一些建议，让想法前后一贯，有相当的可持续性，然后尝试说服某些人，慢慢地，这样一个新领域就可以打开了。

所以，我自己对以法教义学为中心建构一种多样的社科法学，抱着非常大的期待，我认为这是一个很大很大的空间。总之，我不是说，让经济学、社会学这些大理论来霸凌法学，而是要在尊重法学原本思考的基础之上，把这些东西放进来。我们更多的时间不要去重复做一些AI做得远比我们好的工作，包括教授写论文。在未来我认为机器人找问题、处理那些甲说乙说丙说的能力会比我们强很多，所以，我们要想办法把知识用在机器人还做不到的地方，那就是跨界、方法论的思考统合。

黄宇宸（北京大学）：如何理解宪法中的基本国策条款或者类似的纲领性条款？它们在立法和司法过程中起到了什么样的作用？

苏永钦：这与我提的第二个新领域有很大的关系。我们要面对一个事实，就是国家是历史的产物，我们过去太偏重政治力的组织、权力的分配等，而忽略了国家其实是一个多元的结构，每个国家都是独特的，比方有的国家是政教合一的，它的宗教性格很强，而有的国家是非常清楚分开的，同样，在环境、文化各方面都是。可以看到有大陆学者写了很好的关于文化宪法、环境宪法的文章，德国、法国学者也有写，可是为什么要写文化宪法、环境宪法？怎么去合理化这件事情？可以说到目前为止还是知其然而不知其所以然。

我觉得就需要凸显国家的结构，也就是说明这些方面对于这个国家而言是很重要的，甚至有先于宪法而存在的秩序。这就是部门宪法。

对于黄同学提到的宪法中的基本国策条款或者总纲，其实可以接着问，为什么制宪者要特别提到这些内容？比方有的多语言国家很强调语言，或者特别强调环境问题，制宪者应该不是无意为之，应该是通过这种方式点出，在环境这件事情上，我们跟一般性的政治力的组织或者是权力架构会有些不一样。台湾地区现在在理论上大幅度地忽略掉这些规定，认为就是一些纲领性的格言，贴在墙上看看就好，具体的公共政策还是要通过多数决民主程序产生，不必受这些条款的拘束。可是如果不只把它看成一个政策条款，而认为它反映的其实是台湾地区背后的历史结构秩序，那就会看出很多新的东西来。再如，我在这学期课程中负责家庭部门的讲解，在我看来，家庭在中国历史上扮演着非常重要的角色，但这种功能现在已经大幅度地变迁，宪法应该怎么看待这件事情？这些都必须整理出来。黄同学提了一个很好的问题，我只是借题发挥一下，提出要把宪法做部门性的注释，让宪法走向本土化，而不是像民法一样掉入一种人云亦云的循环当中去。

李同学（澳门大学）：《宪法》《物权法》都对自然资源的国家所有权作出了规定，使得这种所有权既存在于公法中，也存在于私法中，甚至还在特别法如《土地管理法》中有所呈现。那么，应该如何理解这种“国家所有权”？《宪法》的条款如何在《物权法》中有效体现？如何通过公私法的调和，来实现自然资源的优化配置？

苏永钦：这就是我提的第三个领域，我认为现在的法教义学仅停留在以法律领域为边界的内部，而忽略了要系统化地去处理跨领域的问题。公法和私法，在我所列的六个介面中有两个都有涉及，一个是转介，一个是假借。转介不只是“行为规范”的转介，还有“主体”“客体”的转介，客体转介比如国家所有权在什么情况、什么程序之下可私法化为私有所有权，主体转介比方公法人如何进入市场变成私法人。特别在今天公私混合成为不能避免的趋势，国家治理跟私人交易常常并用相同的工具，这时候法教义学必须把这些道理都讲清楚：公是公，私是私，没有错，但是它们可能是有一定关联的，这些法域之间到底该怎么操作？这些领域之间跨越，包括部门宪法、社科法学，都是到目前为止机器人做不来的，也就是法律人要掌握的优势。

李昊： 因为时间有限，观众们提的问题非常多，我们也只是遴选了其中一部分。苏老师的想象力是宏阔的，但是真的要落到实践中，可能还需要大家一起努力，也期待苏老师今后可以为我们提供更多引导，带领我们做更多的深入研究。

苏永钦： 非常感谢李老师。希望很快还有机会，用各种方式来把今天没有办法深入探讨的内容跟各位沟通，谢谢大家！

法学专论：法学鉴定式案例分析方法的展开

隐喻与想象

——关于民法鉴定式案例教学的思考

娄爱华*

摘　要：以概念精细化、分析体系化、报告程式化面貌出场的鉴定式案例分析，具备论述虚拟化、分析情境化、体系多样化的特点。虚拟化隐喻了鉴定式与“争鸣的法”可以兼容，情境化隐喻了鉴定式分析以人为中心、超越部门法历史局限的可能，体系多样化隐喻了中国法主体性及创造性的空间。基于上述隐喻，可以想象鉴定式的另一种面貌。法学教育应以品格养成为先，以技术训练为后。

关键词：鉴定式　案例　法学教育

2019年6月6日，李昊老师在苏州大学王健法学院做了一次“鉴定式”案例教学的讲座，反响热烈，我作为评议人表达了几点不同的看法，李昊老师虚怀若谷，邀我将想法整理一二。我想即便野人献曝，也可让自己获益，让自己未来的学生获益，于是应承下来。

近年学界对法学教育多有省思，葛云松老师的雄文《法学教育的理想》为其代表。葛老师在文章的后半部，专门介绍了“案例练习”的授课方式，以之为时下中国法学教育的当务之急。葛老师的参照对象，就是德国的“鉴定式”案例教学。[1]与之相应，“鉴定式”案例教学近年来风靡一时，[2]可以想见，学界与葛老师持类似看法的学者不在少数。

鉴定式案例分析，作为一种德国法上特有的教学方式，在发生上有其偶然性。裁判人员向同行汇报案件的现实需求、文书制作标准的出现、教学及

---

* 苏州大学王健法学院副教授。

〔1〕 参见葛云松：《法学教育的理想》，载《中外法学》2014年第2期，第313页。

〔2〕 参见吴香香：《请求权基础思维及其对手》，载《南京大学学报（哲学·人文科学·社会科学）》2020年第2期，第91页注释1的介绍。

考试制度的积极响应，[1]德国法学家提出请求权理论，以请求权为线索将民法体系化，[2]这些因素共同促成了鉴定式案例分析方法。鉴定式的案例分析，呈现出精细化、体系化、程式化的面貌。在适用规范时，极尽精细分析之能事，以请求权基础规范为起点，如有需要还会辅以诸多的辅助性规范，推敲概念、揣摩规则。在检索规范时，以整个私法体系甚至法体系为检索对象，将法条、学说、案例熔于一炉，逐一排查，以确保无遗“权”之憾。在写作报告时，以固定程式书写，紧扣法律适用的主旨，格式统一，逻辑严密。这样的方法受到追捧，并不意外。如此训练，对学生把握概念、适用规则、理解体系都有极大的好处。

学者将鉴定式引入中国，意在针对时弊对症下药。[3]判决主文论证混乱或根本不论证，适用相同法条却得出不同甚至相反结论，类似案件相反判决，这些现象也一定程度地存在于当下的我国民事裁判中。鉴定式案例分析强调精准使用概念，运用逻辑严密的“涵摄”方法，本身就构成了严谨的论证过程，而经此过程，判决说理势必有极大的改观。推敲概念，审视规则，检索请求权基础的过程，也是一个教义学方法运用的过程，鉴定式方法因而也有促成教义学生成的意义。鉴定式教学的意义可能还不止于此，鉴定式教学从法律适用的小处着手，甚至会以滴水穿石之力影响司法改革的大局：法官掌握依法裁判的方法才是司法公正的根本，员额制和法官追责机制只是一些外部的保障措施。

在我看来，鉴定式案例分析具有更多的可能性，这些可能性内在于鉴定式分析本身，鉴定式案例分析的教学也因此具备更多的可能性。拙文拟以鉴定式分析中“虚拟式”“情境化”“体系化”三个特点为根据，解读其隐喻，想象鉴定式分析方法的另一种可能样貌。新的样貌并不针对时弊，且既然是想象，就不妨多一些信马由缰的恣意。

---

〔1〕 参见［德］卡尔·弗里德里希·斯图肯伯格：《作为笛卡尔方法的法学鉴定式》，季红明、蒋毅译，载李昊、明辉主编：《北航法律评论》2017 年第 1 辑（总第 8 辑），法律出版社 2019 年版，第 174—176 页。

〔2〕 参见吴香香：《请求权基础思维及其对手》，载《南京大学学报（哲学·人文科学·社会科学）》2020 年第 2 期，第 92 页对德国请求权基础理论运用于案例分析的介绍。

〔3〕 参见葛云松：《法学教育的理想》，载《中外法学》2014 年第 2 期，第 286 页对法学教育的观察，以及第 295 页对司法状况的判断。

一、虚拟式

谈及鉴定式案例分析，首先会提及鉴定式的虚拟语气，以及与之有区别的判决式案例分析。为解决问题，鉴定式以虚拟的方式设问，然后检索规范基础，最后得出结论。与之相对的判决式，针对实际问题直接依规范得出结论，而后再论证该结论的正当性。下表为李昊老师在苏大讲座中为对比两种分析方式所举的例子。

表 1　鉴定式案例分析与判决式案例分析之对比

鉴定式	判决式
➢ E 或许可以（könnte）根据《德国民法典》第 823 条第 1 款的规定向 F 请求赔偿住院之费用。 ➢ 为此，F 须（müsste）已侵害了死者 G 基于《德国民法典》第 823 条第 1 款之规定受保护的某种权利。F 驾车撞到了 G 并造成其身体之伤害。 ➢ 这一身体伤害也是非法的，因为并不存在阻却违法之事由。 ➢ F 的行为可能（könnte）存有过错。根据《德国民法典》第 276 条第 2 款，若行为人未尽到交往中通行之谨慎义务（die verkehrsübliche Sorgfalt），即属于有过错的行为。F 当时只顾瞅着其女友 Franziska 而忽视了 G。一个谨慎的驾驶者本应当及时地发现 G。故此（also），F 未尽到通行之谨慎义务，因而（mithin）对其行为负有过错。由此，其行为应当说与 G 之损害存有相当之因果关系。 ➢ 所以（folglich），作为 G 的权利继受者，根据《德国民法典》第 823 条第 1 款的规定，E 享有对 F 请求损害赔偿之权利。	➢ 作为 G 的权利继受者，根据《德国民法典》第 823 条第 1 款的规定，E 享有对 F 请求损害赔偿之权利。因（indem）F 撞到了 G，故而（nämlich）损害了其身体。彼时发生之驾车行为存有过错，因为（denn）F 未尽通行之谨慎义务，因其当时并未注意交通之情势。

从上表中可见，鉴定式以假定自己可能犯错的姿态，在试错的基础上得到结论，商榷姿态明确。判决式则以权威的姿态直接给出结论，并论证结论的正当性，没有商讨的意思。这种差别，根植于鉴定式的历史之中。鉴定式起源于合议庭成员之一向其他成员的报告，[1]既然是为了同行会商，自然应以谦虚的讨教口吻进行，而不能如法官对当事人那样以不容置疑的权威口吻

〔1〕 参见［德］卡尔·弗里德里希·斯图肯伯格：《作为笛卡尔方法的法学鉴定式》，季红明、蒋毅译，载李昊、明辉主编：《北航法律评论》2017 年第 1 辑（总第 8 辑），法律出版社 2019 年版，第 174 页。

写就。历史遗迹之外，鉴定式分析区别于判决式的意义，在我看来，是鉴定式的虚拟语气隐喻了一个教义学的运用过程，这一过程体现了法律适用的实践智慧特质。

亚里士多德区分了理论智慧与实践智慧。理论智慧追求的是真理，有本体论上的依据。实践智慧力求好的解决办法，无对错之分，只有优劣之别。[1]如果法律适用的过程是求得唯一正解的过程，区分鉴定式与判决式并无意义：唯一正解的求得与求得的过程并无关联。但法律适用属于实践智慧的范畴，得出结论的过程会直接影响所得出的结论。就此而言，虚拟式的存在，隐喻了解决方案的寻找过程，这一过程的存在表明法律适用不应以演绎的逻辑推理为全部，对更优解决方案的寻找，不仅是可欲的，而且是应予追求的。

罗马法程式诉讼中的法律审，就是这样的一个过程。法官对于不同程式的遴选，法学家就疑难案件中程式选择给出的咨询意见，本质上就是作为一种“技艺”的教义学运用。在这里不妨看一个《学说汇纂》中的案件分析。

D.12，1，18pr. 乌尔比安：《争议集》第 1 卷。我将一笔钱作为礼物给了你，而你将之作为借贷接受，尤里安说这不是一个礼物，但我们应当考虑它是否是借贷。而我认为，这不是一个借贷，如果接受方不认为这是赠与，则金钱实际上并不能成为接受方的财产。因此，如果他把钱花了，尽管他对返还的对人之诉负责，他仍可以提起诈欺抗辩，因为金钱是按照给予金钱的人的意愿被花掉的。

这一文本因涉及所有权变动的抽象性问题而声名显赫，在甲意在赠与、乙作为借贷接受的案件中，尤里安认为金钱的所有权发生了变动，[2]乌尔比安

〔1〕 参见余纪元：《亚里士多德伦理学》，中国人民大学出版社 2011 年版，第 106—108 页，作者出色地总结了二者的四点不同。

〔2〕 D.41，1，36. 尤里安：《学说汇纂》第 13 卷。当我们就被交付的财产达成了协议，而对转让的原因未达成一致时，我不明白为什么交付应当是无效的。例如，如果我认为我有义务按照遗嘱的条款转让一块土地给你，且我转让了，而你认为我是因为一个要式口约这么做的。我给你一笔钱是为了赠与这笔钱，而你却认为我是想借给你，这时认为所有权该移转给你，我们就给予与接受的原因的不同认识，并不妨碍其合法的转让。

则认为金钱的所有权并不发生变动。二者观点的差异对案件结果并没有什么影响，尤里安否认了返还的可能性，乌尔比安同样也否认了返还的可能性，前者以所有权已经变动为由，后者虽然不认可所有权发生了变动，但仍以诈欺为由主张可对返还请求进行抗辩。

将乌尔比安与尤里安的观点争鸣嵌入鉴定式的分析过程，可以将之视为两个请求权基础的检索过程。在罗马法的具体语境中，我们似乎可以看到这样的场景：在"我将一笔钱作为礼物给了你，而你将之作为借贷接受"后，我想把这笔钱要回来，但不知道该如何主张，裁判官也拿捏不准该用哪种程式，于是请教了法学家，法学家的介入反而使得事情变得更加复杂，因为权威法学家的观点并不一致，于是有了商讨、权衡并最终给出程式的过程。这一过程随着罗马法程式诉讼的衰落已无迹可寻，但鉴定式中虚拟语气的存在，恰恰隐喻了这一过程的存在。

经过了科学主义洗礼的现代法，教义学的实践智慧面向很容易被忽视，[1]鉴定式案例分析中虚拟式的运用恰恰隐喻了后者。仍以所有权变动的要因与抽象问题为例。尤里安和乌尔比安的观点差异在罗马法中可以并存，这是一个典型的争鸣的法（ius controversum）的例证，[2]意味着解决方案的多元，多元的解决方案可能会导致案件裁判结果的不同，也可能不会。但在现代法中，若不对这个问题做一个非此即彼的选择，就会让人怀疑民法体系是否存在精神分裂。尽管在概念法学之后，单纯依靠演绎得到法律问题的答案已属天国想象，但实际上演绎法仍能出色地解决大多数的纠纷。在鉴定式案例分析的过程中，绝大多数情形也是对演绎法的练习。练习过程中虚拟语气的运用，应当说是善意且有必要的提醒。在演绎法不足以解决纠纷时，利益法学、论题学方法、动态体系论等方法的运用，[3]本质上都是对实践智慧的回归。

---

〔1〕 参见徐国栋：《地方论研究》，北京大学出版社 2016 年版，第 277 页，"在法律领域，哲学理性主义导致新的公理化体系的方法的入主，它改变了传统法学的形象，把它从被辩证命题统治的领域改为由科学命题统治的领域，把法学从意见的舞台变为真理的舞台，由此产生了现代意义的法律科学"。

〔2〕 Cfr. M. Talamanca, Istituzione di diritto romano, Giuffrè, 1990, p.33.

〔3〕 利益法学与动态体系论被菲韦格引为论题学法学的同道，参见［德］特奥多尔·菲韦格：《论题学与法学》，舒国滢译，法律出版社 2012 年版，第 103、112 页。

二、情境化

鉴定式案例分析以当事人在诉讼中的控辩为语境展开，本文将之界定为“情境化”。“情境化”首先隐喻了鉴定式的分析以“人”而非“法”为中心展开，其次暗示了鉴定式的分析具有区别于“抽象规则”的“具体案件”的面向。

在鉴定式案例分析过程中，原告的给付请求为触发点。从诉讼的角度而言，给付之诉、确认之诉、形成之诉为三种基本的诉类型，其中给付之诉最为根本，确认之诉与形成之诉的支流最终会汇入给付之诉。[1]私法中当事人所求的，无非就是“给付”，即主张请求权，而主张“给付”必有依据，即请求权基础。逐一检索请求权基础并验证构成要件的过程，对被告而言就是主张抗辩及抗辩权的过程。

法学发展的过程，就是法逐渐部门化的过程。[2]这一过程大致可描述为实体法与程序法的区分，私法与公法的区分。从最早的国法大全，逐步分解和发展出包括民法、刑法、宪法、商法、行政法及各种诉讼法在内的法律部门。法之所以能够部门化，有其自身的逻辑。从国法大全意义上的民法，到部门法意义上的民法，即便不能说体现了法学的“进步”，至少也反映了法学的“发展”。但对诉讼当事人而言，原告与被告根本不在意法律部门的划分，也不会在意这种划分的理由，他们只关心这些法的运用是否能够实现其诉求。鉴定式案例分析在部门法化已完成的大背景下进行，但其追求恰恰是“逆”部门法化的。

法的目的是人，[3]部门法的划分应当有助于而不是有碍于当事人间正义的实现。但在现代法区分部门法的现实语境中，私法与公法的区隔，实体法与程序法的区分，都容易导致部门法的划分成为当事人间正义实现的障碍。下

---

〔1〕 参见朱庆育：《请求权基础理论》，载高杉峻主编：《民商法实务精要（3）》，中国法制出版社 2016 年版，第 23 页。

〔2〕 参见徐国栋：《民法哲学》（增订本），中国法制出版社 2015 年版，第 31—32 页。

〔3〕 I. 1, 2, 12. 然而，我们使用的所有的法，要么与人有关，要么与物有关，要么与诉讼有关。首先让朕来看人。事实上，如果不了解法律为之制定的人，对法的了解就太少了。译文采自徐国栋：《优士丁尼〈法学阶梯〉评注》，北京大学出版社 2011 年版，第 52 页。

文试以对《民法典》第 172 条的分析为例予以说明。

该条规定，“行为人没有代理权、超越代理权或者代理权终止后，仍然实施代理行为，相对人有理由相信行为人有代理权的，代理行为有效”。若相对人主张代理行为有效，则应证明“相对人有理由相信行为人有代理权”，不能证明则承担败诉后果。该证明责任的分配规则源自法条的规范结构。若该规定欲将证明责任分配给被代理人，则应表述如下：“行为人没有代理权、超越代理权或者代理权终止后，仍然实施代理行为，代理行为有效，但相对人知道或应当知道行为人没有代理权的除外。”若仅在实体法层面分析，不论哪一种证明责任分配方式，皆导致代理行为有效的法律后果，似乎对相对人权益保障没有影响。但若考虑到程序法层面的证明责任问题，由相对人承担证明“有理由相信行为人有代理权”，就极有可能导致相对人因无法证明“有理由相信行为人有代理权”，最终无法成功主张代理行为有效，使得实体法上的权益保障成为海市蜃楼。只要进入相对人主张代理行为有效的具体情境，就会发现依《民法典》第 172 条的文义分配证明责任将导致不公，仅仅考察实体法并不容易得出这一观察结论。

鉴定式案例分析方法蕴含了上述实体法与程序法的融合，以及可能的私法与公法的融合（如行政法厘定的行为标准对民法中过错判定的影响）。这与鉴定式方法所采的请求权理论有关。

请求权概念的提出，以及请求权方法的系统化运用，与温德沙伊德和梅迪库斯两位深具罗马法背景的民法学家有关。前者将请求权概念独立出来，后者作为集大成者以请求权为线索将民法内容重新整合。前者完成了对实体法和程序法的区分，后者则以原告的视角将作为实体法的民法拉回到诉讼的语境中。梅迪库斯似乎是在温德沙伊德工作基础上对请求权理论进行推进，实则是将脱离了程序语境的请求权重置于诉讼的语境中。这一理论发展的过程，应当说在精神上承继了罗马法学家的务实作风。就此而言，请求权及请求权基础的检索理论，本质上是一种极为接地气的理论，任何民事纠纷似乎都可通过请求权理论解决，只是漂洋过海而来，显得洋里洋气。民事纠纷常有，而请求权理论不常有，鉴定式案例分析只在德国出现，与其法学家卓越的理论才智直接相关。这种分析方法的精神气质，与以程序为中心展开的古典罗马法极为接近，且具有普适性——有纠纷的地方就可以尝试运用请求权理论。

除了以“人”而非“法”为中心，“情境化”还隐喻了“具体案件”的法学意义。世上没有两片完全相同的叶子，也没有两个完全相同的案件。若执着于每个案件的特殊性，规则就会失去普遍性和稳定性。若执着于规则的普适性，就难免在个案裁决中有失公允。欧陆法学与英美法学对案件的裁判方法有着基本的分野。欧陆重“抽象规则”的意义，而英美强调“具体案件”的价值。欧陆的法教义学以抽象规则为基础进行构建，英美的法教义学则蕴于判例海洋之中。[1]鉴定式案例分析作为德国法特有的方法，其操作也以“抽象规则”的运用为基础，体现为“涵摄”方法的运用，而“情境化”则意味着分析的“具体案件”化——鉴定式分析不仅是抽象规则的适用，还蕴含着考虑案件本身特殊性及抽象规则不敷使用的可能。耶林对缔约过失责任的发现，似乎就可“架空历史”地编成一个鉴定式分析的故事：某一案件既不能用契约请求权，又不能用侵权请求权，导致大法学家回到具体案件本身，发现了缔约过失责任规则。在被耶林发现后，缔约过失责任本身也完成了规则化，成为“抽象规则”的一部分。就此而言，“抽象规则”与“具体案件”存在着互动的关系，这种互动关系在鉴定式案例分析中也不应被遮蔽。

三、体系化

请求权基础的检索，面对的是整个私法体系，甚至是整个法体系。出于高效检索的需求，法学家们发展出了大同小异的检索程序：

---

〔1〕 苏永钦教授语，苏老师的类似表达参见朱庆育主持，苏永钦、方流芳：《寻找新民法》，元照出版公司 2019 年版，第 41—42 页。

表 2　请求权基础的检索程序

梅迪库斯[1]	王泽鉴[2]
（1）基于合同的请求权； （2）基于缔约过失的请求权； （3）基于无因管理的请求权； （4）物权法上的请求权连同其非物权法上的效果请求权； （5）基于侵权行为及严格责任的请求权； （6）基于不当得利的请求权。	（1）契约上请求权； （2）无权代理等类似契约关系上请求权； （3）无因管理上请求权； （4）物权关系上请求权； （5）不当得利请求权； （6）侵权行为损害赔偿请求权； （7）其他请求权。

上述检索顺序的科学性在于：若不按照此顺序检索，可能会做无用功，如符合侵权构成要件，检索完毕后，发现当事人有特别约定，不构成侵权，则侵权检索的工作就白做了。又如检索出了物上请求权，但发现当事人的特别约定排除了物上请求权，则物上请求权的检索工作也白做了。[3]请求权基础的检索顺序，本质上是效率的要求。因此上述两位作者的检索顺序差异也没有对错之分。此外，请求权基础的检索程式，本身也具有开放性，如特别法上的请求权，因特别法优于普通法的一般原理，也可最先被检索。又如我国《民法典》特别规定了人格权编，在请求权检索顺序方面必然会面对新的问题。请求权基础的检索顺位，本身并不是一成不变的。

在原告以给付请求触发请求权检索之后，实际是把法官抛入了请求权基础的汪洋大海，能否顺利找到请求权基础顺利上岸，有赖于经年累月的练习。请求权基础检索的顺序，恰似请求权基础之汪洋大海中的导航图，能够让法官尽快找到支撑请求权的规范。对地图越熟悉，法官的效率就越高。不同法学家画的不同的导航图，可能有差异，但都可以导向最终请求权基础的发现。请求权基础检索的方案，在德国经年累月，经受了考验。对中国法学家而言，德国法学家勾勒的请求权检索地图，能不能直接依"拿来主义"为我所用，构成一个必须直面的问题。

---

〔1〕［德］迪特尔·梅迪库斯：《请求权基础》，陈卫佐等译，法律出版社2011年版，第13—14页。

〔2〕王泽鉴：《民法思维：请求权基础理论体系》，北京大学出版社2009年版，第58页。

〔3〕参见朱庆育：《请求权基础理论》，载高杉峻主编：《民商法实务精要（3）》，中国法制出版社2016年版，第29—30页。

以不当得利问题为例，梅迪库斯与王泽鉴教授均承认物权行为理论，因而也必然认可给付不当得利。在买卖合同嗣后无效，但物权行为有效的场合，发生所有权变动，因而有“得利”但因为缺乏作为“法律原因”的买卖合同的支撑，构成“不当得利”，因而有返还请求权。据此，原告主张的返还买卖标的请求权，宜以不当得利条文为请求权基础。但如果不认可物权行为理论，或不认可物权行为的抽象性，则相同情形下，物权并未发生移转，买卖合同既然无效，就不能基于买卖合同主张权利，但由于物权并未移转，所以返还请求权的基础应在于原告的所有权，原告主张物上请求权即可。在中国法是否认可物权行为理论尚存疑问时，[1]即便完全照搬某一德系法学家的请求权基础检索顺序，也会得出不同的结论。先有不同的理论，然后有依照不同理论的请求权基础检索，这是当然之理。但在现实的教学科研过程中，很可能的结果恰恰是先有对请求权基础检索顺序的照搬，然后再有与之应和的理论，由此出现本末倒置的荒唐结果。现成的德式分析吸引力极大，既然有了照搬的对象，哪里还有什么心思去思考中国法的特性。在中国民法学界对诸多基本理论问题未达成共识的背景下，若不提醒学生请求权检索的中国法语境，一方面恐怕德国法会潜移默化未经反思地影响学生，另一方面中国民法理论极有可能丧失学术上的主体性，人云亦云，难免夸父追日的命运。优秀的德国法学自然应当是学习的对象，但不应成为不假思索的照搬对象。

法律人解释适用法律的过程常被誉为“戴着镣铐起舞”，这个镣铐主要就是体系。每一次的鉴定式案例分析，就是起舞的过程。镣铐在身，才会感同身受，因而也才会有不断改进的动力。没有哪个镣铐是完美的，因而就会有镣铐的持续改进。全部法学的历史，就是镣铐止于至善的历史，德国镣铐即便是典范，也不会是终点。我国民法在概念不清、理论未明、体系不定的现阶段，尤应注意体系本身的区别及构建新体系的可能性。在物权行为等重大理论问题仍存分歧、《民法典》中人格权独立成编的大背景下，中国民法的体系，以及体系仰赖的概念和理论都并不足够清晰。中国民法的体系问题是一

---

〔1〕 该问题在民法典制定后也未见偃旗息鼓，参见崔建远：《无权处分再辨》，载《中外法学》2020 年第 4 期。

个悬而未决的问题，同时也是一个可有建树的问题，请求权基础检索的程式应当是这样一个“待定”体系的映射，而不是相反，更不应以德国的体系“固化”仍有创造可能的中国民法体系。[1]

四、想　象

虚拟式、情境化、体系化的特点，使得鉴定式的分析具有了新的可能：在鉴定式中重现教义学中的实践智慧要素，以情境化的方式超越法律部门化的藩篱，并审视“具体案件”的特殊性，基于可变的体系探寻新的体系。基于这样的认识，不妨想象一下鉴定式分析的一种不同面貌。

第一，引入比较法内容的鉴定式分析。比较法的内容包括古法，也包括其他法域的现代法。鉴定式以虚拟式为特点，本质上与罗马法中争鸣的法保持了一致，法无对错之分，但有优劣之别。一旦商讨引入了古法与域外法，就会脱离既有的实证法体系。这是对鉴定式的背离，意味着一种更大程度的开放，一种视野更为开阔的商讨，一种更优解决方案的可能，这正是实践智慧的本质要求。在实际操作的过程中，可以考虑在完成实证法的检索与论证后，单独进行比较法内容的鉴定式分析，在不影响实证法的适用训练的同时通过“商讨”寻找更优解决方案。如果说基于实证法的鉴定式分析能够训练学生准确适用法律的能力，进而促进裁判的统一，基于比较法的鉴定式分析就是要在此基础上开阔学生的视野并激发学生的法学想象力。

第二，在鉴定式分析中重视程序法与公法内容的融入。情境化的思考方式，决定了个案的正义才是鉴定式分析最为关切的。在此背景下，所有的法都应是达至正义的手段。程序法与实体法的区隔，私法与公法的区隔，只是出于学科研究便利的划分，而不是一种绝对的区分。民法教义学的案例分析

---

〔1〕 通过结合《民法典》第 8 条解释同法第 1165 条第 1 款，将侵害绝对权、违反保护他人法律、背俗作为侵权的三种类型，就属于以德国体系固化中国民法体系的情形。笔者激赏三分法的清晰，但引入前宜充分地讨论。吴香香老师有关请求权基础的论文对此有论述，参见吴香香：《中国法上侵权请求权基础的规范体系》，载《政法论坛》2020 年第 6 期，第 176 页。

当然应该考虑程序法的内容，包括宪法、行政法在内的公法内容也都应纳入其中，只要这对当事人纠纷的正义解决是必要的。实体法与程序法面对着不同的问题，私法与公法甚至奉行不同的原则，但只要认为法的存在是为了实现具体纠纷中的正义，个案的解决就应当不囿于这种划分。目前的鉴定式分析也并不排斥程序法和公法规则的介入，此处再做特别强调，旨在强调以“人”而非“法”为中心才是法学的应然样态。

第三，与第二点相应，应在鉴定式分析中强调个案论证结论的妥当性，避免学生只知法条适用，不知正义为何。操作繁复的案例分析方法，虽对概念的精准理解、规则的恰切适用都帮助极大，但年少的学生也易于沉迷于此，乃至流连于炫技，忘却了法学的初心，习得了“技艺”，丢掉了“善良与公正”，明晰了法条的具体操作，却忘记了叩问此等操作的结果是否符合个案中的正义诉求。教育旨在完成对学生天赋的唤醒与性情的养成，不能本末倒置，将技艺传授置于品格养成之前。我们固然可以期待基于较为完善的稳定的教义体系，使得坏人也不得不做出好的判决，但诉诸历史，似乎没人敢担保主权者的命令必然是善良与公正的。法律人应在不断的技艺训练中养成追求正义的品格，这种正义并不是飘渺的情怀，而是在每一个案件中悲悯的正义追问。

第四，在鉴定式分析中强调中国法的主体性，包括现行中国法的概念、理论分歧，并尝试引导对新体系的思考。历史地看，合同概念与侵权概念曾纠缠在一起，不当得利中的部分问题在很长一段时间都由无因管理规则处理，缔约过失在大侵权法模式的法域似乎根本没有存在的必要。在法律行为抽象性、违约责任构成等基本理论问题上，我国民法都与德国法未尽一致。既然历史上的体系有过丰富的可能性，现实的立法与学说与德国法也有不同，我们对中国法孕育出新的体系应抱有值得期待的想象，这不仅符合法学的本质，也符合泱泱大国智识自尊的需要。在具体的分析过程中，不妨在概念和规则的层面都做多种可能的解释尝试，或者在脱离实证法的语境下进行比较法的探讨，这对新体系的构建应有助益。

上述四点主张，并不妨碍鉴定式教学“强化论证”“促进同案同判”的初衷。作为一种教学设想，重温优士丁尼在“全部”敕令中的几句话或许是有益的。[1]他说，法科学生应成为“最好和最博学的人”，应当是“最伟大的演说家和正义的卫士，在法庭上，他们是最好的斗士，在任何时间和地方，他们都是幸福的治理者”。显而易见，优士丁尼认为人的培养是最重要的，而学生培养环节始终有着品格的期待。学生们应在第一年完成法学入门《法学阶梯》的学习，而成为“优士丁尼新生”，在第二年成为通晓程序的“告示人”，在第三年和第四年阅读“最敏锐”的帕比尼安和“极博学”的保罗等人的著作，在顺利完成《学说汇纂》学习后的第五年，才被要求“致力于阅读并准确地理解《敕令法典》”。就此看来，拙文对鉴定式案例分析的想象，似乎还有了一点古典的意味：如果说对《敕令法典》的运用是德式鉴定式案例分析的运用，那么在此之前，应先学习法学的基本原理、程序与法学家观点，[2]只有依照这种顺序，才不会“让这种教学艺术遭到埋没”。

---

〔1〕 参见［古罗马］优士丁尼主编：《法学阶梯》（第三版），徐国栋译，商务印书馆 2021 年版，第 11 页及其后。

〔2〕 拙文草成后，章程老师发表了深具历史感与理论性的批判性文章，其中对“全人”教育重要性的强调，与拙文所倡法学教育观相应和，质言之，“诚意、正心”应先于“格物、致知”。参见章程：《继受法域的案例教学：为何而又如何？》，载《南大法学》2020 年第 4 期。

刑事诉讼案例研习的鉴定式展开

程　捷*

摘　要：鉴定式是德国法学特有的一种案例教学技术，它旨在详尽地呈现法律适用的思维过程。鉴定式的精髓在于将一个（复杂的）法律问题切分成更容易处理的片段，让这些片段和具体的规范逐步符合，然后将一系列中间结论汇总到一起得到最终的答案。为了实现这一步，要让“目光在规范和事实之间来回穿梭”。具体撰写时，首先要结合具体案情和法条抛出法律分析中的假设性问题；然后便是对规范中的法律要素展开定义，需要定义的构成要件要素是未来需要用于归纳的要素；接下来要考虑本案事实是否可以该当已经被解释的构成要件；最后在其法律适用的思维表述之后必须得出某个确定的结论。

关键词：鉴定式　判决式　涵摄　法律解释

法学教育离不开案例研习。因为法学终究是一门应用学科，倘若仅停留在记忆实定法规则和背诵抽象理论上，不能将这些知识合乎事理逻辑地适用到具体案件，不仅无法让法学院学习与日后实务工作对接，即便从事理论研究，也会因为无法为现实疑难案件提供可行方案徒增挫败感。鉴定式作为德国法学特有的一种案例教学技术，迄今已经有170年的历史，在培养法律人共通思维方式，实现法律适用的可理解性和可检验性方面可供我国借鉴。本文拟从刑事诉讼法角度对鉴定式案例研习方法进行介绍。

一、何谓鉴定式？何谓判决式？

【取保监听案】A在某地长期拉拢、网罗社会闲散人员，采取非法放贷与暴力催债相结合的方式，大肆侵占当地借款人财物，经人举报后，A被县公

* 中国社会科学院大学法学院副教授，法学博士，德国慕尼黑大学访问学者。

安机关抓获并对他涉嫌的上述犯罪事实立案侦查。但因为羁押期限届满，案件仍未侦查终结，公安机关于是依法对A采取了取保候审措施。为了侦查犯罪，经过公安局局长批准，侦查机关采取了监听A手机通话的技术措施。在监听的过程中，录下了A和A的辩护人V之间的某段手机通话。其间A向V详细地陈述了他所犯下的上述罪行。问题：该录音可否作为指控A的证据呢？

相信但凡学习过刑事诉讼法的读者，在读过上述案例的设问后就会下意识地回答道："肯定不可以！"如果场景设定为刑诉法期末考试或国家考试的笔试环节，他一定会习惯地以"答：不可以！因为……"的句式去起笔。但是，这通常不符合鉴定式的撰写格式。因为鉴定式案例分析法的功能系将鉴定人（即法律适用者）有关法律适用的思维过程，如寻找规范基础、解释、涵摄[1]以及推得的结论详尽地呈现出来。这意味着面对设问须先形成可能适用哪些规范基础的问题意识，然后说明在各自规范基础上相应的解答方案，权衡并选择其中的一个解答方案以后，再就案例的问题得出答案。因此鉴定式答题的语句常常以"可能是""因此""于是""然后""所以"等一系列连词为特征。由于将一个具体案例事实涵摄到某个法律规范在大多数情形下是由一连串演绎所组成的，[2]所以运用鉴定式就意味着，要就所有与这些演绎相关的问题进行全方位的论证。因此，最好首先制作一个论述提纲。一个法律问题越复杂，提纲就要越详尽。

与鉴定式相对的解题模式是判决式。判决式会在论述的一开始就给出问题的答案（或者法律上的判断），然后再给出理由。所以，判决式更接近我们中国学生平常习惯的答题撰写方式，经常以"因为"为论证语句的连词。但是在德国的法学教育和考试中，基本或通常的撰写格式要求是鉴定式。判决式充其量只能作为鉴定式的点缀而存在，即只能在案例解析中用于表述一些毫无法律问题的点（例如监听手机通话构成技术侦查）。因为在刑事诉讼案例主要争点的论证中，经常会要触碰到一些边缘性或不言自明的问题，尽管这些问题不太需要回答，但直接略过又似乎给人思维不够连贯缜密之感，所以，

---

〔1〕 也可以被称作涵盖，即将具体的案件事实归属到某个法规范的构成要件之下的法律适用步骤。

〔2〕 Vgl. Puppe, Juristische Methodenlehre für die Strafrechtshausarbeit, JA 1989, S. 345.

好的案例鉴定是会运用判决式风格装点或过渡的。[1]

二、鉴定式案例研习的问题建构

（一）案情事实的解读和处理

准确地理解案情是识别和归纳法律问题的第一步。所以通常而言，案例需要阅读多次。刑事诉讼案例事实具有下列特征之一的，且在适用某种法律效果时，有可能需要作为整体加以考量的，须在阅读时标示出不同事实片段之间的对应关系（例如借助彩笔）。

1. 案情涉及同一个案件不同诉讼阶段的不同诉讼行为[2]

例 1：侦查人员在讯问某名 17 岁的犯罪嫌疑人 A 之前，通知了 A 的法定代理人到场，但法定代理人拒绝到场，于是侦查人员讯问了 A，A 对犯罪事实供认不讳。检察机关在审判阶段出示了 A 的庭前供述，法院可否采信？本案中审判阶段的证据的合法性及其评价，便需要联动考量侦查阶段的讯问行为、通知行为的合法性。

2. 案情涉及同一犯罪的多个被追诉人的不同诉讼行为

例 2：甲、乙和丙三人系组织、领导黑社会性质组织罪的共同被告人，其中被告人甲和乙已经在庭前签署了认罪认罚具结书，但被告人丙始终拒绝认罪，由于甲和乙的认罪部分涉及丙的犯罪事实，庭审中被告人丙及其辩护人希望向甲和乙发问，核实甲、乙认罪认罚内容的真实性，审判长应否准许？要分析丙及其辩护人依法是否享有发问权，需要分析甲、乙、丙三人相互之间的诉讼地位或角色。

上述两种情形在同一个案例交织出现时更需标示，自不待言。笔者对阅读案情的建议方法是，不妨先看案例的设问，然后再去阅读案情。但凡在阅

〔1〕 但值得注意的是，一些德国法学院校的习题课为了让初学者尽快适应鉴定式严格秩序般的思考和言说方式，会禁止学生在笔试答卷中使用“因为”这样的连词。所以，判决式一般是给“高段位”法律人保留的撰写技艺。Vgl. Beulke, Klausurenkurs im Strafrecht I, 6. Aufl. 2013, S.6.

〔2〕 所谓诉讼行为是指某个诉讼主体从事的与诉讼相关的能够产生诉讼法效果的行为；纯粹的意思表示不是诉讼行为，例如被告人的供述或辩解行为、证人或鉴定人发表观点或意见的行为。关于诉讼行为概念的起源、价值和定义，Vgl. Volk/Engländer, Grundkurs StPO, 8. Aufl. 2013, § 15 Rn. 1ff.

读案情过程中，脑海中联想到的相关法律问题或制度，可先在页边做好笔记。之后再根据案例的设问挑选出若干相关的中间性问题，用彩笔标示出有关联的事实片段。另外，笔者也提倡在草稿纸上制作简略的草图，从而更好地实现案情的结构化。如果解题人希望将这些筛选出的中间性问题和对应案情之间搭建出体系关系，那么就特别建议单独在一张纸上将案件最重要的信息作一个问题提纲以及大致的案情索引，这是把握案情最好的保障。

需要指出初学者在这个阶段经常会犯的错误：

（1）将案情“生拉硬扯”到自己熟悉的法律问题上。例如在上述例 1 中，也许有的学生对“合适成年人”的范围比较熟悉，他特别想就这个问题加以阐述，于是便颇费周章地对案例问题附加条件，区分侦查人员是否还通知了“其他成年家属，所在学校、单位、居住地基层组织或者未成年人保护组织的代表”到场，作为解答本案中 A 的供述是否需要排除的前提。完全不顾案例中“于是”这一连词所具有的紧承上事的语法意义。按照自己熟悉的领域去随意变动给定案情的思维是“过于自我”的，会让法律问题的论证脱离案情。〔1〕怀疑必须建立在符合案情事实的基础之上，并且符合通常生活经验和事物规律。例如案例没有提到某个被告人的年龄或精神状态有问题的，研习答案就只能建立在一个具有正常诉讼能力的人的基础之上。这种理所当然的案情通常是不用特别交代的。

（2）案情信息不全时不敢决断出某一种事实流程。给定的案情信息有时会存在信息不全的现象，例如在例 2 中，“甲、乙和丙三人系组织、领导黑社会性质组织罪的共同被告人”，从这一句话中无法知晓，究竟是三个人都被指控为组织、领导黑社会性质组织罪，还是其中部分被指控为“组织”，部分被指控为“领导”的罪状且将三人合并审理。如果解题者能熟悉地掌握，刑事诉讼中的同一个犯罪事实的概念其实不取决于罪名是否同一的原理，〔2〕就知道此处

〔1〕 就笔者以往参与实务部门案件论证的经验看，这种不当的思维现象还会表现在少数法律专家的意见中。

〔2〕 限于篇幅，关于刑事诉讼对象同一性的问题本处不赘述，Vgl. Beulke/Swoboda, Strafprozessrecht, 14.Aufl. 2018, § 25 Rn. 513 ff. 中文文献参见林钰雄：《刑事诉讼法》（上册），元照出版公司 2017 年版，第 288—290 页。

的信息遗漏其实对于本案问题的法律评价是没有意义的，重点应在其他的事实点上。但是，纵使解题人不了解这个原理，也没有必要过于谨慎地将该案问题区别两种情形去解答，[1]应该勇于从开放的事实版本中选择某一种事实版本，甚至完全可以写成"按照通常的表达经验，本案应该是指三人以相同罪名被起诉"，以明确厘定案例研习的主问题。解题人应该理解，鉴定式训练的重心是良好的法律论证，而不是生活经验。[2]

同时需要指出的是，解题人在解读案情时，也没有必要考虑"罪疑惟轻"（或无罪推定）原则，因为这只是刑事诉讼中证据评价的原则，而不是解读案情的原则。

3. 不善于解读案情中的主观要素

相对于刑事实体法而言，包括故意和过失的区分等主观要素的问题在刑事诉讼法问题中的意义较小，例如侦查人员在讯问时没有告知犯罪嫌疑人有权委托辩护人或没有录音录像，此种不作为无论是基于故意还是过失，在法律效果上通常没有区别。[3]但是，对于那些以自愿性为有效要件的诉讼行为（如认罪认罚、适用附条件不起诉须被不起诉人事先同意、悔罪表现等），以及那些保护目的仅止于防止故意违法的注意规范（例如刑讯逼供[4]），仍有必要明确诉讼行为或职务行为乃出于故意。要注意的是，诉讼行为的法律后果越重大，需要在论证中明确故意的要求就越高。如果需要在论证中明确故意，通常可以根据客观情状用相对明确的推论性表述去确定。例如"A 警察知道，威胁抓捕犯罪嫌疑人的未成年子女会让其精神感到痛苦，却仍然执意为之"或者"不通晓中文的犯罪嫌疑人 B，纵使检察机关通知值班律师担任其法律帮助人，也不能确保其就了解认罪认罚的性质和法律后果"。

总之，解题人务必通过他的解读明确案情，绝不能停留在开放式的案情

〔1〕 即便是德国国家考试的案例题中，需要区分情形作答的概率也极小，甚至几十年也未必遇到一例。

〔2〕 注意，笔者的本意是生活经验仅于鉴定式训练中相对不重要。这并不否定生活经验对于法律修辞和庭审辩论等其他法律能力的重要性。

〔3〕 错误等意思瑕疵对诉讼行为效力通常不生影响，仅于例外时才生影响。详见 Beulke/Swoboda, Strafprozessrecht, 14.Aufl. 2018, S.220f.

〔4〕 例如犯罪嫌疑人在警察讯问过程中突然短暂昏厥，警察紧急掐其人中施救，苏醒后的犯罪嫌疑人却以为警察正准备对其动用"手段"，因为极度恐惧而供述了自己的罪行。

总结。只有案情事实先予明确，才可能在此基础上展开法律评价和论证工作。这同时也意味着，刑事诉讼中的鉴定式解题方法通常不能用在证据评价和事实认定问题上。

（二）建构问题要点和检验顺序

鉴定式的精髓在于将一个（复杂的）法律问题切分成更容易处理的片段，让这些片段和具体的规范逐步符合，然后将一系列中间结论汇总到一起得到最终的答案。所以应该尽可能且必要地将案例的设问切分成若干个中间问题，以供一一妥善解决，直到问题被分解到能够无须特别说明便可以清楚认知的程度。为了实现这一步，要让"目光在规范和事实之间来回穿梭"。以【取保监听案】为例说明这一思考过程。

1. 将案例问题切换成中间问题

针对本案中通话录音能否被当作证据使用的案例问题，但凡学习过刑诉法且达到合格程度的鉴定人都应该理解，根据刑事诉讼职权原则，原则上一切能够证明案件事实的证据都应该被调查［依据《刑事诉讼法》（以下简称《刑诉法》）第 50 条和第 52 条第 1 句］。之所以排除某些材料成为证据通常基于两种理由：要么这种材料不具有证据的法定形式；要么违反了有关收集调取证据的程序法则。[1] 所以，具体到本案，他首先应当联想到以下中间问题。

中间问题 1：手机通话者的辩护人身份是否会成为这种谈话监听的障碍？违反法定程序取证可能涉及调取手段违法或者调取对象违法。对国家干预手段"应有的"敏感度会让鉴定人关注到本案中侦查机关对辩护活动（即辩护人通过电话方式向犯罪嫌疑人提供咨询和交换辩护意见）变相利用的情节。这不仅抵触"任何人不应该因为行使权利而遭受不利（Nullus videtur dolo facere qui suo jure utitur）"的基本法感，还会让人联想到辩护律师会见在押的

〔1〕 德语文献中将证据排除称作证据使用禁止（Beweisverwertungsverbote），而将获取证据资料的禁止性规定统称为证据取得禁止（Beweiserhebungsverbote），并按照各种禁止取证规定的连接点又将证据取得禁止区分成证据主题禁止（Beweisthemaverbote）、证明方法禁止（Beweismethodenverbote）和证据形式禁止（Beweismittelverbote）。详见 Eisenberg, Beweisrecht der StPO, 8.Aufl., 2012, S.117ff. 在德国法上，除了刑讯逼供等法定列举的情形以外，证据取得禁止不必然导致证据使用禁止。反之，证据使用禁止也不一定以证据取得禁止为前提。不牵扯国家行为的私人不法证据或者触及宪法上一般人格权核心领域的证据也可能禁止使用，也被称作自主性证据使用禁止（selbständiger Beweisverwertungsverbote）。但这种情形在我国法上尚属罕见，本文不讨论。

犯罪嫌疑人不应受到监听的重要刑诉法制度。

中间问题 2：侦查机关是否有权对犯罪嫌疑人 A 采取技术侦查手段？接受过刑诉法知识训练的鉴定人通常会对刑事程序不容许国家机关不择手段、不问是非及不计代价发现真实的程序价值〔1〕印象深刻，犯罪嫌疑人在未经法定程序证明其有罪以前，他的基本人权应该得到尊重，纵使为侦查犯罪的需要，也只有在法律明确授权的范围内，才可以对其权利加以必要且合乎比例的限制。对于个人隐私和信息自决权影响重大的电话监听必须符合刑诉法的规定，一名训练有素的鉴定人理所当然地会思考到技术侦查措施的合法性问题。〔2〕

2. 规范假设和规范检索

从上述中间问题出发，接下来我们要尝试寻找规范基础。笔者认为，鉴定式的初学者不宜立即翻查法条，不妨先尝试自己去设计能够解决上述各个中间问题的法律命题（Rechtssatz）〔3〕的描述方式。我们暂时无须知道，法律中是否真有一个解决这些问题的法律命题，以及这个法律命题实际又是怎么被描述的。

任何一个完整的法律命题应该符合“若……则……”结构。例如符合中间问题 1 的法律命题可以作这样的抽象表述：“若辩护律师与被取保候审的犯罪嫌疑人电话通话，则侦查人员不得对该通话进行监听。”可能与中间问题 2 相符的授权性法律命题可以设想为：“当符合 ×× 条件时，侦查机关可以对犯罪嫌疑人采取技术侦查手段。”

之所以尝试先自行提出规范假设，一方面，有利于我们去查找实证法中

---

〔1〕 参见林钰雄：《刑事诉讼法》（上册），新学林出版股份有限公司 2017 年版，第 9—10 页；德国法的类似表达见 BGHSt 38, 215, 219f.

〔2〕 其实，还应该再拆分出第三个中间问题——“采取不合法技术侦查手段获取的证据（录音）是否应当排除？”针对这个问题，我国刑诉法和相关司法解释其实并无直接可以援用的法律规范，因此需要运用填补法律漏洞的特殊法学方法去解决，这是一种明显有别于三段论涵摄框架的论证模式。限于篇幅本文暂时搁置这一问题，将另行撰文介绍。

〔3〕 法律命题（Rechtssatz）虽然与法律规范（Rechtsnorm）对应，但在语义上有区别。法律规范是由立法者制定的，而法律命题是由法律科学来表述的。举例来说，《刑诉法》第 56 条第 1 款第 1 句包含这样一条规范（采取刑讯逼供等非法方法收集的犯罪嫌疑人、被告人供述，应当予以排除）与法律科学所表述的这一规范的命题（假如侦查人员采取刑讯逼供等非法方法，那么就应当排除因这些违法方法收集到的犯罪嫌疑人、被告人的供述）具有逻辑上不同的性质，因此在术语上要区分开来。这种逻辑或者说语义上性质的不同是，法律规范要么是有效的要么是无效的，而法律命题要么是真的要么是假的。法律规范与法律命题可以通过它们的运用方式被区分开来。规范的运用方式是规定，而命题的运用方式则是描述。参见雷磊：《法律规范冲突的逻辑性质》，载《法律科学（西北政法大学学报）》2016 年第 6 期，第 4 页。

对应法律命题的条款及其可能出现在法条中的位置；另一方面，方便我们确认法条检索工作是否足够全面。因为有的法律条文有可能只包含法律命题的一部分，甚至需要多个条文才能表达某个法律命题。例如，既然中间问题 1 的规范假设关系到辩护人和犯罪嫌疑人之间的活动，那么有关规定辩护权的条款，就很可能出现在《刑诉法》第四章“辩护与代理”中，进而便不难找到《刑诉法》第 39 条第 4 款第 2 句。同样，中间问题 2 可以找到《刑诉法》第 150 条第 1 款、公安部《公安机关办理刑事案件程序规定》（以下简称《程序规定》）第 263 条第 1 款等相关条文。关于刑事诉讼法中规范基础的来源或检索范围，参见后文鉴定式解题示范部分之说明。

3. 按照法律命题的构成要件，将每个中间问题进一步切分成要件问题

在初步找到了可能的规范基础之后，还要再判断中间问题是否不需要特别地说明便可以清楚地认知。如果尚未达到这种程度，便需要进一步将适用于中间问题的法律命题按照其构成要件进一步分解，从而凸显出需要集中论证的争议焦点。所谓构成要件，就是指法律命题中“若”的方面。例如，就【取保监听案】的中间问题 1，结合《刑诉法》第 150 条第 1 款，便可以将技术侦查的权限问题再度切分成“主体”“所在阶段”“涉嫌罪名”“手段形式”等诸多要素（详见下文图：【取保监听案】的初步审查结构与思维建构）。

4. 形成审查的顺序和提纲

鉴定人还需要将切分出来的中间问题在撰写纲要中形成一个结构，即要努力将这些中间问题按照从简到难，前后关联的角度设定一个认知顺序，以便一步步上升，直到解决最复杂的问题。可以说，鉴定式解题水平最核心的且最难掌握的技术，便是将所要处理的中间问题按照合理的检验顺序摆放。切莫肤浅或乏味地将鉴定式理解成僵化且毫无变通的三段论式的法条套用过程，中间问题的排列顺序是要依据解决最终问题的目的而随机应变的。以【取保监听案】为例，究竟我们应该对两个中间问题中的哪一个先开展检验呢？在拟定检验顺序时，应该牢记两个原则。

原则一：只检验争议问题，舍弃或者用判决式处理没有争议的问题。

在制作要点纲要时首先要注意，在时间极其有限的考试场景中，必须把

握时间切入重点，将事实要点涵摄到规范的构成要件不意味着严格且毫无变通地依次逐一定义和归纳。只要明确地认知系列中的某个部分就已经足够了。那些对本案没有疑义的构成要件要素可以舍弃论证或大胆地用判决式一带而过。同时，也要避免随机地检验。鉴定者脑海中要随时提醒自己，检验某个问题的服务功能是什么？因此，很多学生喜欢拥有一套像刑事实体法那样的能检验所有罪名问题的固定套路，即“构成要件—违法性—有责性”的审查构造。其实，任何构造都不会是僵化或无须变更的，有序审查不等于僵化的形式主义。

原则二：保证每一步结论的理由不参考后面的论证。

在阅读学术论文或法庭质证或论辩时，我们经常会遇到“参见后文”或“容后发表”的情形。但是作为一种“运转最低的知性也不会出错的操作”，鉴定式要克服的正是那种“从底层一跃而到最高层”的傲慢或疏忽的论证思维。因此必须恪守“凡是没有清楚认识到的东西，绝不能成为结论的前提”的准则。反之，如果是已经论证过的结论，则可以成为后续问题的参照理由，即允许“朝上参照”，不得“朝下参照”。例如在刑法共同犯罪的案例中，基于（狭义）共犯从属性的原理，一定要先检验是否成立正犯，再去检验是否成立共犯。在【取保监听案】中，中间问题 1（侦查机关能否监听辩护人和犯罪嫌疑人之间的电话？）不仅涉及获取内容是否受到法律的特殊保护，同时还涉及侦查机关手段的容许性。因此，中间问题 2 的结论会成为中间问题 1 的结论的前提。故应该先遵循“中间问题 2—中间问题 1—最终结论”的审查顺序。

5. 遵循“规定—例外—体系”的顺序

刑事诉讼制度的内部体系是借助于不断区分规定—例外技术展现出来的。就以证人出庭作证问题举例：根据《刑诉法》第 50 条第 3 款和《最高人民法院关于适用〈中华人民共和国刑事诉讼法〉的解释》（以下简称《刑诉法解释》）第 87 条对证人证言的审查重点，证人证言可以以宣读书面询问笔录的方式代替证人亲自出庭作证。但是《刑诉法》第 192 条第 1 款以及《刑诉法解释》第 249 条却规定，如果控辩双方对证人证言有异议，且证人证言对定罪量刑有重大影响，法院认为证人有必要出庭作证的，则应当通知证人出庭。这便构成通常“以宣读笔录方式对证人证言质证”的例外。〔1〕但是，《刑诉法》第193条却规定，被告人的配偶、父母、子女不能被采取强制到庭措施。那么这可能会构成《刑诉法》第192条第1款之“例外的例外”吗？换言之，针对某个未出庭的亲属证人的证言可否以宣读方式质证设问呢？依笔者看来，不能仅以《刑诉法》第192条第1款的规定为根据进行论证，而应该对上述条文按照“从原则到例外，再到例外之例外”的逻辑设计审查提纲，如此便能保持严谨且立足于法条的态度，展现出鉴定人的知识的同时，也表现出他对规范之间体系关系的把握，而不是偶然间找到正确的规范。

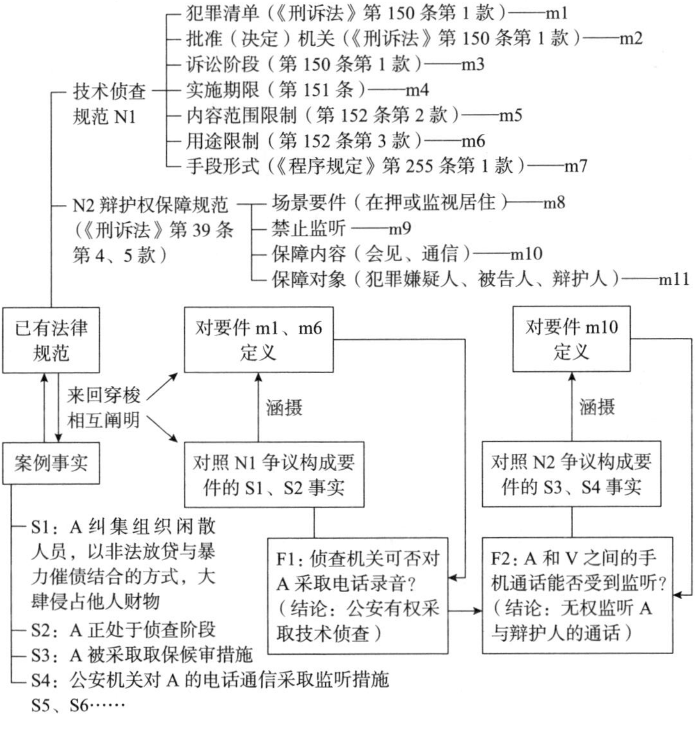

图1 【取保监听案】的初步审查结构与思维建构

〔1〕 无论是现行立法规定，还是司法实践，通知证人出庭作证是我国刑事庭审证据调查活动的例外情形。参与2012年《刑诉法》修正工作的全国人大法工委人员在解读《刑诉法》第192条时甚至毫不讳言道，“证人出庭率很低的原因是多方面的，从国外实践来看也并非证人都需要出庭，而且要求所有证人都出庭也不现实。因此，规定了证人证言要‘对定罪量刑有重大影响’才有出庭的必要”。参见郎胜主编：《中华人民共和国刑事诉讼法修改与适用》，新华出版社2012年版，第335页。当然，这种立法现状是否符合公正审判的价值，尤其是否符合当下以审判为中心的刑事诉讼制度整体改革目标，须另从法政策的角度检讨。但这已超出本文的写作目的，在此不展开论述。

三、刑事诉讼案例运用鉴定式的撰写格式

开始撰写鉴定式案例分析之前，笔者建议鉴定人向读者（包括考试场景下的改卷人）交代自己的思路梗概，即将有哪些制度或者法律效果选项会被检验。借助于这种引导方式，不仅让读者有一个阅读的心理准备，更好地理解鉴定人的思路，尤其是多个诉讼主体或复杂诉讼事实的案例，告知读者接下来将对哪个事实片段进行分析；也能让鉴定人自己整理和检查撰写思路。在引导语之后，按照法律适用的涵摄进路的撰写步骤如下。

（一）标题：结合具体案情和法条抛出法律分析中的假设性问题

鉴定人的一个主要任务在于让规范和事实建立起关系。通过标题向读者交代，审查的对象（事实）和审查标准（具体的法律效果）各自是什么？特别要提醒初学者的是，千万不要像教科书式地展开抽象法律论述，而是要时时刻刻围绕着具体案件去分析相关的法律问题。所以明智的做法，应该是在标题中就清楚地说明，案件事实的哪些部分会在某个规范中被检验（所谓的涵摄问题）。这种涵摄问题的标题始终满足三个格式要求。

1. 只能使用假设语气，不得使用肯定语气

正如前文所述，鉴定式必须遵循先有论证，后有结论的撰写方式。在没有分析之前，在标题中只能使用“可能”的修辞方式。例如“侦查机关对犯罪嫌疑人 A 的犯罪可能有权采取电话监听”。标题不能省略“可能”二字，否则就会成为结论表述，让人有先入为主的印象。

2. 被检验的对象或事实应该在标题中出现

如果有多个诉讼主体或多个诉讼行为需要分别接受检验，在标题里应该明确地列出你即将检验的诉讼行为或诉讼主体。如此撰写，有利于鉴定人在撰写时自我控制，聚焦于案件事实，而不至于撰写成抽象性的专题性论文或教科书，哪怕鉴定人已经准备了提纲，也有这种风险。因此不能笼统地写成“一、技术侦查”或者“一、侦查机关可能有权采取技术侦查措施”，而应该写明“侦查机关对犯罪嫌疑人 A 涉嫌的罪行可能有权采取电话监听措施”。之所以不能写成技术侦查，是因为技术侦查是一项法律制度的名称，不足以

描述本案中的“事实”。同理也不能使用有待审查符合性的法律概念，像是“侦查机关的技术侦查可能是合法的”，因为本案事实是否符合一项“技术侦查”此时还没有论证。

3. 标题中应该尽可能精确且全面地一次性抛出所要鉴定的法条

鉴定式案例研习源自欧洲中世纪的法官或专家提供给法庭的审查报告，即它的历史前身是一种正式的法律文件。[1]法律文件的重要特征便是具备较高的精确要求，因此鉴定人在引用法律条文时务求正确且完整。同时，由于立法体例和技术的原因，同一法条的不同部分可能包含完全不同的法规范或命题，反之，同一法规范或命题也可能分散规定在不同的法条之中。因此，不仅要引用到第几条第几款第几项，如果只是要援用其中的某一部分，甚至还必须指明是本文还是但书，是前句还是后句[2]（第 1 句或第 2 句）。例如标题最好应精确写明“侦查机关依据《刑诉法》第 150 条第 1 款、《程序规定》第 263 条第 1 款，为侦查犯罪嫌疑人 A 涉嫌的犯罪可能有权采取电话监听”。

（二）构成要件的拆分和定义

标题厘定之后，接下来便是对规范中的法律要素展开定义。定义也被称作解释，即将法律概念具体化的方法。我们可以先将法律命题之构成要件拆分成若干个承载意义的要素。例如《刑诉法》第 150 条第 1 款和《程序规定》第 264 条第 1 款，便可以拆分为：（1）主体条件：公安机关；（2）罪名条件：黑社会性质的组织犯罪；（3）手段方式：通信监控；（4）时间要求：立案以后到侦查终结；（5）程序要求：经过严格的批准手续。

对于大部分案件事实而言，有时可以毫无问题地涵摄到这些要素中去。例如，组织领导黑社会性质组织罪即为“黑社会性质的组织犯罪”，自不待言。但是有些时候，却没法实现这种自动的涵摄，而必须首先明确立法之表达所言何意。

---

〔1〕 早在中世纪的德国，作为 16 世纪罗马法复兴运动产物的加洛林那法典（Carolina Code）中就规定，“法官应当在法学专家意见下裁判”，这里的“法学专家”主要来自各个大学的法学院，而鉴定式活动（Gutachtentätigkeit）正是从那个时期开始繁荣起来的。Vgl. Schroeder/Verrel, Strafprozessrecht, 5. Aufl. 2011, Rn. 31.

〔2〕 也有称前段、后段；如贺栩栩：《〈合同法〉第 40 条后段（格式条款效力审查）评注》，载《法学家》2018 年第 6 期。

就构成要件要素之定义，按照先后优先顺序，可以采取以下几种方法：

（1）适用补充规范（Ergänzungsnorm）。理解一项规范的要素，通常有必要诉诸其他条文。所以，我们可以把这种具体的法律命题称作一项核心法律命题，对其加以补充的那些规范，我们称作补充命题。例如“若国家机关采取刑讯逼供等非法方法，则由此获得的犯罪嫌疑人、被告人口供被排除”是核心命题，《刑诉法解释》第 123 条就构成补充法命题的补充规范，因为它详细解释了什么是“刑讯逼供等非法方法”。对于补充规范，我们又可以区分为说明性规范、限定性规范和转致性规范。[1]

（2）使用某个既定的解释。如果没有既定的补充规范，那么我们便要问，人们通常是如何定义这个要素的？有时，可能会对某个概念存在一致性的见解。例如对于我国刑事诉讼中“羁押”的理解，无论是理论还是学界通说，一致认为是采取了剥夺人身自由的强制措施下的状态，即采取了拘留和逮捕措施后才构成羁押。[2]因此取保候审肯定不能构成“羁押”或“在押”。但是，多数情况下对于争议概念没有一致性解释。例如对《刑诉法》第 56 条第 1 款第 2 句有关违反法定程序取得物证、书证的排除规则中，何谓“补正”？何谓“合理解释”？现有司法解释性文件均无相应的规定。但是实务见解和学术文献却争讼不一，如果这些争议观点在具体案例中具有关联性，那么鉴定者必须先阐释不同的解释方案，相应的理由和批判的见解，并且最终确定有说服力的见解。要注意的是，我国刑诉法理论研究素来有生产理论、发明概念却不供给问题解决方案的特点，看似理论繁荣，实则结论一致，初学者切

〔1〕 在法律规定中，通常都不是完全法律命题（vollständige Rechtssätze），不完全法律命题较为常见，即仅具部分法律命题的内容，如欲取得法律效果所生之效力，须与其他法规范联结。不完全法律命题可区分为说明性命题（erläuternde Rechtssätze）（例如前述刑讯逼供的定义性规范）、限制性法律命题（einschränkende Rechtssätze）（例如《刑诉法》第 150 条第 1 款的“其他严重危害社会的犯罪”被《程序规定》第 263 条第 1 款第 5 项限定为“依法可能判处七年以上有期徒刑的”）及转致性法律命题（verweisende Rechtssätze）（例如《刑诉法》第 39 条第 5 款就辩护律师同被监视居住的犯罪嫌疑人、被告人会见、通信，适用该条第 1、3、4 款的规定）。在法律技术方法上为避免重复规定，透过法律拟制、准用、视同、有同一效力、依关于……之规定等方式，转致适用于其他规定。Vgl. Karl Larenz, Methodenlehre der Rechtswissenschaft, 6. Aufl. 1991, S.257, 260f.

〔2〕 但若是按照欧洲人权法的见解，但凡违背某人的意志，将其拘禁于某有限的空间非暂时性的一段时间，无论该空间是否被称作拘留所或看守所，都构成“剥夺人身自由”。Vgl. Meyer-Ladewig, Kommentar zur Europäische Menschenrechtskonvention, 2. Aufl. 2006, S.82. 欧洲人权法院的类似裁判见解参见 ECHR, Guzzardi v. Italy, Judgement of 6 November, 1980, Appl. 7367/76, Series A no.39.

记要识别真正的争议焦点，切莫陷于罗列那些在结论上毫无分歧却名称上五花八门的理论。[1]另一方面，当确实存在理论争议时，撰写者应该信仰一个理论方案，并将其作为最终铺陈的依据。切忌对所有的理论观点都赞成，如果有勇气挑战权威，坚持己见，也会彰显法律人的气节。另外，引介学术观点时，最好不要用“××理论”或“××说”这种提法，因为理论往往就是一个观点，最好去阐述具体的观点的内容。笔者建议采取“观点一认为……”或“观点二却主张……”的表述。最后一点建议是，在定义时应该首先以指导性案例所体现的实务见解为导向。理由是它具有事实上的拘束力。[2]在德国的大学考试和国家考试中，通常情况下的定义，首先应该引用联邦最高法院的实务见解，并以此为基础进一步地正反论证。如果自己能提出创造性见解往往是得分的，但是保守地赞成联邦最高法院的实务见解可能在考试中更加安全。

（3）自行解释。由于我国刑事诉讼学界长期依赖偏重实证研究或理念原理研究，以法律概念、体系和实证法规范解释为重心的法教义学研究相对较弱。因此在鉴定式运用过程中，更常见的情形可能是，学界和实务界对某个正式法律概念没有提供解释方案。此时，便需要鉴定者借助于法学方法论自行解释。法学方法论上的解释类型包括文义解释、体系解释、历史解释和目的解释。关于这几种解释方法在刑事诉讼法中的具体运用，限于篇幅，笔者将另行撰文详述。

不厌其烦地再强调一遍的是，需要定义的构成要件要素是未来需要用于归纳的要素。对于具体事实该当起来并没有困难的要件就不需要解释了。否则改卷者就会认为，答题人不过是在重复自己熟悉的知识，对于具体案例呈现出来的问题点却缺乏应变和处理的能力。一旦某个要素已经被定义了，在后面就不要再重复解释了，纵使它又要被用于涵摄，只需要“如前所述”地参照使用就可以了。

---

〔1〕 这时便反映出比较法或外国法知识的重要性。其实对于许多共通或类似的法律概念，在域外法学文献或制度上或许有值得关注且不涉及意识形态的良善解释，可为解释我国法律概念之参照。当然，也要照顾到各国不同的法律体系，自不待言。

〔2〕 关于目前我国学界热词“裁判规范”的性质以及在鉴定式中的处理位置，笔者未来另行撰文介绍。

（三）归纳和结论

真正的问题是归纳，即鉴定者要考虑本案事实是否可以该当已经被解释的构成要件。此种有两种归纳模式，一种是依次检验每一个构成要件要素，累积到最终确认整体事实是否符合某个法律命题；另一种是构成要件整体究竟是该当，还是不该当？这一步初学者常犯的错误有三。

（1）在定义了某个构成要件要素以后，便“迫不及待”地直接套到本案事实片段之上，并且在结论中就表明这个规定该当（或者不该当）了。这显得过于草率了，因为没有论证为什么相应的事实片段不能或能够该当你所解释的要件。反之，也不能把整个案件事实和整个构成要件进行比较，毋宁将单个的案件事实信息和相关的构成要件要素进行对比。

（2）在该当与否的说理时，忌讳去重复抄写案件事实。应当按照被解释要素的核心特点针对性地重述事实，通过归纳出核心特征而论证。抄写事实或法条只能掩盖自己在法律论证上的无能。

（3）将案件事实最终归纳到了某个理论，例如“综上所述，本案完全符合 ×× 理论的要求，因此……”，便是错误的归纳。鉴定人要注意，归纳始终是对标某个法律规范，而不是某个理论。

最后，答题者在其法律适用的思维表述之后必须得出某个结论。

四、鉴定式解题示范

以下以开篇的【取保监听案】为例提供一份简要的鉴定式，作为全文的结尾。解答中的圆括号旨在演示说明，在正式鉴定报告中不应出现，特此说明。

【解答】侦查机关依据《刑诉法》第 150 条第 1 款、《程序规定》第 264 条第 1 款可能有权对犯罪嫌疑人 A 实施电话监听（抛出中间问题 1）；根据《刑诉法》第 150 条第 1 款所列举的罪名清单，黑社会性质组织犯罪属于可以采取技术侦查的罪名，黑社会性质组织是指以暴力、威胁或者其他手段，有组织地进行违法犯罪活动，称霸一方、为非作恶，欺压、残害百姓，严重破坏经济、社会生活秩序的犯罪组织（定义）。根据《程序规定》第 264 条第 1 款，技术侦查是指侦查部门采取的通信监控措施（定义）。本案中犯罪嫌疑人 A 实施放贷和催收的行为以暴力行为为后盾，具有典型的暴力特征；同时具有追求高额利润，积累财富的经济特征，并且形成了以长期犯罪为宗旨的集团性特征，完全符合黑社会性质犯罪组织罪（归纳）。由于犯罪嫌疑人 A 使用手机与外界保持联系，虽然参与通话的人员不限于 A，但是只要通信监控针对的号码属于犯罪嫌疑人 A，仍然属于有权采取的技术侦查（归纳），加之侦查机关采取技术侦查的程序合法，因为已经经过了严格的批准手续（判决式过渡），因此，侦查机关对犯罪嫌疑人 A 采取电话监听措施符合《刑诉法》第 150 条第 1 款的规定（中间结论 1）。

但是，依据《刑诉法》第 39 条第 4 款，犯罪嫌疑人 A 及其律师之间的通话可能不受监听（抛出中间问题 2）。对此，他和他的律师之间通话必须构成会见。一种观点认为，但凡犯罪嫌疑人、被告人与其辩护人之间围绕案件辩护展开的意见交流都应该属于会见，理由是如此才能保障辩护人自由选择最为有效的方式进行辩护准备工作。但是，这种观点背离了社会通常观念对于会见的理解，超脱了会见的通常文义范围。另一种观点认为，“会见”不包括以电话方式进行的交流，应该特指不局限于语言或文字交流的面对面沟通方式（定义）。第二种观点不仅符合会见的日常文义，而且从体系解释的角度，也不会与《刑诉法》第 39 条列举的通信概念发生内涵重叠，并且彰显了会见权在律师辩护权中的特殊价值，值得肯定（定义）。何况犯罪嫌疑人 A 并不处于在押状态，因为他没有被剥夺人身自由（判决式过渡语），所以，依据《刑诉法》第 39 条第 4 款，他和辩护律师之间的手机通话并非不得监听的内容（中间结论 2）。

然而，根据《刑诉法》第 39 条第 4 款第 2 句，辩护律师会见时不受监听，会见和通信都是辩护人准备辩护工作的手段，两者在功能上没有区别，都应该得到保障。何况对于沟通效果更加紧密的会见都规定不得监听，对于沟通效果较次的电话通信理应受到同样的保障。在押的犯罪嫌疑人和取保候审期间的犯罪嫌疑人显然也没有区别对待的实质理由（法律漏洞填补）。因此《刑诉法》第 39 条第 4 款第 2 句应该类推适用于取保候审期间犯罪嫌疑人和辩护人之间的电话通话。本案中，犯罪嫌疑人 A 使用手机与辩护律师就自己无罪、罪轻以及其他辩护事项咨询意见，方便辩护律师掌握案情的活动属于正常行使法定权利的行为（归纳），基于任何人不应因行使权利而受到不利的原理，依据《刑诉法》第 39 条第 4 款不受监听（中间结论 2），因此侦查机关由此得到的录音不能作为指控的证据使用（结论）。

鉴定式既是一种格式，也是一套方法，是一种运用教义学追求正确之法的技艺。在分析案例的时候，除了前述的有秩序的步骤和格式之外，无论如何需要法学方法论，尤其在寻找规范来源以及在定义新的法律构成要件或者查不到现成观点的问题时，如果没有掌握法学方法论的基本知识，很有可能感觉到挫败。在下一期的文章中，笔者将结合我国刑诉法的规范特征，从法学方法论角度阐明几个在开展鉴定式时需要澄清的问题。

鉴定技术在行政法案例研习中的应用及其困境

张冬阳 *

摘　要：法学教育的核心职能之一在于培养学生进行法律解释和适用的能力。鉴定技术不仅要求学生将所学抽象理论应用于具体案件，还训练其基于中立的立场对不同法律观点进行讨论和评价的能力。它不是单纯的写作文体，更是一种展示规范适用和法律寻找，让思考过程和结论可信化的技术。鉴定技术的使用限制在有问题的案情分析上，对于构成要件特征明显满足的情形，推荐采用确认文体或者混合型确认文体。鉴定技术的引入对行政法教义学和组织教学提出较高的要求，但可以为线上期末考核提供新的解决思路。

关键词：鉴定技术　鉴定文体　行政法　法教义学

法的功能在于通过法律规范实现目的和价值。[1] 法的有效性诉求（Geltungsanspruch）意味着法必须得到适用，国家保障法的执行。根据法秩序对具体争议得出判断并进行论证，即为法律适用。[2] 因此，法学教育的核心不仅在于让学生全面了解现行法律制度，还应当培养学生进行法律解释和适用的能力。

近年来学者们审视我国法学教育的发展时，经常将目光投向以法律适用而非立法为重点的德国法学教育。[3] 为了培养法律适用能力，德国大学法学院在学生入学伊始就开始教授鉴定技术（Gutachtentechnik），直至参加第一次司法考试。利用鉴定技术分析解决法律案件是德国法科学生所必须熟练掌握的内容。鉴定技术不仅要求学生将所学抽象理论应用于具体案件，还训练其

---

*　中国政法大学法学院讲师，德国汉堡大学法学博士。本文受中国政法大学青年教师学术创新团队支持计划、中国政法大学 2019 年研究生教育教学改革项目（项目号：YJLX1902）和 2020 年中国政法大学法学院教育教学改革项目的资助。笔者感谢行政法研究所教学团队的集体指导和中国政法大学民商经济法学院葛平亮副教授的建议，文责自负。

〔1〕［德］伯恩·魏德士：《法理学》，丁晓春、吴越译，法律出版社 2013 年版，第 130 页。

〔2〕 Nobert Horn，Einführung in die Rechtswissenschaft und Rechtsphilosophie，2016，Rn. 163.

〔3〕 葛云松：《法学教育的理想》，载《中外法学》2014 年第 2 期，第 292 页；季红明、蒋毅、查云飞：《实践指向的法律人教育与案例分析——比较、反思、行动》，载李昊、明辉主编：《北航法律评论》2015 年第 1 辑，法律出版社 2016 年版，第 217 页。

基于中立的立场对不同的法律观点进行讨论和评价的能力。这对于经常解决多方利益冲突的行政法案例研习来说颇有价值。但鉴于行政法学科内容繁杂和概念抽象，鉴定技术的引入又充满了挑战。

一、鉴定技术的目的和功能

（一）鉴定技术的意义和目的

对于德国法学教育所采用的案例解决技术，我国学者在介绍时经常将其称为“鉴定式”或者“鉴定体（Gutachtenstil）”。[1] 首先需要澄清的是，鉴定技术并不是单纯的怀疑性或者提问性的写作文体（Schreibestil），而是一种展示问题识别和规范适用，让思考过程和结论可信化的技术。掌握鉴定技术后，学生能够有逻辑地分析解决案件，写作文体则居于次要地位。[2] 鉴定技术和“鉴定（Gutachten）”有着根本性的关联。所谓的鉴定是指以符合科学要求的方式对特定案件的法律地位进行全面评估，为（想象中的）委托人提出易懂的解决方案。作为寻找结论的方法，鉴定技术的意义和目的在于训练写作者在考虑到所有可能性的前提下逐步分析案件，以避免写作者因忽略重要观点或者法律问题而草率得出结论。[3] 采用鉴定技术检测案件不仅可以减少错误的发生，还能保证论证过程的条理性和结论的可理解性。

（二）鉴定技术的历史渊源

鉴定技术被公认为是德国法学教育的特色之一。从概念和方法形成角度看，鉴定技术可以追溯到普鲁士国王——腓特烈二世（1712 年至 1786 年）。[4] 在其主导下，法学教育成为培养法官的第一阶段。法学教育的结业考试也随之成为国家考试，而非大学毕业考试。培养法官的第二阶段为见习期，之后再进行第二次司法考试。当时的法官培养就开始有以下的区分：（通过鉴定）准备判决和最终版本（即判决）。准备工作一般由报告人来承担，负责对特定

---

〔1〕 朱晓喆：《请求权基础实例研习教学方法论》，载《法治研究》2018 年第 1 期，第 36 页。

〔2〕 Christine Mix, Schreiben im Jurastudium, 2011, S. 42.

〔3〕 Brian Valerius, Einführung in den Gutachtenstil, 4. Aufl. 2017, S. 15.

〔4〕 Otto Lagodny, Im Zweifel: Darstellung im Behauptungsstil, ZJS 2014, S.157.

案件提出建议，再由审判庭对该建议进行商讨。报告人的准备工作直接影响到法学教育，德国大学的法学院开始通过鉴定的形式来分析解决案件。[1]

从 18、19 世纪始，德国的法学院就奠定了“实用法学（praktischen Jurisprudenz）”的传统。除了传统的大课（Vorlesung）讲授抽象理论，还有两种新的授课形式——对有争议的法律问题及案件制作书面法律鉴定和准备书面意见。发展至今，练习和考试课在德国法学教育中占据着主要地位，甚至超过传统的大课：考试的主要形式是撰写鉴定报告，掌握鉴定技术成为学习的头等大事。当时的潘德克顿学派也致力于实践性的法律课程，出版了相当多的实践法律案件的汇编。这种以实用为导向的课程形式在第二次世界大战后对德国大学的法学院继续产生影响。[2] 鉴定技术成为德国法科学生在解决个案时所必须时刻注意的红线（der tote Faden），其包含着两方面的功能：分析功能和文体功能。[3]

（三）鉴定技术的双重功能

1. 分析功能

鉴定技术的分析功能是指通过司法三段论（Justizsyllogismus）澄清假设推定，回答命题人所设定的案例问题。作为一种思维方式，鉴定技术被运用于每一个涵摄步骤之中，确保规范所列举的法律前提条件都得到审查。[4] 由于鉴定报告原则上应当结论敞开和思考穷尽，鉴定技术也是始于问题或者假设，终于结论，分为四个步骤：[5]

· 第一步：抛出法律问题

接着予以论证

· 第二步：给出定义

---

〔1〕 关于鉴定形式的历史起源更加详细的阐述参见［德］卡尔·弗里德里希·斯图肯伯格：《作为笛卡尔方法的法学鉴定式》，季红明、蒋毅译，载李昊、明辉主编：《北航法律评论》2017 年第 1 辑（总第 8 辑），法律出版社 2019 年版，第 174—178 页。

〔2〕 Filippo Ranieri，Juristen für Europa：Wahre und falsche Probleme in der derzeitigen Reformdiskussion zur deutschen Juristenausbildung，JZ 1997，S.808.

〔3〕 Otto Lagodny，Im Zweifel：Darstellung im Behauptungsstil，ZJS 2014，S.157.

〔4〕 Otto Lagodny，Im Zweifel：Darstellung im Behauptungsstil，ZJS 2014，S.158.

〔5〕 Christine Mix，Schreiben im Jurastudium，Böhlen Verlag 2011，S. 43.

· 第三步：进行涵摄

从上述论证得出唯一合乎逻辑的结果

· 第四步：得出结论

将鉴定技术和具体问题相结合后表现为：[1]

1. 法律问题：有疑问的是，行政机关 2019 年 5 月 13 日的决定书是否满足《德国行政程序法》第 37 条第 1 款意义上的内容充分确定要求。

2. 定义：对于行政相对人来说，行政行为的内容必须如此清晰表达，使得行政相对人容易地了解自身被提出何种要求。

3. 涵摄：决定书命令甲必须“在居住和建设的地方拴狗”。甲认为该决定书只是要求拴狗，并没有指明具体地点和狗的名字。但从决定书的字面和目的上来看，一个拥有正常理解水平的养狗人能够轻易得出下列结论，即必须在预料出现他人的地方拴狗。而出现他人的地方一般为居住和建设的地方。尽管决定书中没有明确指明狗的名字，但因行政相对人只有一条狗，也就不存在混淆的可能。

4. 结论：因此，行政机关的决定书满足《德国行政程序法》第 37 条第 1 款意义上的内容充分确定要求。

考试和家庭作业中，命题人不会直接提出如此具体的法律问题。命题人所设定的法律问题往往可以分成若干个子问题（这取决于法律问题的复杂度），鉴定技术重复性地应用于子问题的回答，直至得出最终结论。例如比例原则在特定案情下需要从正当目的、适当性、必要性和均衡性上分别且完整地予以审查，直至得出行政决定是否合乎比例原则的结论，鉴定技术在审查中被重复使用。在运用鉴定技术的过程中，所有重要的法律问题得到充分论证，对不同观点和论据进行分析评价，得出合乎论证逻辑的唯一结论。简言之：全

---

〔1〕 Ferdinand L. Normande Abbate, Fortgeschrittenenklausur: Napoleon muss an die Leine, ZJS 2020, S. 129.

面、令人信服且聚焦于一种解决方案。[1]

2. 文体功能

鉴定技术在思维方式上的构建只有转化为语言方能得到充分展现，此时鉴定技术发挥着写作文体的功能。其中起到核心作用的就是法律问题的抛出。这可以使用虚拟语气表达（“公民甲和行政机关乙之间的争议有可能是一个行政争议”），也可以使用直陈式（“甲的诉讼将会胜诉，前提条件是该诉具有适法性且具备理由”）。[2] 法律问题的抛出能够让他人立刻知晓所检视的对象，也能够帮助写作者有框架和逻辑地继续写作。当然，所抛出的法律问题不能细致到列举每项前提条件，造成写作时间的浪费；同样也要避免笼统的表达（“为此则应当符合该规范的前提条件”）。鉴定技术经常出现“可能是……前提条件是……因此是……”，被称为“因此文体（Also-Stil）”。

（四）判决技术

与鉴定技术相对应的则是判决技术（Urteilstechnik）。德国法科学生通过第一次司法考试后，在见习期才学习并使用判决技术。判决技术总是先给出结论，之后进行论证，共有三个步骤：

第一步：使用直陈式写明结论之后进行论证

第二步：写明法律规范的构成要件（定义）

第三步：将确认事实与上述定义进行对比（涵摄）

从上述步骤来看，判决技术直接给出结论，省去了抛出法律问题的步骤，更为简短。文体表达一般采用“是……，因为……”。与鉴定技术相比，判决技术所论证的范围有所不同：第二次司法考试更注重实践，实践中的问题经常不同于课堂教学中的问题；对特定问题如果存在最高法院层面上的裁判，判决可

〔1〕 Hannes Beyerbach, Gutachten, Hilfsgutachten und Gutachtenstil – Bemerkungen zur juristischen Fallbearbeitung, JA 2014, S. 814.

〔2〕 刘飞：《德国公法权利救济制度》，北京大学出版社 2009 年版，第 237 页。

以直接采用，无需对文献中的其他观点进行更多阐述。[1]但二者都以涵摄为基础，这也使得无论是鉴定技术还是判决技术，对重要问题的论证密度并不会产生实质性的差别。[2]学生在掌握鉴定技术后，只需稍加训练即可运用判决技术。[3]

二、鉴定技术与问题识别

鉴定技术和判决技术并不是完全对立的，一份鉴定报告也可能使用判决文体。这对写作者形成了挑战。在一起司法考试阅卷评分的案件中，奥格斯堡行政法院认为，阅卷人在考生“审批必要性”论述旁边标记“仅是断言（lediglich eine Behauptung）”不构成评分错误，原因在于：“原告的阐述没有遵守鉴定文体，仅仅宣称用途更改需要建设许可，而没有对用途更改的定义进行简短说明，也没有（简短）论证为何本案符合其前提条件。”[4]学生在分析解决案件时必须作出判断。

（一）作为例外的鉴定文体 / 技术

法学教育对鉴定技术特别是其表达功能的重视在实践中产生了过犹不及的后果：过度地使用鉴定文体。当案情明显已经满足构成要件特征时，再使用鉴定技术进行四步骤详细分析不仅是多余，也是错误的。[5]一般来说，学生所要解决的行政法案件也不会复杂到任何一个地方都需要使用鉴定技术，而是限制在有问题的案情分析上。例如，甲提起的行政复议是否遵守申请期限相关规定的问题，如果案情充分表明其已经遵守，也就没有使用鉴定文体或者涵摄技术的必要，可以采用判决文体表述为：“申请行政复议的期限得到了遵守，因为自告知责令拆除决定后只经过 14 天。”[6]在适法性审查阶段的多个地

---

〔1〕 Jörg Danger, Urteil und Urteilsstil in der zivilrechtlichen Assessorklausur: Eine praktische Hilfestellung, JA 2005, S. 524.

〔2〕 Hannes Beyerbach, Gutachten, Hilfsgutachten und Gutachtenstil – Bemerkungen zur juristischen Fallbearbeitung, JA 2014, S. 815.

〔3〕 Brian Valerius, Einführung in den Gutachtenstil, 4. Aufl. 2017, S. 26.

〔4〕 VG Augsburg , Beschluss vom 17.02.2020 – Au 8 K19.117.

〔5〕 Christine Mix, Schreiben im Jurastudium, 2011, S. 49.

〔6〕 Björnstjern Baade, Die Eröffnung der gutachterlichen Prüfung, in: Nikolas Eisentraut (Hrsg.), Verwaltungsrecht in der Klausur–Das Lehrbuch, 2020, § 1 Rn. 124.

方甚至可以直接使用确认文体（Feststellungsstil），无需给出理由。例如，法律特别规定使得无需先行行政复议，可以表述为："《德国行政法院法》第68条所规定的先行程序根据《德国行政法院法》第68条第1款第2句的规定结合《德国巴伐利亚州行政法院法执行法》第15条第1款无需举行。"[1]因个别教师在批改鉴定报告时很容易将使用判决文体作为没有掌握鉴定技术的表现而扣分，写作者不确定时可以采用混合型确认文体——一种确认文体和鉴定文体的混合体。例如可以写作为："甲使用拳击方式给他人头部来了一拳，构成《治安管理处罚法》第41条第1款意义上的'殴打他人'。"

因此，一份完整的行政法案例解决方案一定是包含了鉴定技术、确认文体和混合型确认文体的文字。但一定要避免的是所谓的混合文体，例如："有疑问的是，甲是否造成了《德国巴伐利亚州警察法》第14条第2款意义上的危险。个案中的（具体）危险是指一种行为或者情境，存在着充分的盖然性在可预见时间内给公共安全和秩序造成损害。本案中则不构成此种情形。"[2]这句表达的最大问题在于自我矛盾：既然开头使用鉴定文体就表明此处存在着问题。但在给出定义后又突然宣称不构成。如果法律地位确实直接明了，此时就应当直接确认；如果有着进一步讨论的必要则应当给出更多论证。

至于何种情况下构成要件特征明显满足或者需要进一步讨论，很多时候难以判断，而这也正是命题人的意图：写作者被置身于一个真实的案件解决场景，必须自身从案情陈述中查明所隐藏的问题并予以分析解决。[3]这再次表明，鉴定技术并不局限于写作文体，而是能够体现案例写作者思维进路的技术。

（二）问题的识别

是选择鉴定文体还是确认文体，取决于法律层面上是否存在着问题。这直接关系到考试分数的高低。法学教育的核心技能之一在于培养学生区分重要和不重要、有疑问和没有疑问的能力。

---

〔1〕 Hannes Beyerbach, Gutachten, Hilfsgutachten und Gutachtenstil – Bemerkungen zur juristischen Fallbearbeitung, JA 2014, S. 817.

〔2〕 Björnstjern Baade, Die Eröffnung der gutachterlichen Prüfung, in: Nikolas Eisentraut (Hrsg.), Verwaltungsrecht in der Klausur–Das Lehrbuch, 2020, § 1 Rn. 126.

〔3〕 Paul Konertz, Probleme erkennen in juristischen Prüfungsaufgaben, JuS 2020, S. 298.

法律意义上的问题（Problem）是指不确定案情是否为法律规范所涵盖，也就是模棱两可的情形。即使存在着问题，也不意味着就一定写进答案当中：只有该问题对于案例解决产生影响（entscheidungserheblich）时，才采用鉴定技术进行分析。

鉴定技术对问题的识别也发挥着重要作用。写作者首先必须彻底搜索所有与案例分析有关的重要法律规范。之后对要件特征进行分析和定义，继而与案情进行对比。每个条款的字句都要予以思考，不断考察对案例解决的重要性。一般来说，凡是涵摄出现“失灵”的地方，也就是要件特征不能完美匹配案情的情况，或多或少都存在着法律问题。总体来说，家庭作业和考试中的法律问题可以分为三类：标准问题、陌生问题和热点问题。[1]

1. 标准问题

和其他法律部门一样，行政法中也有着一些标准问题，原则上也是法科学生在“行政法与行政诉讼法”课程上所学习到的重点知识。行政行为的认定、原告资格的判断、诉讼类型的选择等属于行政法考试当中经常出现的问题。

2. 陌生问题

行政法案例研习当中比较常见的情形是，学生必须适用并不熟悉甚至闻所未闻的行政法律规范。这就需要学生利用所学的知识和方法能力分析陌生领域的案情和规范。比例原则是此处常考的问题，构成分析的重点——命题人不仅可以借此考查学生是否理解比例原则的内涵，更能考查学生能否真正地运用。尤其是均衡性要求成为必须采用鉴定技术重点论述的部分，也因为需要进行利益权衡，[2] 构成论证的难点所在：[3]

1. 假设

最后，行政决定还必须合乎均衡性要求。

〔1〕 Björnstjern Baade, Die Eröffnung der gutachterlichen Prüfung, Nikolas Eisentraut (Hrsg.), Verwaltungsrecht in der Klausur–Das Lehrbuch, 2020, § 1 Rn. 140 ff.

〔2〕 Malte Rabe von Kühlewein, Klausurtechnik und Taktik in der staatsanwaltlichen Assessorklausur, JuS 2019, S.436.

〔3〕 Tina Hildebrand, Juristischer Gutachtenstil: ein Lehr– und Arbeitsbuch, 3. Aufl. 2017, S. 120.

2. 定义

均衡性是指对原告权利干预的强度与正当目的的意义之间保持在合理期待的界限内。

3. 涵摄

一方面确定干预的强度；另一方面确定正当目的的意义。

4. 罗列论点进行总体权衡

5. 结论

判断何方占优势地位。

3. 热点问题

考试和家庭作业也会紧随时代热点，近年来重要的裁判可能被教师改编成为行政法考试和家庭作业的内容。这需要学生保持对现实的密切关注，在德国相关渠道众多：拥有财政实力的学生可以通过订阅《法学学习》（JuS）、《法学教育》（JURA）等法学期刊获取最新裁判和对该裁判的分析解读；《法学学习杂志》（ZJS）和法律在线论坛（Legal Tribune Online）则提供免费阅读。通过阅读裁判原文，学生能够学习论证方式和语言风格。

4. 实例演示

以德国法案件为例：[1]

甲于2014年5月2日收到行政机关2014年4月30日所颁发的建设许可，批准其在一住宅区内建设发出较强噪音的木制品加工厂。紧邻甲工厂选址的邻居乙也于同天被告知该审批。乙无比生气，认为工厂噪音会严重影响到住宅区的安宁，于2014年5月6日向主管法院提起针对该许可的诉讼。起诉会被受理吗？

在对诉讼适法性的审查过程中会发现下列问题没有疑问：诉讼类型（撤销

〔1〕 Hannes Beyerbach, Gutachten, Hilfsgutachten und Gutachtenstil – Bemerkungen zur juristischen Fallbearbeitung, JA 2014, S. 816.

之诉，建设许可明显构成行政行为）；行政复议没有前置（《德国巴伐利亚州行政法院法执行法》第 15 条第 1 款明文规定）；乙具有当事人能力，甲作为第三人参加诉讼；当事人的诉讼能力；起诉期限的遵守。同样没有太大问题的是该诉讼为行政诉讼，而非民事诉讼。真正有疑问的只有原告资格问题：根据《德国行政法院法》第 42 条第 2 款的规定，乙必须能够主张其自身权利受到建设许可的损害。由于乙并非行政行为的相对人，此时必须借助保护规范理论来判断行政行为是否可能损害乙受保护的法律地位。写作鉴定报告时，采用鉴定技术详细论证的只有原告资格问题。

三、鉴定技术与审查框架

（一）行政法案例解决的特殊之处

与民法和刑法的案例分析相比，公法的案例分析有着自身特点。首先，民法和刑法中所要回答的问题有着同样的框架："谁得向谁依据什么请求什么"或者"其行为是否为可罚的"。行政法案例中，命题人所提出的问题一般是"权利救济是否有望取胜"。[1]这使得实体问题和程序问题通常交织融合，考生需要在程序问题中回答实体问题。[2]可能出现的情形是，所提出的权利救济在适法性阶段就已经被否定。

其次，行政法在公式化程度上尚未达到民法和刑法的高度。[3]私法主要围绕当事人之间的请求权展开各项法律关系，案例分析主要是审查当事人的"请求权基础"，[4]但在公法中转化私法的请求权思维较为困难，尚处于理论建构阶段。[5]根源性问题或许在于，主观公权利不当然等同于请求权，是否享有公法请求权以及请求权的具体内容是实体审查阶段需解决的问题。[6]请求权

〔1〕 Franz-Joseph Peine, Klausurenkurs im Verwaltungsrecht: Ein Fall- und Repetitionsbuch zum Allgemeinen und Besonderen Verwaltungsrecht mit Verwaltungsprozessrecht, 2016, Rn. 24.

〔2〕 Björnstjern Baade, Die Eröffnung der gutachterlichen Prüfung, in: Nikolas Eisentraut (Hrsg.), Verwaltungsrecht in der Klausur-Das Lehrbuch, 2020, § 1 Rn. 5.

〔3〕［德］罗兰德・史梅尔:《如何解答法律题》，胡苗苗译，北京大学出版社 2019 年版，第 46 页。

〔4〕 朱晓喆:《请求权基础实例研习教学方法论》，载《法治研究》2018 年第 1 期，第 28 页。

〔5〕 Andreas Funke, Ansprüche und Klagen im Verwaltungsrecht, Die Verwaltung 52 (2019), S. 242.

〔6〕 徐以祥:《行政法上请求权的理论构造》，载《法学研究》2010 年第 6 期，第 34 页。

模式在确认之诉、规范审查之诉和暂时性权利救济等制度中的适用存在着水土不服的问题。[1]对于学生来说，公式化程度较低也直接导致鉴定技术在行政法案例解决中显得杂乱无章，难度较高。

（二）行政法案例解决的审查框架

写作法学鉴定报告时的一项重要辅助性工具就是审查框架（Prüfungsschemata），这在学生当中比较受欢迎。直接效果体现在写作者能够快速组织审查顺序，寻找需要深入讨论的法律问题。但审查框架并非一成不变的，必须有选择地使用，因为寻找法律问题比构建审查框架更为重要。回答“行政行为是否合法”问题时的审查框架为：

Ⅰ. 法律基础

Ⅱ. 形式合法性

Ⅲ. 实体合法性

审查框架可以以不同的细节层次展现出来，对“行政行为合法性”的分析还可以如此构造：

Ⅰ. 法律基础

Ⅱ. 形式合法性

1. 主管

2. 程序

3. 形式

Ⅲ. 实体合法性

1. 构成要件

2. 法律结果

---

〔1〕 Johannes Buchheim, Actio, Anspruch, subjektives Recht. Eine aktionsrechtliche Rekonstruktion des Verwaltungsrechts, 2017, S. 23 ff.

审查框架作为实现目的的手段，细致程度越高越好。但审查框架的构建并不是天马行空的产物，它是对现行法律规范的临摹，是司法裁判和学说理论的教义学体现。[1]教师们一般会警告初学者，审查框架过于肤浅或者遗漏问题。单单熟练掌握审查框架固然不能解决案件，但不能由此否定其价值：行政法案例分析中往往包含多个法律问题，复杂性较高，完全放弃审查框架不切实际。审查框架的根本目的在于有针对性地降低问题的复杂度。此外，审查框架还能够控制法律裁判中的恣意，增强法律解释和适用的一致性、稳定性。[2]因此，审查框架在各种考试培训用书甚至经典教科书中占据着重要的地位，学生需要熟练掌握。

行政法案例分析过程中，命题人提出的常见问题是“公民提出的权利救济是否有望取胜”。对此问题的回答原则上分为“适法性”和“证成性”。必要时还有“诉讼合并”与“通知第三人参加诉讼”。适法性和证成性问题接着被区分为更小的分项。这种结构服务于回答每个具体问题，到最后汇总回答所抛出的法律问题。行政诉讼均需审查的“适法性”审查框架如下（加下划线标注是必须阐述的前提条件）：

- <u>1. 行政诉讼救济途径的开启</u>
- <u>2. 允许的诉讼类型</u>
- 3. 原告资格
- 4. 先行程序
- 5. 起诉期限
- <u>6. 当事人能力及诉讼能力</u>
- <u>7. 主管法院</u>
- 8. 权利救济必要性

至于证成性部分的审查框架则根据诉讼类型的判断有着不同的构造，以

〔1〕 Frank Rosenkranz, Sinn und Unsinn des Erlernens von Prüfungsschemata, JuS 2016, S.294.
〔2〕 张翔:《宪法教义学初阶》，载《中外法学》2013 年第 5 期，第 924 页。

撤销之诉为例，根据《德国行政法院法》第 113 条第 1 款第 1 句的规定，审查框架如下：

1. 行政行为的违法性

（1）授权基础

（2）形式合法性

a）管辖权

b）程序

c）形式

（3）实体合法性

a）授权基础的构成要件

b）授权基础的法律结果

2. 主观权利受损

学生在熟练掌握审查框架的同时也要注意：审查框架是现行法的提炼，因此使用审查框架撰写鉴定报告时无需给出“现在则要审查诉讼请求是否得到证成”的说明。[1]

四、我国行政法案例研习应当引入鉴定技术吗？

2011 年教育部和中央政法委联合发布《关于实施卓越法律人才教育培养计划的若干意见》，强调法学人才培养应当通过探索“切实提高学生的法律诠释能力、法律推理能力、法律论证能力以及探知法律事实的能力”。探知法律事实能力必须结合实务提高，法律诠释能力、法律推理能力和法律论证能力则可以通过课堂习得。这与德国法学教育的鉴定技术所追求的目标相同，但在主张将鉴定技术引入到行政法案例研习时也应当谨慎为之。

〔1〕 Franz-Joseph Peine, Klausurenkurs im Verwaltungsrecht: Ein Fall- und Repetitionsbuch zum Allgemeinen und Besonderen Verwaltungsrecht mit Verwaltungsprozessrecht, 2016, Rn. 48.

（一）鉴定技术在德国本土所受批评

1. 走向法律技术主义？

鉴定技术在德国本土因其严格的形式化使用方式、学究气的表达方式招来许多批评。[1]更为严厉的指责在于，学者们认为，鉴定技术作为“独裁专制的框架”取代了规范的教义学发展和体系归类；以案例为中心的法学课程导致法学教育沦为枯燥无味、重复性的技巧传授。法学教育所培养的人才应当面向未来——法律构建和对未来法的思考，将其局限于案例分析最终将导致出现单纯的法律技术主义（Rechtstechnizität）。[2]1970 年 9 月举行的第四十八届德国法律人大会上，米尔（Otto Mühl）教授对上述批评提出反对，认为抛弃鉴定技术可能会减损实证法地位，导致出现“感觉司法（Gefühlsjurisprudenz）”的问题；概念和体系的建构同样是法学所要承担的职责。[3]

2. 学生精力的花费

对于德国法科学生来说，鉴定技术的学习和掌握需要花费非常多的努力。[4]在德国，司法考试成绩的高低直接关系到法科学生就业的可能性和范围，高分考生才可能得到法院、检察院等公职部门的面试邀请。为取得高分，大多数法律专业学生投入极大的精力进行海量训练和复习巩固。德国的基础法律教育类似于我国高中教育，更倾向于一种应试法律教育。[5]案例解决技术占据了学生的主要学习时间，不仅影响到学生创新思维的训练，也使其没有更多时间精力涉猎其他人文学科知识，而这正是《德国法官法》第 5a 条第 2 款所要求的。[6]

（二）鉴定技术功用的直观展现——以“针对交通标志的权利救济”为主题

尽管如此，如果对我国法学教育考试制度的弊端存在共识，且未来改革方向是提升我国法科学生法律诠释能力、法律推理能力和法律论证能力，德

〔1〕［德］卡尔 · 弗里德里希 · 斯图肯伯格：《作为笛卡尔方法的法学鉴定式》，季红明、蒋毅译，载李昊、明辉主编：《北航法律评论》2017 年第 1 辑（总第 8 辑），法律出版社 2019 年版，第 170 页。

〔2〕 Bernhard Großfeld, Rechtsausbildung und Rechtskontrolle, NJW 1989, S. 877.

〔3〕 Ulrich Weber, Der 48. Deutsche Juristentag, JZ 1970, S.736.

〔4〕［德］罗兰德 · 史梅尔：《如何解答法律题》，胡苗苗译，北京大学出版社 2019 年版，第 16 页。

〔5〕 卜元石：《德国法学教育中的案例研习课：值得借鉴？如何借鉴？》，载方小敏主编：《中德法学论坛》第 13 辑，法律出版社 2016 年版，第 47 页。

〔6〕 Bernhard Großfeld, Rechtsausbildung und Rechtskontrolle, NJW 1989, S. 877.

国法学特色的鉴定技术不失为可以借鉴的工具。[1]为了直观展示鉴定技术在训练学生论证能力上的功效，笔者以“针对交通标志的权利救济”主题案件作为分析对象。之所以选择该主题的案件，在于我国法院原则上否定交通标志的行政行为属性或者否定原告资格：“张某某与淮安市公安局交通警察支队交通标线设置案”中，一审以“人民法院不受理公民、法人或者其他组织对行政法规、规章或者行政机关制定、发布的具有普遍约束力的决定、命令提起的诉讼”为由裁定驳回起诉，[2]二审裁定认为“该种认识有误，应予纠正”，但以缺乏利害关系且属于合理容忍义务为由否定原告资格，[3]再审裁定则以“《最高人民法院关于适用〈中华人民共和国行政诉讼法〉的解释》第一条第二款第（十）项规定，对公民、法人或者其他组织权利义务不产生实际影响的行为，不属于人民法院行政诉讼的受案范围”为由驳回再审申请。[4]下面以德国法上的“针对交通标志的权利救济”案件为分析对象，为保证焦点的一致性，分析限制在适法性部分的行政行为和原告资格问题之上。案情如下：

1998年5月，巴姆贝格道路交通管理部门在H道路上的特定区域设置了《德国道路交通条例》第41条第2款第5项意义上的“自行车驾驶人”交通标志（Nr.237）。1998年10月1日该交通标志生效，根据《德国道路交通条例》第2条第4款，自行车驾驶人必须使用自行车道。1998年10月5日，甲骑自行车经过该路段，认为自行车道的设置无论从宽度、建设状况还是走向都不符合国家标准，随之申请行政复议。甲此时不是H道路的居民，但出于多种原因（税务咨询、律师咨询和银行业务）经常使用该道路。行政机关没有回复。

两年后，已经搬到慕尼黑居住的甲在2000年10月17日向主管法院提起行政诉讼要求撤除该交通标志。甲声称自己经常去巴姆贝格，不仅拜访朋友，还使用H道路骑车前往银行和律所。行政机关则认为，甲提起行政复议时不

---

〔1〕 国家法官学院和德国国际合作机构中德法律合作项目自2000年开展在民法、行政法和刑法领域的法律适用方法培训班，将德国方法论引入到案件分析解决当中，参见国家法官学院、德国国际合作机构：《法律适用方法：行政法案例分析方法》，中国法制出版社2019年版，再版序言二。

〔2〕 淮安市清江浦区人民法院（2017）苏0812行初144号行政裁定书。

〔3〕 淮安市中级人民法院（2017）苏08行终215号行政裁定书。

〔4〕 江苏省高级人民法院（2018）苏行申1214号行政裁定书。

为 H 道路居民，行政复议不应当被受理。搬离巴姆贝格后，行政诉讼更不应当被受理。他不再受到该交通标志持续影响，因此不具有原告资格。甲的诉讼有望取胜吗？

适法性部分鉴定报告[1]如下：[2]

具备所有必要实体裁判前提条件时，诉讼是适法的。

Ⅰ. 行政诉讼救济途径的开启

首先，《德国行政法院法》第 40 条第 1 款第 1 句所规定的行政诉讼救济途径必须是开启的。没有强制性特别规定时，行政诉讼救济途径的开启以《德国行政法院法》第 40 条第 1 款为准。据此必须是有着一个非宪法形式的公法争议。对争议起决定作用的规范属于公法规范时即为公法争议。当一个法律规范单方面赋予公权力主体权力或者义务，该法律规范具有公法性质。本案中对争议起到决定性作用的规范是道路交通法。甲对道路交通管理部门基于《德国道路交通条例》第 45 条第 1 款第 1 句所设置的交通标志表示异议，上述法律规范单方面且仅仅赋予行政机关职权，因此构成公共特别法。道路交通方面的争议也没有被划归于其他法院管辖；亦不涉及道路秩序违反行为。因此对于此种非宪法争议，《德国行政法院法》第 40 条第 1 款第 1 句的行政诉讼救济途径开启。

Ⅱ. 允许的诉讼类型

根据《德国行政法院法》第 88 条，允许诉讼类型的确定视原告请求而定。甲请求撤除交通标志，首先需要考虑的是《德国行政法院法》第 42 条第 1 款的撤销之诉。为此所指摘的交通标志必须构成《德国行政程序法》第 35 条意义上的行政行为。

长期有争议的是，交通标志因其针对不特定人群和不特定生活事实是法

〔1〕 Heike Jochum/Philipp Thiele, Fortgeschrittenenklausur – Öffentliches Recht: Straßenverkehrsrecht, Verwaltungsprozessrecht – Wen belastet ein Verkehrsschild？, JuS 2010, S.518.

〔2〕 出于行文方便和节约篇幅，省略原文脚注。

律规范还是一般处分。法律规范和行政行为的根本性区别在于，前者是抽象—一般的，后者则是具体—个别的。“抽象 / 具体”指涉的是所处理事件的数量，“一般 / 个别”则指的是相对人的数量。如果认为交通标志具有抽象——一般的形式，可以将其作为条例来看待。但是按照今天的一般观点和一贯司法实践，交通标志都被作为《德国行政程序法》第 35 条第 2 句第 3 种情形意义上的一般处分，属于持续行政行为。这一处理的原因在于，对不特定许多具体事件的处理——如本案的交通标志，如果该处理行为指向特定人群，也构成行政行为。交通标志关涉到特定空间；在其所在区域，法律命令（例如禁止）并不是指向停留在该区域的任何人，而只是指向行驶过道路的交通参与人。相对人的数量虽然是无限制的，但至少是可以确定的。因此交通标志是一种具体—一般的处理行为，具体事件的处理应当视为行政行为。

不过交通标志只有具有《德国道路交通条例》第 41 条和第 42 条意义上的禁止或者命令时，才能将其认定为一般处分形式上的持续行政行为。根据《德国道路交通条例》第 41 条第 2 款第 5 项的字面意思，本案即为此种情形；自行车驾驶人对特定道路的使用被强制性规定，因此构成《德国行政程序法》第 35 条第 2 句第 3 种情形意义上的行政行为。

甲请求撤除“自行车驾驶人”的交通标志，以使得不再受束于交通标志的处理效力。因此撤销之诉是允许的诉讼类型。

Ⅲ. 原告资格

甲还必须根据《德国行政法院法》第 42 条第 2 款的规定具有原告资格。为此，甲必须能够说明交通标志损害到自身权利。根据联邦行政法院裁判和主流观点的可能性理论，原告资格要求从原告的陈述中看起来至少存在着权利损害可能性。如果原告因负担行政行为直接负有义务，根据相对人理论可以直接从受影响人的相对人地位中得出原告资格，因为负担行政行为至少会对一般行为自由（《德国基本法》第 2 条第 1 款）造成干预。

1. 实体裁判前提条件判断的基准时

本案中有疑问的是，诉讼裁判应当基于哪个时间点。根据之前主流且在今天有代表性的观点，行政行为撤销之诉的法律判断应当以行政机关最后决定为基准时。这个原则有着诸多例外。对于持续行政行为则以最后一次法院言词审理为基准时。一般情况下对于原告重要的不是要求确认行政决定违法，而是要求行政决定将来被废弃。

根据联邦行政法院的司法实践，判断所欲撤销行政行为的基准时不依据诉讼法，而是依据其所在实体法。有疑问时的原则是：撤销没有持续效力的行政行为以最后的行政决定为基准时；撤销有持续效力的行政行为时，应当考虑法院言词审理结束之前事实事后发生的改变。这适用于处理交通的持续行政行为。道路交通法也没有对“自行车驾驶人”交通标志作出与上述不同的规定。因此按照有代表性的观点，以最后的法院言词审理为基准时。

甲驾驶自行车经过 H 道路，即为交通标志的相对人。由此直面交通标志，从法律意义上来说直接受到该交通标志的影响，受其负担。不重要的则是甲此时是否还居住在 H 道路。直接面对交通标志已经证成了甲的原告资格。即使甲遵从交通标志的命令，行政行为也没有了结。只要交通标志存续，具有处理效力，对甲继续产生作用。

2. 持续受影响意义上的限制

要考虑到的是，甲在最后口头审理之时已经从 H 道路搬走，并且不再居住在巴姆贝格。其由此可能不再拥有原告资格。有疑问的则是，原告资格是否如行政机关所宣称的那样以持续受影响为前提条件。

（1）民众之诉的风险

支持行政机关的观点主张，如果不以持续受影响为前提，每个交通参与人都有资格对交通标志提起撤销之诉。而《德国行政法院法》第 42 条第 2 款禁止民众之诉。否则任何人都能够主张限制自身的规制。不从持续受影响意义上限制原告资格会导致出现众多的撤销权人。通过要求持续受影响则能够解决这个问题。

（2）《德国行政法院法》第 42 条第 2 款字面所设定界限

但是持续受影响并没有在《德国行政法院法》第 42 条第 2 款字面意思中得到支撑。根据一般肯认的可能性理论，如果从原告的陈述中看起来至少存在着权利损害可能性，就应当赋予其权利救济。不考虑权利损害是一次出现还是重复出现。如果不遵守交通标志和其所施加的义务，受影响的公民会面临制裁，即使是事后行政复议程序也不能避免上述情况的发生。

（3）权利救济保障（《德国基本法》第19条第4款）

反驳过于严格要求的论点还认为，以持续受影响为限制要件，可能会导致公民必须毫无保护地容忍《德国道路交通条例》第41条和第42条意义上交通标志和其包含的命令及禁止所造成的权利损害。要求持续受影响可能严重限制请求权利救济的可能性。要求持续受影响明显干预到《德国基本法》第19条第4款的权利救济保障。而在交通标志案件中正有着如此效果，因为所争议的交通规定直接给受影响人造成负担。还要特别考虑到的是，交通标志所包含的禁止和命令类推《德国行政法院法》第80条第2款第2项都是立刻执行的。如此严重地限制权利救济并没有正当理由。

还要予以反驳的是行政机关所认为的存在民众之诉的危险。交通标志的重要特征在于，许多交通参与人受束于其效力，可能具有原告资格且主张撤销。这与民众之诉不具有可比性。向交通参与人告知交通标志的必要性也排除了民众之诉。而且原告的起诉也不能因"微小的不法"而丧失救济；这与《德国基本法》第19条第4款不相符。因此，基于《德国行政法院法》第42条第2款明确的字面意思和有效权利救济的必要性，行政机关的观点站不住脚。

3. 中间结论

因此可以确认，甲自身直接受到H道路上的自行车道使用义务的影响。不能认为其就是公益代言人。至少甲的一般行为自由存在着受到损害的可能性。因此，甲具有原告资格（《德国行政法院法》第42条第2款）。

（三）我国行政法教学引入鉴定技术应当具备的条件

1. 继续充实行政法教义学基础

尽管鉴定技术被拔高到重要的地位，但不可否认的是，没有法教义学的充实基础，鉴定技术无法实现训练学生适用法律能力的目标。[1] 法教义学是

〔1〕 张吕好:《德国公法案例分析方法及其评价》，载《法律适用》2017年第18期，第24页。

围绕现行实在法展开的一般性权威命题或原理，和制定法规范、先例一起构成了法律论证的权威性框架。[1] 在行政法教学中引入鉴定技术面临的最大问题在于，与民法和刑法充实的法教义学基础相比，行政法教义学尚未达到如此丰满的程度，[2]加之我国行政管理改革颇为频繁，与法治实践存在着割裂，[3]不够充实的行政法教义学很可能使得鉴定技术在我国成为"花架子"，不过最近几年越来越多的学者对指导案例的研究在一定程度上推动了我国行政法教义学的发展。

2. 健全行政法律体系

行政法教义学的落后与立法技术水平有着很大关系。德国法大量使用提取公因式的立法技术，为了适用抽象的法律规范，也就必须学习法律适用技术。对于法律抽象程度较低的我国行政法领域来说，训练法律适用技术的需求并不高。[4] 况且，"一个欠缺精巧的立法技术、充满矛盾和漏洞的法律体系，给法律适用工作带来了沉重负担"[5]。我国《行政诉讼法》2014 年修订完善、2018 年《最高人民法院关于适用〈中华人民共和国行政诉讼法〉的解释》和 2019 年《最高人民法院关于审理行政协议案件若干问题的规定》出台为鉴定技术的应用提供更加扎实的实证法基础。

3. 教与学的改良

鉴定技术、问题识别和审查框架要求学生反复训练直至掌握：学生在撰写鉴定报告时，如果是家庭作业，则必须搜集阅读重要文献和司法裁判，如同撰写一篇学术论文；闭卷考试虽然无需使用脚注，但学生只有对学说理论了如指掌方能从容应对。这也同时给教师形成压力：教师只有对学生的家庭作业和考试进行细致批阅、及时反馈，方能提升学生的学习水平，这无疑会消耗教师的时间和精力。尽管鉴定技术在德国法学教育中已经十分成熟，仍然出现任课教

---

〔1〕 雷磊：《法教义学与法治：法教义学的治理意义》，载《法学研究》2018 年第 5 期，第 63 页。

〔2〕 王本存：《论行政法教义学——兼及行政法学教科书的编写》，载《现代法学》2013 年第 4 期，第 40 页。

〔3〕 李洪雷：《行政法释义学：行政法学理的更新》，中国人民大学出版社 2014 年版，第 5 页。

〔4〕 卜元石：《德国法学教育中的案例研习课：值得借鉴？如何借鉴？》，载方小敏主编：《中德法学论坛》第 13 辑，法律出版社 2016 年版，第 49 页。

〔5〕 葛云松：《法学教育的理想》，载《中外法学》2014 年第 2 期，第 295 页。

师将本应以确认文体写作的地方作为鉴定文体误判考卷的情况，[1] 因此鉴定技术的引入不可避免地会触动现有的教学组织和课程安排。

4. 提升学生自信心

法学技能的习得还意味着学生能够独立分析法律问题，并且自信没有绝对正确的答案，只是有着更加令人信服的解决方案和论据。[2] 自信应该是每个法律人所习得的技能：[3] 通过思考和论证，对现有解决方案进行挑战。教师应当鼓励学生独立思考、大胆论证，批阅答卷时不拘泥于固定答案。

五、结　语

像法律人一样思考且能够将思考过程展现出来，是法学教育的重要目的。2013 年，德国科学委员会在“德国法学前景”报告中认为，德国法学教育未来应当更加注重方法技能的培养，让学生掌握结构和体系性的关联。[4] 指引学生将所学抽象理论应用于具体案件，训练学生基于中立立场对不同的法律观点进行讨论和评价，鉴定技术在未来的法学教育中仍将发挥重要作用。而此次疫情也为我国行政法教学引入鉴定技术提供了契机：在无法闭卷且缺乏实时监督的情况下，如何让线上期末考核更好地考查学生学习效果且富有区分度，是摆在每个授课教师面前的难题。采用鉴定技术分析案件不失为部门法线上期末考核可供选择的方式，当然为此还有许多工作要做。

---

〔1〕 OVG Münster, Urteil vom 27. 08. 2009 – 14 A 313/09 中，阅卷人认为考生答卷中“虐待身体”“对其健康”的表达应当使用鉴定文体，但是法官认为没必要。

〔2〕 Martin Zwickel/Eva Julia Lohse/Matthias Schmid, Kompetenztraining Jura– Leitfaden für eine juristische Kompetenz– und Fehlerlehre, 2014, S. 5.

〔3〕 Brian Valerius, Einführung in den Gutachtenstil, 4. Aufl. 2017, S. 8.

〔4〕 Wissenschaftsrat, Perspektiven der Rechtswissenschaft in Deutschland, http://www.wissenschaftsrat.de/download/archiv/2558–12.pdf (Stand: 28.11.2013), Rn. 8.

法学学堂

行为理论与阶层犯罪论体系概述

江　湖*

摘　要： 行为理论与阶层犯罪论体系是刑法课程入门的第一课。完整的犯罪审查结构包括五个阶层：第一，审查一个举止是否属于刑法意义上的行为；第二，审查该行为是否符合刑法分则规定的某个犯罪的构成要件；第三，判断该行为是否具有违法性；第四，判断行为人是否具有罪责；第五，审查是否具备其他排除犯罪成立的要件。在掌握以上五个步骤的前提下，可以开始刑法鉴定体的案件演练。

关键词： 行为理论　犯罪类型　构成要件　违法性　罪责

引　言

刑法的两大要素是犯罪及其法律效果（主要是刑罚），因此，刑法学的两大支柱就是犯罪论与法律效果论（刑罚论）。所谓犯罪论，简单来说，就是关于犯罪成立要件的理论。众所周知，我国《刑法》第 13 条从形式与实质、定量与定性这两个维度说明了什么是犯罪，但是，在一般情况下，犯罪概念过于抽象，并不能作为我们审查犯罪是否成立的工具。而犯罪论体系便是这样一个工具，它将犯罪概念从抽象层面落实到具体可操作的层面，可以说是刑法学的“核心技术”，每一个学习刑法的人都必须认真掌握。

从理论上看，犯罪论体系是将所有犯罪行为共通的结构性要素合乎逻辑地排列起来，以便使法律的适用合乎事理并具有可检验性，从而通过犯罪审查体系来确保刑事司法的安定性。为什么刑法特别需要一套严密的犯罪论体系或者犯罪审查体系呢？这是因为刑法关乎包括生命、自由、财产在内的最

* 北京大学法学院副教授、博士生导师。

重大的法益，需要有一套严密的、有逻辑的、可验证的体系，从而确保刑法适用的安定性，以免公民受到刑罚的不当戕害。

一个完整的犯罪论体系或者犯罪审查结构包括五个阶层：第一，审查一个举止是否属于刑法意义上的行为；第二，审查该行为是否符合刑法分则规定的某个犯罪的构成要件；第三，判断该行为是否具有违法性；第四，判断行为人是否具有罪责；第五，审查是否具备其他排除犯罪成立的要件。因为第一个阶层“行为”和第五个阶层“是否具备其他排除犯罪成立的要件”只是在例外的情况下才需要审查，因此犯罪的成立通常只需要审查构成要件符合性、违法性和罪责。这就是我们通常所说的“三阶层”的犯罪论体系。按照三阶层体系，犯罪是指符合构成要件、违法且有罪责的行为。

一、行为理论

“无行为即无犯罪”是现代刑法的一个基本原则，这一原则的理论基础在于：首先，怀疑主义认为，当思想没有以一个外在客观的形式表现出来时，我们是没有能力去知晓的；其次，自由主义认为，在一个崇尚自由的社会，刑法的介入应当限定在损害已经发生或者法益受到严重威胁之时，而不能只是为了净化思想或者改造品格；最后，报应主义认为，惩罚只有犯罪意图而没有犯罪行为的人，在道德上无法自圆其说。基于自由意志去伤害别人的人应该受到惩罚。换言之，社会必须给予每个公民基于自由意志而不去实施非法行为的独立空间。

（一）行为的功能

行为在整个犯罪论体系里发挥着重要的功能，具体包括：其一，基础要素功能。行为是用来描述刑法上所有可罚举止的基础要素，不管这样的举止是故意还是过失，是作为还是不作为，都可以用“行为”来加以描述。其二，连接要素功能。行为是支撑整个犯罪论体系的骨架。有学者将行为形象地比喻为犯罪论体系的“脊椎”。犯罪是符合构成要件、违法且有罪责的行为，其最终落脚点是行为，所以行为发挥着连接三个阶层的功能。其三，分界要素功能。行为具有过滤的功能，它可以将那些明显不属于行为的举止排除在刑法的审查判断结构之外，从而减轻犯罪审查的负担。[1]

（二）行为的学说

在刑法理论的发展史上，主要有以下几种关于行为的学说：[2]

其一，因果行为论。该理论认为，行为是由主观意志导致外部世界发生某种变动的人的举止。这种学说受到自然主义的影响，因此又被称为自然行为论。因果行为论无法解释未遂犯（在未遂的情况下，举止并未导致外部世界的变动）与不作为犯（在不作为犯的情况下，缺乏一个积极的身体动作），因此存在重大缺陷。

其二，目的行为论。目的行为论由德国著名刑法学家韦尔策尔（Hans Welzel）提出，他在目的行为论基础上建立的犯罪论体系被称为目的行为论的犯罪论体系。[3] 目的行为论认为，行为是目的的实现。具体而言，人在实施行为的时候会先设定一个目标，然后再通过人的举止操纵因果流程以便最终达到目的。这种理论可以很好地解释故意犯罪，却无法解释过失犯罪，因为过失犯罪明显不具备目的性，尤其是无认识（疏忽大意）的过失。

其三，社会行为论。根据社会行为论，凡人类的举止，不论作为还是不作为，不问故意或过失，只要足以引起有害于社会的结果而具有社会重要性，都是行为。社会行为论是刑法学界关于行为的通说。社会行为论最大的优点，在于其概念的高度包容性，它可以囊括所有基于人类意思且具有社会重要性的行为的表现形式，包括故意行为、过失行为、作为、不作为等。当然，社会行为论也遭受到一些批判，比如什么是“社会重要性”？如果不加限定，恐怕会导致行为的范围失之过宽。

其四，人格行为论。这是晚近出现的新理论，这种理论由德国著名刑法学家罗克辛（Claus Roxin）提出。[4] 该理论认为，行为是能够表现行为人人

---

〔1〕 Vgl. Claus Roxin/Luis Greco, Strafrecht Allgemeiner Teil, 5. Aufl. 2020, S. 337 f.; 参见陈兴良：《教义刑法学》（第三版），中国人民大学出版社 2017 年版，第 78 页。

〔2〕 关于行为概念的介绍，参见 Claus Roxin/Luis Greco, Strafrecht Allgemeiner Teil, 5. Aufl. 2020, S. 339 ff.; Hans-Heinrich Jescheck/Thomas Weigend, Lehrbuch des Strafrechts Allgemeiner Teil, 4. Aufl. 1996, S. 218 ff.

〔3〕 Vgl. Hans Welzel, Das deutsche Strafrecht, 11. Aufl. 1969, S. 33.

〔4〕 Vgl. Claus Roxin/Luis Greco, Strafrecht Allgemeiner Teil, Band I, 5. Aufl. 2020, S. 352.

格的主体现实化的身体动静，如果某种举止不能反映行为人的人格，而只是单纯的生理强制行为或者反射动作等，就不是行为。人格行为论也能够很好地解释故意行为、过失行为、作为、不作为，因为这些举止都可以被视为人格的表征。当然，什么是人格以及如何测量人格，并非易事。

迄今为止，刑法理论并未发展出一种完美的行为理论。相对而言，社会行为论得到了多数学者的支持，此外人格行为论也有不少的支持者。

（三）行为的要素

一般认为，行为的成立需要两个要素，即体素和心素。

其一，行为的体素。行为的体素是行为的客观要素。它意味着，行为必须体现为某种外部的身体动静，而不能只是停留在思想层面的某个东西。这里要注意的是，行为不仅体现为积极的身体运动（作为），也体现为消极的身体静止（不作为）。从规范的角度上看，这两种举止都是行为。

其二，行为的心素。行为的心素是行为的主观要素，即行为的有意性或者自愿性。只有具备有意性的举止，才能称为行为。行为的有意性是指行为的意思支配可能性，它体现为人类的意思活动自由。人类的意思自由分为意思活动自由和意思决定自由：前者是指意思控制身体的自由，如果具有这种自由，就具有身体活动自由；后者是指意思选择决策的自由，如果具有这种自由，就具有了控制身体做出何种活动的自由。两种自由是不同层级的自由，意思活动自由是基础，意思决定自由是意识活动自由的具体表现。如果失去意思活动自由，就失去了意思决定自由；而失去了意思决定自由，并不意味着失去意思活动自由。缺乏意思活动自由的举止不是行为。以下不具有有意性的举止不是刑法意义上的行为：（1）动物行为、自然事件；（2）反射动作（人在受到刺激后无意识做出的动作，如膝盖因为受到打击的条件反射）；（3）机械动作（受他人物理强制且无法抗拒的情况下的举止）；（4）催眠状态下的举止；（5）本能动作（因疾病、触电或神经反射而产生的梦游、抽搐、痉挛等动作）。但是，具备意思活动自由但欠缺意思决定自由的举止，仍然是行为。下面我们以夏某某强奸、故意杀人案来予以说明。

基本案情：2008年10月14日，被告人石某某等8人为勒索财物，持枪在河南省平顶山市将检察官夏某某绑架，对其进行捆绑、殴打，并连夜驾车到许昌市将25岁女青年王某某绑架到平顶山市区。被告人石某某等人强行逼迫夏某某与该女发生性关系，后又以枪杀夏某某相威胁，强迫其将该女勒死。被告人石某某对整个过程拍照，作为敲诈夏某某1000万元的把柄。[1]

《刑法》第16条规定："行为在客观上虽然造成了损害结果，但是不是出于故意或者过失，而是由于不能抗拒或者不能预见的原因所引起的，不是犯罪。"在本案中，可以说夏某某是在不能抗拒的情况下实施强奸、杀人行为的，因此不构成犯罪。但是，在理论上，对于本案"不能抗拒"的理解却存在争议。我们首先要回答的一个问题是：夏某某在被逼迫的情况下实施的强奸、杀人行为，是不是刑法意义上的行为？如果没有行为，那么就没有必要进入犯罪审查体系的判断。我认为，在本案中，夏某某并不属于机械行为，即身体受他人的物理强制而无法抗拒的举止，因此其仍具备意思活动自由，但欠缺意思决定自由，因而仍然具备行为的有意性。从案情来看，夏某某的行为符合强奸罪和故意杀人罪的构成要件，可以进一步考虑的是其是否构成紧急避险。按照刑法关于紧急避险的规定，紧急避险成立的条件之一是所保护的利益必须大于所损害的利益，生命不具有法益衡量可能性，为了保存自己的生命而牺牲他人的生命，就超出了紧急避险的限度。在本案中唯一可以考虑的是行为人是否具备罪责层面的期待可能性。由于我们不能期待受到死亡威胁的夏某某不采取杀害他人保全自己的行为，因此其不具有期待可能性，其行为的罪责被排除了。

需要注意的是，有些举止表面上看起来不具有有意性，但实质上具有有意性，例如：（1）自动行为，指在一定的思维定式支配下反复实施而成为习惯的行为，如驾驶行为；（2）冲动行为，指行为人在激情的状态下实施的超出了理性控制的行为；（3）精神胁迫行为，指在他人暴力的间接强迫下实施的行为，

---

〔1〕 参见《河南平顶山一团伙劫持检察人员，逼其强暴女生》，载《新京报》2009年7月22日。

如上述夏某某强奸、故意杀人的行为；（4）忘却行为，指一个人被期待有所行为，由于丧失行为意识，而造成某种危害结果的行为，如火车轨道的扳道工忘记扳道，导致火车相撞；（5）原因自由行为，指行为人故意或过失地陷入无责任能力或限制责任能力的状态，在这种状态下实施了侵害法益的行为。一个典型的例子是：甲一直想杀死仇人乙，但无奈没有勇气。有一天甲终于下定决心，先喝下一瓶二锅头，在陷入酩酊状态后杀害了乙。甲在喝酒的时候，已经具有杀人故意（或者犯意），但尚未实施行为；在陷入酩酊状态后，甲实施了杀人的动作，但此时缺乏责任能力。按照刑法上的“行为与责任能力同在”原则，甲实施杀人的动作时，由于欠缺责任能力，因此该动作不是行为。但是，这样的理解很显然背离了我们的正义直觉。于是，在理论上我们发展出了原因自由行为理论，用来说明这种结果行为的可罚性。原因自由行为的成立条件如下：第一，实施了一个具备故意或过失的原因行为（如本案甲的饮酒行为）；第二，实施了一个结果行为（如本案中的杀人行为）；第三，在原因行为与结果行为之间，存在一种内在关联性，即行为人之所以实施原因行为，正是为了实施结果行为，或者对结果行为有预见可能性。如果欠缺这种内在关联性，就无法成立原因自由行为。下面我们以彭某故意杀人案来说明原因自由行为。

基本案情：2005 年 5 月 5 日凌晨，被告人彭某因服食摇头丸药性发作，在住处持刀朝同室居住的被害人阮某某胸部捅刺，致阮某某抢救无效死亡。当晚 9 时许，被告人彭某到公安局投案自首。经精神病医学司法鉴定认为，彭某系吸食摇头丸和 K 粉后出现精神病症状，在精神病状态下作案，评定为限定刑事责任能力。〔1〕

中级人民法院认为，被告人彭某故意非法剥夺他人生命，并致人死亡，其行为已构成故意杀人罪。被告人彭某作案后能主动投案，并如实供述自己的罪行，可认定为自首，可以从轻处罚。被告人关于其行为不构成故意杀人

〔1〕 参见最高人民法院刑事审判第一、二、三、四、五庭编：《刑事审判参考》（总第 55 辑），法律出版社 2007 年版。

罪的辩解不能成立。据此，判决被告人彭某犯故意杀人罪，判处无期徒刑，剥夺政治权利终身。一审宣判后，被告人彭某不服，提出上诉。其上诉理由和辩护人的辩护意见为：彭某作案时属于无刑事责任能力人，即使构成犯罪，也只构成过失致人死亡罪，且具有自首情节，被害人本身有过错，应对其从轻、减轻处罚。

高级人民法院审理认为，上诉人彭某吸食毒品后持刀捅刺他人，致一人死亡，其行为已构成故意杀人罪。上诉人作案后能主动投案，如实供述自己的罪行，具有自首情节，可以从轻处罚。吸毒是国家法律所禁止的行为，上诉人在以前因吸毒产生过幻觉的情况下，再次吸毒而引发本案，其吸毒、持刀杀人在主观上均出于故意，应对自己吸毒后的危害行为依法承担刑事责任，其吸毒后的责任能力问题不需要作司法精神病鉴定。因此，上诉人及其辩护人认为上诉人作案时是无刑事责任能力人，要求重新进行司法精神病鉴定，以及认为上诉人仅构成过失致人死亡罪的辩解、辩护意见不能成立，不予采纳。原判认定事实清楚，证据确实、充分，定罪准确，量刑适当，审判程序合法，裁定驳回上诉，维持原判。

本案裁判理由指出，具有辨认、控制能力的行为人，故意或者过失使自己一时陷入丧失或者尚未完全丧失辨认、控制能力的状态，并在该状态下实施了符合犯罪构成的行为，依法应当承担刑事责任，刑法理论称此为“原因自由行为”。使自己陷入丧失或者尚未完全丧失辨认、控制能力状态的行为，称为原因行为；在该状态下实施的犯罪行为，称为结果行为。由于行为人可以自由决定自己是否陷入上述状态，故称为“原因自由行为”。由上述定义，根据实施原因行为时的主观心态，原因自由行为可以分为故意陷入丧失或尚未完全丧失辨认、控制能力状态的情形与过失陷入丧失或尚未完全丧失辨认、控制能力状态的情形。虽然本案被告人彭某在杀人时控制、辨认能力已经减弱，但这种状态的出现是由他吸毒所致，因此，其杀人行为可以归责于吸食毒品的行为。而且在本案中，彭某在以前因吸毒产生过幻觉的情况下，明知自己吸食后会出现幻觉仍故意吸食，进而出现精神障碍将阮某某杀死，主观上应当认定为故意使自己陷入该状态，其应承担故意杀人罪的刑事责任。

本案的裁判理由中运用了原因自由行为理论，据此判定被告人彭某构成故意杀人罪。我们下面来看看，根据前述原因自由行为的三个要素，本案是否适用原因自由行为理论：首先，行为人是否实施了一个故意的原因行为？裁判理由指出，行为人“故意”吸食毒品，因此存在一个故意的原因行为。但问题是，单纯的吸食毒品并非犯罪行为，因此所谓“故意”吸食毒品里的“故意”，是日常生活意义上的“故意”，而非刑法意义上的故意。裁判理由误将日常生活上的“故意”理解为刑法意义上的故意，因此在判断上发生失误。其次，行为人是否实施了一个结果行为？的确，在本案中，行为人是在吸食毒品之后，在辨认能力和控制能力减弱的情况下杀害被害人的，所以这个要素是满足的。最后，原因行为与结果行为之间是否存在内在的关联性？裁判理由恰恰对这个最为关键的问题未加论述。从本案证据来看，无法证明被告人彭某在吸食毒品时就已经产生了杀害被害人的故意，因此原因行为与结果行为的内在关联性无法证实。因此，本案裁判理由误用了原因自由行为理论，因此造成了误判。

既然被告人不构成故意杀人罪，那么是否可以依据原因自由行为理论认定行为人构成过失致人死亡罪呢？我认为，这里的关键仍然在于能否证明原因行为和结果行为之间具有内在关联性，即行为人在实施吸毒行为的时候，是否具有在吸毒之后就会出现幻觉并且实施危害社会的行为的过失。如果可以证明这一过失，那么本案中是有可能认定行为人构成过失致人死亡罪的。但是，本案没有证据可以证明被告人彭某已经预见自己在吸食毒品以后会陷入幻觉，进而实施危害社会的行为，也没有证据证明他在以前曾因吸毒产生幻觉后，实施过危害社会的行为。因此，现有证据也无法认定被告人彭某构成过失致人死亡罪。

（四）行为的类型

1. 作为

所谓作为，是指以一种积极的身体动作，违反刑法禁止规范的行为方式。这是绝大多数犯罪的行为方式。作为的行为方式通常包含以下类型：（1）利用自身动作实施的作为。例如利用自己的四肢、五官实施的作为。(2)利用机械力实施的作为。例如借助炸药的力量杀害无辜群众，毁坏公私财物，危害公共安全。(3)利用自然力实施的作为。例如采取决水的方式冲毁农田，危害公共安全。(4)利用动物实施的作为。例如行为人故意地利用动物伤害他人或毁坏他人财物。(5)利用他人实施的作为。行为人不仅可以亲自实施犯罪，而且可以将他人作为工具或者媒介来实施犯罪。这种情况在刑法理论上称为间接正犯。下面我们通过岳某某故意杀人案来说明间接正犯。

基本案情：被害人与被告人岳某某系夫妻关系，被告人之女许某（未满14周岁）随母在被害人家共同生活。被害人与被告人因被害人不愿意出资为被告人女儿许某上中学、办理户口等家庭经济问题经常吵架。被告人之女许某也因为被害人对其歧视性言行而积怨。两人经合谋，决定以投毒的方式报复杀害被害人。被告人岳某某购买了“毒鼠强”，其女儿许某将“毒鼠强”当着被告人岳某某的面掺入被害人的饭内，被害人因此中毒死亡。〔1〕

本案裁判理由指出：共同犯罪是指二人以上共同故意犯罪，犯罪主体都是达到刑事责任年龄的人。许某不满14周岁，未达到刑事责任年龄，故本案不构成共同犯罪。许某为不满14周岁的未成年人，对事物尚缺乏辨别能力，她的投毒行为取决于被告人是否准许。许某将“毒鼠强”当着被告人的面掺入被害人的饭内，被告人没有阻止是希望毒死被害人的结果发生，被告人有杀人的犯罪故意。许某的行为是受被告人指使而实施的。因此，被告人有杀人的犯罪故意，且在犯罪过程中起主要作用，许某的行为应视为受被告人指使、利用而实施的行为，故被告人岳某某构成故意杀人罪，对本案应负全部刑事责任。

本案在认定岳某某与其女许某是否构成共同犯罪的时候，采取的是我国通说认定共同犯罪的理论。按照不法与罪责区分的阶层体系，由于共同犯罪

---

〔1〕 参见最高人民法院刑事审判第一庭、第二庭编：《刑事审判参考》(总第16辑)，法律出版社2001年版，第75页。

是不法形态，因此许某不具备责任能力这一事实，并不影响二人是否构成共同犯罪的判断。我们暂且把这个问题放在一边。在否定二人构成共同犯罪之后，法院采取了间接正犯的理论来说明岳某某的刑事责任根据：虽然实施投毒行为的是许某，但因为其不满 14 周岁，因此不具备责任能力，应当将其视为岳某某的杀人行为的工具或者媒介。这样一来，岳某某的杀人行为就可以在规范上确立了。虽然对于这样的结论还存在一定的争议，但如果赞成本案中岳某某构成间接正犯，那么法院的推理就是合乎行为原理的。

2. 不作为

所谓不作为，是指行为人负有某种作为义务，并且能够履行而不履行，因而造成一定的法益侵害的行为方式。据此，不作为的成立条件通常包含：（1）具有一定的作为义务。这里的作为义务包括法律明文规定的作为义务、职业或者业务要求的作为义务、法律行为产生的作为义务以及先行行为引起的作为义务。（2）能够履行而没有履行。（3）造成一定的法益侵害。

不作为分为纯正的不作为和不纯正的不作为。纯正的不作为犯是指只能通过不作为实施的犯罪。这样的犯罪在刑法上的数量不多。《刑法》第 286 条之一的拒不履行信息网络安全义务罪就是一个典型的纯正的不作为犯。不纯正的不作为犯是指以不作为的形式来实施通常以作为方式完成的犯罪。《刑法》第 232 条的故意杀人罪就是不纯正的不作为犯。不纯正的不作为犯是否违反罪刑法定原则，在理论上存在争议，这个问题留待后面讲述不作为犯时再详细介绍。

3. 持有

持有是指行为人对某些法律上禁止的物品的支配和控制。刑法规定了一些持有型的犯罪，例如非法持有枪支、弹药罪；非法持有国家绝密、机密文件、资料、物品罪；非法持有毒品罪以及巨额财产来源不明罪等。持有型犯罪的设立具有刑事政策的意义，在有些情况下，无法查明行为人持有相关违禁品的目的，为了防止其进一步实施更加严重的犯罪，因此设立持有型犯罪，其目的在于堵截某些更加严重的犯罪。在理论上，对于持有的性质存在争议，主要有：（1）作为说，认为对于例如非法持有毒品罪这样的犯罪，刑法关注的重点是行为人的取得行为，因此持有是作为。但这种观点显然存在问题，因为对于违禁品的取得行为，刑法往往已经规定了其他的罪名，因此持有型犯罪的评价重点不在于取得行为。（2）不作为说，认为毒品等危险物品属于违禁品，持有者有交出的义务，持有者应当交出但是没有交出，因此符合不作为的特征。但是，持有的交出义务与不作为的作为义务存在区别：持有的交出义务是一般的法律义务，而不作为的作为义务是特定的法律义务。两者区别的意义在于：在一般的法律义务的情况下，刑法非难的对象并非该义务；在特定的法律义务的情况下，刑法非难的对象正是该义务。在持有型犯罪的情况下，刑法非难的对象并非行为人未履行交出义务，而是对违禁品的支配和控制状态，因此有别于不作为犯。（3）第三种行为类型说，认为刑法评价的重点既不在于取得行为，也不在于未履行交出义务，而在于行为人对违禁品的支配和控制状态，因此持有既不是作为，也不是不作为，而是第三种行为类型。

（五）行为的判断

如前所述，在通常情况下，我们无须对一个举止是否属于刑法意义上的行为进行判断，只有在特定情况下，才需要启动这一判断。在评判一个举止是否为行为时，我们通常遵照以下四个步骤：第一，是否为人类的举止，如果是动物的行为或者自然事件，就排除在行为之外；第二，是否为人的意志所支配（有意性），即是否具备行为的心素；第三，是否具备身体的动静（有体性），即是否具有行为的体素，通过这一要素将单纯的思想排除在行为之外；第四，是否发生具有社会重要性的外界变动（有害性）。[1]

二、犯罪类型

我们可以采用不同的标准对犯罪进行分类，以下是几种基本的犯罪类型。

（一）作为犯与不作为犯

作为犯是指以积极的身体的动作，违反刑法的禁止规范的犯罪；不作为犯

〔1〕 类似的见解参见林钰雄：《新刑法总则》，元照出版公司 2019 年版，第 122 页。

则是指以消极的身体静止的方式，违反刑法的命令规范的犯罪。

（二）故意犯与过失犯

按照犯罪的主观构成要件的不同，犯罪可以区分为故意犯与过失犯。故意犯是指主观构成要件为故意的犯罪；过失犯则是指主观构成要件为过失的犯罪。

（三）自然犯与法定犯

自然犯是指违反自然之恶的犯罪行为，即违反人类共同的道德观念的犯罪，这样的行为古今中外都认为是犯罪，如杀人、抢劫、强奸；与之相对的是法定犯或者行政犯，是指国家基于行政管理的需要而规定的犯罪，如证券犯罪、金融犯罪、网络犯罪。自然犯与法定犯的区分并不是绝对的，而是存在相互转化的可能。

（四）行为犯、结果犯与结果加重犯

行为犯是指行为人只要单纯地实施一定的行为，就可以实现犯罪构成要件，并且无需等到任何结果发生就可以成立犯罪既遂的犯罪。《刑法》第 259 条规定的破坏军婚罪就是一个行为犯，该条第 1 款规定："明知是现役军人的配偶而与之同居或者结婚的，处三年以下有期徒刑或者拘役。"只要行为人实施了与现役军人的配偶同居或者结婚的行为，就可以构成犯罪，而无需等待任何结果的发生。

结果犯是指必须发生犯罪的构成要件所预定的结果才能构成既遂的犯罪。对于结果犯而言，当结果发生时才能成立既遂，结果未发生则可能成立犯罪未遂。这里的结果既可能是行为对行为客体造成某种实害结果（实害犯），最典型的例子是故意杀人罪，只有被害人死亡才能成立既遂；也有可能是行为对行为客体造成某种具体的、客观的危险（具体危险犯）。具体危险犯的典型罪名，如《刑法》第 114 条规定的放火罪、决水罪、爆炸罪、投放危险物质罪及以危险方法危害公共安全罪："放火、决水、爆炸以及投放毒害性、放射性、传染病病原体等物质或者以其他危险方法危害公共安全，尚未造成严重后果的，处三年以上十年以下有期徒刑。"再如，《刑法》第 116 条规定的破坏交通工具罪："破坏火车、汽车、电车、船只、航空器，足以使火车、汽车、电车、船只、航空器发生倾覆、毁坏危险，尚未造成严重后果的，处三年以上十年以下有期徒刑。”具体危险犯的标识是通常在法条中使用“足以”这一字眼。在具体危险犯的情况下，一个行为是否构成犯罪，法官必须针对具体个案加以判断，看行为是否制造了一个虽然尚未达到实害程度，但对要保护的法益具有相当的且不被允许的风险（具体危险）。只有具有这种具体危险之时，才能成立具体危险犯。

结果加重犯是指行为人实施基本构成要件的行为，造成了基本构成要件以外的加重结果，因而根据法律规定加重其刑罚的犯罪。[1]根据我国《刑法》的规定，结果加重犯有以下几种类型：（1）故意＋过失型，例如故意伤害致人死亡。（2）故意＋故意型，例如抢劫财物过程中为制服被害人而故意伤害或者杀害被害人。（3）过失＋过失型，例如交通肇事后逃逸致人死亡。结果加重犯加重处罚的根据在于基本行为的“特殊危险”及其与加重结果之间的“直接的关联性”，即只有当行为人实施的基本构成要件的行为，具有足以导致加重结果的危险，并且与加重结果之间有直接的关联性时，才能成立结果加重犯。如果将所有客观上出现的结果均视为结果加重犯的结果，就会有结果归罪之嫌，违反罪责原则。

（五）实害犯与危险犯

如前所述，实害犯是对行为客体造成某种实害结果（例如被害人死亡）的犯罪。危险犯则是指对行为客体造成某种危险的犯罪。危险犯分为具体危险犯与抽象危险犯。前面已经解释了具体危险犯的含义。与具体危险犯相对的是抽象危险犯，其含义是只要行为人实施了某些行为，就推定为对法益造成危险，因此就成立犯罪。这里的危险是一种抽象、隐性的存在或者假设，它是立法者推定的危险。立法者将某些根据人们的日常行为经验普遍认为是对法益具有危险性的行为描述在构成要件之中，只要符合构成要件就假定其具有危险性。[2]例如，《刑法》第127条规定：“盗窃、抢夺枪支、弹药、爆炸物的，或者盗窃、抢夺毒害性、放射性、传染病病原体等物质，危害公共安全的，处三年以上十年以下有期徒刑；情节严重的，处十年以上有期徒刑、无

---

〔1〕 参见付立庆：《刑法总论》，法律出版社2020年版，第137—138页。
〔2〕 Vgl. Johannes Wessels/Werner Beulke/Helmut Satzger, Strafrecht Allgemeiner Teil, 50. Aufl. 2020, S. 13.

期徒刑或者死刑。”只要行为人实施了盗窃、抢夺枪支、弹药、爆炸物和危险物质的行为，就符合本罪的构成要件。又如《刑法》第 141 条规定：“生产、销售假药的，处三年以下有期徒刑或者拘役，并处罚金；对人体健康造成严重危害或者有其他严重情节的，处三年以上十年以下有期徒刑，并处罚金；致人死亡或者有其他特别严重情节的，处十年以上有期徒刑、无期徒刑或者死刑，并处罚金或者没收财产。”只要行为人实施了生产、销售假药的行为，就符合本罪的构成要件，并不要求对人体健康造成严重危害。

（六）状态犯与继续犯

状态犯，是指犯罪行为的成立不需要在既遂之后对法益实施一定时间的继续侵害的犯罪类型。在状态犯的情况下，行为一旦造成对法益的侵害，犯罪就既遂，行为也终了，例如故意杀人罪，一旦被害人死亡，犯罪就既遂，行为也随之终了。继续犯，是指在既遂之后对法益实施一定时间的继续侵害的犯罪类型。在继续犯的情况下，犯罪既遂与行为终了是分离的。[1] 例如，非法拘禁罪，一旦行为人实施了剥夺被害人人身自由的行为，则犯罪就已经既遂，但是行为还没有终了。在被害人恢复人身自由之前，法益被侵害的状态持续存在。只有行为人放弃了非法拘禁行为或者被害人因为某种其他原因重获自由，法益侵害的状态才会消失。换言之，在继续犯的情况下，犯罪既遂在前，行为终了在后，两者存在一定的时间间隔。

区分状态犯和继续犯具有如下意义：（1）共犯的认定。对继续犯而言，行为既遂之后，行为还没有终了，法益侵害的行为仍持续存在。此时，如果另外一个行为人加入犯罪，就可能成立承继的共犯。在状态犯的情况下则并非如此，以故意杀人罪为例，行为人已经杀害了被害人，此时另一行为人帮助处理尸体，就不能与前行为人构成故意杀人罪的共犯，至多构成其他的犯罪，如窝藏、包庇罪等。（2）正当防卫。正当防卫的成立要求不法侵害正在发生并且尚未结束。在状态犯的情况下，如果行为已经实施完毕，那么第三人不得对行为人实施正当防卫。但是，就继续犯而言，只要不法侵害没有结束，

〔1〕 Vgl. Johannes Wessels/Werner Beulke/Helmut Satzger，Strafrecht Allgemeiner Teil，50. Aufl. 2020，S. 14.

那么被害人一直可以进行正当防卫。（3）对追诉时效起算的意义：《刑法》第89条规定，追诉期限从犯罪之日起计算（状态犯）；犯罪行为有连续或者继续状态的，从犯罪行为终了之日起计算（继续犯）。

（七）一般犯、特别犯与亲手犯[1]

一般犯是指对行为主体的资格或身份没有限制，任何人都可以成为适格主体的犯罪类型。绝大多数犯罪都是一般犯。特别犯又称为身份犯，是指犯罪的成立要求行为人具备一定的资格或身份的犯罪类型。身份犯可以分为纯正的身份犯和不纯正的身份犯。纯正的身份犯是指行为人具有相应的资格或身份才能符合构成要件的犯罪类型，例如贪污罪的行为主体只能是国家工作人员。不纯正的身份犯是指有身份的人和没有身份的人都可以构成，但是有身份的人会被从重或从轻处罚的犯罪类型，例如《刑法》第245条第1款规定："非法搜查他人身体、住宅，或者非法侵入他人住宅的，处三年以下有期徒刑或者拘役。"第2款规定："司法工作人员滥用职权，犯前款罪的，从重处罚。"这表明，一般主体都可以构成本罪，但是司法工作人员滥用职权实施本罪的，依法从重处罚。

亲手犯是指构成要件必须由行为人直接亲自实施行为才能实现，不能借他人之手实现的犯罪类型。在亲手犯的情况下，只有行为人直接亲自实施，才能实现某些构成要件预定的不法内涵。非亲手实施者，不能构成正犯、间接正犯或者共同正犯，但是可以构成教唆犯或者帮助犯。典型的亲手犯如伪证罪。根据《刑法》第305条："在刑事诉讼中，证人、鉴定人、记录人、翻译人对与案件有重要关系的情节，故意作虚假证明、鉴定、记录、翻译，意图陷害他人或者隐匿罪证的，处三年以下有期徒刑或者拘役；情节严重的，处三年以上七年以下有期徒刑。"

（八）亲告犯与非亲告犯

亲告犯与非亲告犯的区分以犯罪的处理是否需要告诉为标准。《刑法》第98条规定："本法所称告诉才处理，是指被害人告诉才处理。如果被害人因受

---

〔1〕 Vgl. Johannes Wessels/Werner Beulke/Helmut Satzger, Strafrecht Allgemeiner Teil, 50. Aufl. 2020, S. 15.

强制、威吓无法告诉的，人民检察院和被害人的近亲属也可以告诉。”亲告犯是指告诉才处理的犯罪。亲告犯的典型罪名有：（1）《刑法》第 246 条的侮辱罪、诽谤罪：“以暴力或者其他方法公然侮辱他人或者捏造事实诽谤他人，情节严重的，处三年以下有期徒刑、拘役、管制或者剥夺政治权利。前款罪，告诉的才处理，但是严重危害社会秩序和国家利益的除外。”（2）《刑法》第 257 条的暴力干涉婚姻自由罪：“以暴力干涉他人婚姻自由的，处二年以下有期徒刑或者拘役。犯前款罪，致使被害人死亡的，处二年以上七年以下有期徒刑。第一款罪，告诉的才处理。”（3）《刑法》第 260 条的虐待罪：“虐待家庭成员，情节恶劣的，处二年以下有期徒刑、拘役或者管制。犯前款罪，致使被害人重伤、死亡的，处二年以上七年以下有期徒刑。第一款罪，告诉的才处理……”（4）《刑法》第 270 条的侵占罪：“将代为保管的他人财物非法占为己有，数额较大，拒不退还的，处二年以下有期徒刑、拘役或者罚金；数额巨大或者有其他严重情节的，处二年以上五年以下有期徒刑，并处罚金。将他人的遗忘物或者埋藏物非法占为己有，数额较大，拒不交出的，依照前款的规定处罚。本条罪，告诉的才处理。”对于这些犯罪，除非存在法律明文规定的例外情形，没有被害人告诉的，司法机关不得受理。

三、阶层体系

下面来给大家介绍阶层犯罪论体系，首先我们来看四个小案例：

案例 1：A 与 B 有深仇大恨，用枪将正在散步的 B 打死；

案例 2：A 在深夜回家的路上，遭遇抢劫犯 B，A 不得已予以还击，用随身携带的水果刀将 B 刺死；

案例 3：A 是一个 13 岁的未成年人，某日在与 B 争吵的过程中将 B 刺死；

案例 4：A 是精神病人，某日突然发病，将在马路上行走的路人 B 打死。

这些案例非常简单。我们可以根据直觉就作出如下判断：

在案例 1 中，A 构成故意杀人罪既遂；

在案例 2 中，A 构成正当防卫，根据刑法规定，不负刑事责任；

在案例 3 中，由于 A 未达到刑事责任年龄，因此根据刑法规定，不负刑事责任；

在案例 4 中，A 是精神病人，根据刑法规定，同样不负刑事责任。

但是，在进行犯罪审查之时，仅仅依靠直觉得出结论是远远不够的。法治国的理念要求我们将上述结论的推导过程清晰地展现出来，从而使这一推导过程具有可回溯性和可检验性，换言之，其他任何人如果遵循同样的推导过程，将会得出类似的结论。为了达到这一目的，我们必须有一个逻辑严密的犯罪审查体系，这个体系我们称为阶层犯罪论体系。顾名思义，阶层犯罪论体系的特点就是阶层性，其内部的阶层之间存在严密的逻辑关系，存在没有前者就没有后者的位阶关系。阶层犯罪论体系不同于我国传统的四要件犯罪构成体系。在四要件理论中，犯罪客体、犯罪客观方面、犯罪主体、犯罪主观方面之间并不存在严密的逻辑关系，因此在认定犯罪时容易发生偏差。按照阶层犯罪论体系，犯罪是否成立通常需要经过三个阶层的检验，即构成要件符合性、违法性与罪责。

（一）构成要件符合性

对于构成要件，存在广义和狭义两种理解：广义的构成要件包括所有可罚性的前提条件，即犯罪成立的全部要件。按照广义的构成要件的理解，三阶层体系中的构成要件符合性、违法性和罪责都属于构成要件的组成部分。我们在三阶层体系中所使用的“构成要件”是狭义的构成要件，它是指刑法分则对于某个犯罪的罪状的描述。

在理解构成要件之时，我们要把它与构成事实区分开来。例如，在故意杀人罪中，A 用刀捅刺 B，致 B 死亡，这就是构成事实，我们需要判断它是否符合《刑法》第 232 条故意杀人罪的构成要件。构成要件是对典型的法益侵害的不法样态的描述。如果从法规范的角度来理解构成要件，那么构成要件包含禁止规范和命令规范。故意杀人罪的构成要件中既包含“禁止杀人”的禁止规范，也包含命令规范，即当行为人负有某种作为义务之时，应当履行作为义务，保证法益不受侵害。

1. 构成要件要素的类型

（1）客观构成要件要素和主观构成要件要素

构成要件由客观构成要件要素与主观构成要件要素组成。客观构成要件要素是指描述犯罪行为外在客观事实或情状的要素，包括实行行为、行为主体、行为客体、结果、因果关系与客观归责、罪量（数额与情节）和客观的附随情状。主观构成要件要素是描述行为人内在心理状态的要素，包括故意、过失以及特殊的主观要素——目的。主观构成要件要素和客观构成要件要素之间具有紧密的联系。对于故意犯而言，构成要件故意的认识范围，必须涵盖所有客观构成要件要素，否则构成要件故意就可能无法确立。

在进行犯罪审查的时候，我们通常遵循从客观构成要件要素到主观构成要件要素的审查顺序（未完成罪的情况例外）。这是因为，相对于主观构成要件要素而言，客观构成要件要素是客观可感知的，更容易为我们所认知。我们往往是通过外在客观事物或现象去把握人的内心活动。如果我们先审查主观构成要件要素，由于主观可以建构客观，因此就会彻底架空客观要件，导致判断失误。

（2）描述性构成要件要素与规范性构成要件要素

描述性构成要件要素是指运用日常用语或法律用语，以单纯客观的方式加以描述的构成要件要素。例如，故意杀人罪中的“人”通常属于描述性构成要件要素。描述性构成要件要素通常不需要法官的价值评价即可做出判断。规范性构成要件要素是指刑法将犯罪行为的构成要件以具有价值补充性或评价必要性的用语加以描述，这样的用语往往需要法官进行一定的价值判断或价值评价，或者基于一定的规范目的解释才能确定的构成要件要素。[1] 例如强制猥亵罪中的“猥亵”，传播淫秽物品牟利罪中的“淫秽物品”等。描述性构成要件要素与规范性构成要件要素的区别在于是否需要法官进行价值判断或价值评价才能确定其含义。在绝大多数情况下，刑法中的构成要件要素都是规范性构成要件要素。即使是前面提到的故意杀人罪中的“人”，虽然在一

〔1〕 Vgl. Claus Roxin/Luis Greco, Strafrecht Allgemeiner Teil, Band I, 5. Aufl. 2020, S. 405; Uwe Murmann, Grundkurs Strafrecht, 5. Aufl. 2019, S. 217.

般情况下是描述性构成要件要素，但不排除在少数情形下，“人”也能成为一个规范性构成要件要素。例如，甲故意踢已经怀孕的女友乙的肚子，导致胎儿死亡的情况下，是否可以认定甲构成故意杀人罪？这里的关键就在于确定胎儿是不是故意杀人罪中的“人”。关于人的“始期”，目前国内存在阵痛说、一部露出说、全部露出说、断带说、发声说、独立呼吸说等学说的分歧。国外刑法理论上主要有独立生存可能性说、阵痛开始说（也称分娩开始说或出产开始说）、部分露出说、全部露出说（分娩完毕说）以及独立呼吸说（即由胎盘呼吸转而通过肺部呼吸）。这表明，即使是像“人”这样一个日常生活的用语，其也可能需要法官在个案中通过价值判断或者价值评价，方才能够确定其准确含义。

2. 构成要件的功能

从理论上说，构成要件具有如下几项功能：〔1〕

其一，自由保障功能。罪刑法定原则要求，对犯罪的构成要件（罪状）的规定和表述必须符合明文性和明确性的要求。只有明文且明确的构成要件，才能发挥限制处罚范围，保障公民权利的作用。对此，陈兴良教授指出：“罪刑法定原则对犯罪的明文规定，就是通过构成要件实现的。同时，司法机关也只有对符合构成要件的行为才能进一步根据是否存在违法性与有责性而进行定罪，构成要件由此形成对国家刑罚权的限制。”〔2〕

其二，呼吁功能。明文且明确的构成要件可以发挥一般预防的作用，呼吁潜在的犯罪人弃恶从善，放弃犯罪的念头，回归到善良公民的行列。

其三，犯罪个别化功能。不同犯罪的区别首先在于构成要件不同，通过构成要件可以将犯罪区别开来，从而实现犯罪的个别化。

其四，过滤功能。在阶层犯罪论体系里，构成要件符合性是第一个阶层。如果行为不符合构成要件，行为就不可能构成犯罪。通过构成要件符合性的判断，可以将不需要进入违法性阶层和罪责阶层判断的行为过滤掉。

其五，违法性推定功能。当一个行为符合某个犯罪的构成要件之时，我

〔1〕参见蔡桂生：《构成要件论》，中国人民大学出版社2015年版，第57页。
〔2〕参见陈兴良：《教义刑法学》（第三版），中国人民大学出版社2017年版，第161页。

们通常可以推定其具有违法性，除非其具有法定或者超法规的正当化事由。

（二）违法性

只有我们确定一个行为符合某个犯罪的构成要件，才能进入违法性的判断。违法性是指与法秩序相悖。一般情况下，一个行为符合构成要件就可以推定其具有违法性。但是，这种推定并不是终局性的，我们还需要把符合构成要件的行为放在整体法秩序的价值观中作进一步的审查，才能从实质上判断行为是否具有违法性。换言之，构成要件符合性的判断是一种形式违法性的判断，仅确认存在形式违法性，还不足以肯定行为的不法。只有确认了存在实质违法性之后，才能肯定行为的不法。〔1〕

我们前面讲过，构成要件层面的法规范是禁止规范或命令规范；与此不同，违法性层面的法规范是容许规范。行为违反了禁止规范或命令规范，在通常情况下就具备了违法性，但在例外的情况下，由于存在一个容许规范，要求从整体的法秩序或者社会的价值规范的角度容忍前述违反禁止规范或命令规范的行为，这时候行为的违法性就可能被排除。由此可见，构成要件符合性与违法性是原则与例外的关系。在符合构成要件之后，行为可能因为具备正当化事由而例外地不具备违法性。正当化事由包括法定的正当化事由和超法规的正当化事由，法定的正当化事由如正当防卫、紧急避险、法令行为等；超法规的正当化事由如推测的同意、义务冲突等。正当化事由不限于法律的规定，只要是整体法秩序所容忍的，都可以是正当化事由。

所谓不法，是指符合构成要件且违法的行为。〔2〕当行为符合构成要件且违法之时，我们就说这是一个不法行为。其中，构成要件符合性表征形式的不法，而违法性表征实质的不法。我们要注意的是，构成要件符合性通常是一种积极判断，而违法性的判断则通常是消极判断，即审查是否存在正当化事由。

（三）罪责

只有在确定行为具备不法性之后，我们才能进入罪责阶层的判断。如果说不法关注的是行为，那么罪责关注的就是行为人。所谓罪责，是指行为人

---

〔1〕 参见陈兴良：《教义刑法学》（第三版），中国人民大学出版社 2017 年版，第 338 页。
〔2〕 参见张明楷：《刑法学》（第五版），法律出版社 2016 年版，第 107 页。

的可谴责性。当行为人具有可谴责性之时，我们就说行为人有罪责。与违法性阶层类似，罪责阶层的判断通常也是消极判断，即审查行为人是否存在缺乏责任能力、禁止错误或者缺乏期待可能性等免责事由。

我们通常说，不法和罪责是犯罪论体系的两大支柱。区分不法与罪责的意义在于：

（1）区分正当化事由与免责事由。只有区分不法与罪责，才能对正当化事由与免责事由作出区分。例如，正当防卫是一种正当化事由，每个人在遭受侵害的时候都有权予以反击，正当防卫是法律鼓励的行为。而无责任能力人（未达到责任年龄或者精神病人）实施的行为则并非基于法律赋予的权利，更不是法律鼓励的行为。但是，由于他们的智识有缺陷，所以我们不得不原谅他们。因此，虽然我国刑法对正当化事由和免责事由的法律后果的规定完全相同（即“不负刑事责任”），但两者是存在根本区别的：在存在正当化事由的情况下，行为不构成犯罪是因为欠缺不法；在存在免责事由的情况下，行为人不构成犯罪是因为欠缺罪责，但不法依然存在。

（2）正确处理正当防卫问题。对于一个具备不法但没有罪责的行为，当然可以实施正当防卫；但对于一个缺乏不法的正当行为，则不能再实施正当防卫。

（3）关于共犯从属性。根据当前刑法理论的主流观点，狭义共犯（教唆犯和帮助犯）的成立以正犯具备不法为前提，但并不要求正犯具备罪责。换言之，如果正犯缺乏不法，那么教唆犯和帮助犯就无法成立。至于正犯是否具备罪责，不影响教唆犯和帮助犯的成立。

（4）犯罪的法律后果。如果行为具备不法和罪责，那么其法律后果是刑罚，因为刑罚的判处以行为人具备罪责为前提；如果行为具备不法但行为人缺乏罪责，那么可能的法律后果只能是以预防为特征的保安监禁，而不能对这样的行为人判处刑罚。

（5）关于损害赔偿义务。如果行为缺乏不法，那么行为人就无须承担民事上的损害赔偿义务；相反，如果行为具备不法但行为人缺乏罪责，那么行为人或者其法定代理人、监护人仍然要承担损害赔偿义务。

（四）阶层犯罪论体系的特征

1. 体系性

所谓体系性，是指阶层犯罪论体系将犯罪成立的所有要件，囊括在一个审查结构之下。无论是客观构成要件还是主观构成要件，无论是正当化事由还是免责事由，无论是构成要件错误还是禁止错误，都能在这一体系内找到适当的位置。这种体系性不仅有助于司法实务中对案件的审查，尽量防止错误的判断，而且为刑法理论提供一个基本的对话平台。[1]尽管在阶层体系内部对于一些问题还存在争议，比如对于故意到底是属于构成要件阶层还是罪责阶层，不法的本质到底是行为无价值还是结果无价值，仍然众说纷纭，但这些争论均以一个基本的阶层体系为基础。因此，阶层体系内部的争论就能实现有的放矢，不至于自说自话。

2. 逻辑性

所谓逻辑性，是指在依据阶层体系审查犯罪是否成立之时，呈现出极强的逻辑性或者位阶性。只有行为符合构成要件，才能进入违法性阶层的判断；只有具备违法性，才能进行罪责阶层的审查。虽然霍姆斯有云“法律的生命不在于逻辑而在于经验”，但法律人的生命在于逻辑。一个符合逻辑的体系才能确保法律适用的安定性，从而最大限度地保障人权。

3. 实用性

阶层体系不仅是一个理论体系，更是一个用来审查犯罪是否成立的工具。我们现在对阶层体系的理论性强调比较多，但对其实用性则关注不够。在刑法总论的学习中，我们不仅要学习阶层体系的相关理论学说，还要掌握运用阶层体系审查犯罪形态的基本框架。我们运用这些基本框架，就可以合乎逻辑地对重要的犯罪形态进行审查。

（五）其他排除犯罪的要件

除了上述犯罪成立的基本要件以外，在刑法中还存在一些特殊的排除犯罪成立的要件，主要是个人刑罚限制事由和追诉时效。

---

〔1〕 参见车浩：《体系化与功能主义：当代阶层犯罪理论的两个实践优势》，载《清华法学》2017 年第 5 期，第 53 页。

1. 个人刑罚限制事由

个人刑罚限制事由是基于某种政策的考量，仅对特定个人适用的刑罚限制事由。（1）宪法规定的个人刑罚限制事由。例如《宪法》第 75 条规定："全国人民代表大会代表在全国人民代表大会各种会议上的发言和表决，不受法律追究。"这是为了保障全国人大代表充分行使代表权利的宪法规定，它可以发挥阻止某些言论型犯罪成立的作用。（2）基于刑事政策的目的性衡量规定的个人刑罚限制事由。例如"两高"2013 年《关于办理盗窃刑事案件适用法律若干问题的解释》第 8 条规定："偷拿家庭成员或者近亲属的财物，获得谅解的，一般可不认为是犯罪；追究刑事责任的，应当酌情从宽。""两高"2011 年《关于办理诈骗刑事案件具体应用法律若干问题的解释》第 4 条规定："诈骗近亲属的财物，近亲属谅解的，一般可不按犯罪处理。诈骗近亲属的财物，确有追究刑事责任必要的，具体处理也应酌情从宽。"之所以作出这些规定，主要基于刑事政策的考量，即为了维持家庭关系的和谐稳定，一般不将上述家庭内部的盗窃和诈骗行为作为犯罪处理。

2. 追诉时效

追诉时效是指依照法律规定对犯罪分子追究刑事责任的有效期限。在法定的追诉期限内，司法机关有权依法追究犯罪分子的刑事责任；若超过法定追诉期限，不应再追究犯罪分子的刑事责任，已经追究的，应当撤销案件或者不起诉或者终止审理。之所以规定追诉时效制度，主要基于两点考虑：第一，督促办案机关提高办案效率，同时避免难以查清的陈年旧案占用司法资源；第二，犯罪分子没有再犯罪，说明其已经改恶从善，被犯罪所破坏的社会秩序也已经恢复，没有必要再追究其刑事责任。《刑法》第 87、88、89 条对追诉时效作出了明确的规定。《刑法》第 87 条："犯罪经过下列期限不再追诉：（一）法定最高刑为不满五年有期徒刑的，经过五年；（二）法定最高刑为五年以上不满十年有期徒刑的，经过十年；（三）法定最高刑为十年以上有期徒刑的，经过十五年；（四）法定最高刑为无期徒刑、死刑的，经过二十年。如果二十年以后认为必须追诉的，须报请最高人民检察院核准。"《刑法》第 88 条："在人民检察院、公安机关、国家安全机关立案侦查或者在人民法院受理案件以后，逃避侦查或者审判的，不受追诉期限的限制。被害人在追诉期限内提出控告，人民法院、人民检察院、公安机关应当立案而不予立案的，不受追诉期限的限制。”《刑法》第 89 条：“追诉期限从犯罪之日起计算；犯罪行为有连续或者继续状态的，从犯罪行为终了之日起计算。在追诉期限以内又犯罪的，前罪追诉的期限从犯后罪之日起计算。”

四、案例研习

在概述阶层犯罪论体系之后，下面我们将通过一个简单的案例来展示如何运用这一体系去分析案件。

基本案情：甲趁乙的丈夫丙在外地打工之际，与乙私通，后丙回家得知二人的奸情，因此要挟乙与自己一起设计诱杀甲，乙迫于无奈只好答应。丙与乙约定，由乙出面约甲前来私会，并由乙先用刀刺杀甲，而丙则将房门反锁并埋伏在窗外，一旦乙失手，则由丙施以援手，将甲杀死。二人定好毒计之后，由乙出面邀约甲到家中相会。甲进入约定的房间之后发现乙的神色有些异样，感觉有点不妙，于是想夺门而逃，不料房门已经被丙反锁。在此过程中，乙依既定计划死死抱住甲的大腿，并持尖刀刺向甲。甲眼疾手快，抢下乙的尖刀并予以还击，乙当场被刺重伤倒地。甲随后从窗户逃走，在逃走过程中，早已埋伏在窗外的丙持镰刀向其头部砍去，甲急忙躲闪并逃过一劫，然后匆忙地消失在夜色之中。

问题：请分析本案中甲、乙、丙的刑事责任。

（一）乙、丙二人通过谋划实施杀害甲的行为，可能构成《刑法》第 232 条、第 23 条以及第 25 条的故意杀人罪的共同犯罪的未遂

1. 预先审查

由于在本案中被害人甲并未死亡，而且乙、丙可能是共同犯罪，因此需

要进行两个预先审查：首先，由于被害人死亡结果并未出现，因此乙、丙构成犯罪未遂；其次，由于乙、丙共同谋划并实施杀害甲的行为，因此可能构成共同犯罪。根据《刑法》第25条，共同犯罪的两个成立条件分别是共同行为和共同故意。在本案中，乙、丙分工实施了试图杀害甲的行为，存在共同杀人行为；而且乙、丙二人共同谋划杀害甲，具备共同故意。因此，乙、丙二人的行为符合共同犯罪的成立条件。

中间结论：乙、丙二人构成共同犯罪的未遂。

下面从定罪层面和量刑层面分析乙、丙的刑事责任。

2. 定罪层面

（1）乙、丙二人可能构成故意杀人罪的未遂

①客观构成要件。根据《刑法》第23条的规定，犯罪未遂是指已经着手实行犯罪，但由于犯罪分子意志以外的原因而未得逞。首先，考察乙丙是否着手。当乙死死抱住甲的大腿，并持尖刀刺向甲之时，就已经给甲的生命带来了紧迫的现实危险，属于故意杀人行为的着手。其次，甲并没有死亡，乙、丙二人的故意杀人行为，并未达到二人所追求的犯罪目的，因而乙丙二人未得逞。最后，之所以乙、丙二人的杀人行为未得逞，是由于甲的反抗和逃脱，这属于乙、丙意志以外的原因。因此，乙、丙二人的行为符合故意杀人罪未遂的客观构成要件。

②主观构成要件。乙、丙二人具备杀人的故意。

③违法性与罪责。本案中乙、丙二人不存在正当化事由和免责事由。

中间结论：乙、丙二人构成故意杀人罪的未遂。

（2）乙、丙二人可能构成故意杀人罪的共同正犯

①共同的实行行为。在本案中，乙、丙二人分工合作，乙在屋内实施了用刀刺杀甲的行为，而丙在窗外实施了用镰刀砍杀甲的行为，因此二人属于杀人行为的共同正犯。

②共同的实行故意。乙、丙二人共同谋划杀害甲，具有共同实行故意杀人行为的故意。

中间结论：乙、丙二人构成故意杀人罪的共同正犯的未遂。

3. 量刑层面

根据《刑法》第 26 条、第 27 条，在共同犯罪中起主要作用的，是主犯；在共同犯罪中起次要或者辅助作用的，是从犯。在本案中，提出杀人计划的是丙，而且丙还亲手实施了杀人的实行行为，在整个犯罪中处于主要地位；乙参加犯罪是出于无奈，虽然也实施了杀人的实行行为，但在犯罪中处于次要地位。

中间结论：丙是主犯、乙是从犯。

4. 最终结论

乙、丙二人构成故意杀人罪的共同正犯的未遂。其中，丙是主犯、乙是从犯。

（二）甲造成乙重伤的行为可能构成《刑法》第 234 条的故意伤害罪

《刑法》第 234 条规定："故意伤害他人身体的，处三年以下有期徒刑、拘役或者管制。犯前款罪，致人重伤的，处三年以上十年以下有期徒刑；致人死亡或者以特别残忍手段致人重伤造成严重残疾的，处十年以上有期徒刑、无期徒刑或者死刑。本法另有规定的，依照规定。"

1. 客观构成要件

根据《刑法》第 234 条的规定，故意伤害罪的成立要求行为人必须实施了伤害他人的行为，而且伤害行为与结果之间存在因果关系。在本案中，甲实施了用刀刺伤乙的行为，并且造成乙重伤，因此符合故意伤害罪的客观构成要件。

2. 主观构成要件

甲具备伤害乙的主观故意。

3. 违法性

甲在面临乙的侵害的情况下实施了反击行为，可能构成《刑法》第 20 条第 3 款的正当防卫。

（1）正当防卫的客观要件

根据《刑法》第 20 条的规定，正当防卫的成立应当具备起因条件、时间条件、对象条件和限度条件。从本案事实来看，乙死死抱住甲的大腿，并持刀刺向甲，因此存在不法侵害；甲是在乙的刺杀行为过程中反击；甲所反击的对象正是对其实施侵害的乙；由于乙实施的杀人行为是一种严重危及人身安全的暴力犯罪，根据《刑法》第 20 条第 3 款的规定，甲的反击虽然造成乙重伤的结果，但不属于防卫过当。

（2）正当防卫的主观要件

甲是为了防止自己的人身受到侵害而反击，具备防卫意图。因此，甲的反击行为构成正当防卫。

4. 罪责

由于甲的行为具备正当化事由，因此无需分析罪责。

5. 最终结论

甲的行为不构成故意伤害罪。

以上我们运用阶层体系对一个简单的案例进行了演练。在今后学习的过程中，我们需要不断地训练运用来自德国的鉴定式案例分析法写作案例审查报告的能力。关于鉴定式案例分析法的相关知识，我们将在结束犯罪论部分的学习后专门讲授。

刑事诉讼法总则与分则关系之解读

——以认罪认罚从宽程序适用中的三个问题为线索

万　毅*

摘　要：“总则”与“分则”之区分是我国《刑事诉讼法》篇章结构的基本立法模式，若将二者间“抽象与具体”的关系机械适用于实务问题，则容易产生误读。具体而言：主张第二审程序中可以适用认罪认罚从宽程序，将使其与总则第15条之价值导向产生抵触，属于对《刑事诉讼法》总则与分则关系之误读；认为人民法院能够与被告人进行庭内协商的观点，同样是对《刑事诉讼法》第15条之立法目的及其语义的刻意歪曲，显属“曲意释法”；《刑事诉讼法》第201条之规定与总则第3条及第5条之间属于“一般与例外”的关系，二者并不抵触。

关键词：总则与分则　认罪认罚　庭内协商　量刑建议

从比较法的角度讲，各国刑事诉讼法之立法体例多有不同，然则，“总则”与“分则”之区分，仍为刑事诉讼立法篇章结构之经典，尤以德、日刑事诉讼法为其代表。以《日本刑事诉讼法》为例，其第一编即名为“总则”，其后第二编“第一审”、第三编“上诉”、第四编“再审”、第五编“非常上告”、第六编“简易程序”、第七编“裁判的执行”，皆可归入“分则”之范畴，由此形成“总则”与“分则”之篇章结构体例。由于历史的原因，我国《刑事诉讼法》(以下简称《刑诉法》) 亦沿袭了德、日刑事诉讼法典之“总则—分则”的结构体例，其中第一编为“总则”，而第二编“立案、侦查和提起公诉”、第三编“审判”、第四编“执行”及第五编“特别程序”，皆可归入“分则”之范畴。从法理上讲，但凡采用“总则—分则”结构体例之立法，一个不容回避之问题即在于总则与分则在解释、适用上的关系该如何定位，尤其是如

---

*　四川大学法学院教授、博士生导师，成都理工大学司法研究院院长。

何合理地结合总则内容对分则条文加以解释。一般认为，总则是对分则的抽象和集合，而分则是对总则的具体和细化，由此导致总则与分则之间形成了所谓一般与特殊、抽象与具体的关系。具体而言，《刑诉法》总则部分是关于刑事诉讼活动的概括性、共通性规定，而分则部分是关于刑事诉讼活动的具体或特殊性规定。因而，从法律适用上看，总则是分则得以适用的基础和前提，而分则在具体适用中理应接受总则之指导与框范。然而，理虽如此，却稍嫌笼统，过于抽象的理论论断，往往难以解决实践中诸多疑难、复杂的个案问题。因而，真正有效的研究必须将抽象的理论置于具体个案中加以反复检验、去伪存真。正基于此，本文选取了当前理论和实务中争议较大的认罪认罚从宽程序在适用中的三个法解释问题，以此为线索探讨刑事诉讼法总则与分则在个案适用中的关系问题。

一、第二审程序中能否适用认罪认罚从宽

《刑诉法》第一编（总则）第一章（任务和基本原则）第 15 条规定："犯罪嫌疑人、被告人自愿如实供述自己的罪行，承认指控的犯罪事实，愿意接受处罚的，可以依法从宽处理。"由此将认罪认罚从宽确立为我国刑事诉讼法的一项重要原则。同时，《刑诉法》又在分则部分，即第二编（立案、侦查和提起公诉）和第三编（审判）第二章（第一审程序）中对认罪认罚从宽的适用条件和程序作了具体规定，由此形成了认罪认罚从宽制度在我国刑事诉讼法中"总则 + 分则"的"总分"式立法模式。据此，总则中关于认罪认罚从宽的原则性规定，得以透过分则中的具体规则而"落地"，"形成了认罪认罚从宽的处理原则和诉讼制度，系统构建了刑事诉讼中认罪认罚从宽制度"。[1] 但是，问题亦由此产生，我国《刑诉法》分则对认罪认罚从宽案件审理程序的规定，仅仅安排在第二章（第一审程序）中，而在同编第三章（第二审程序）中则对认罪认罚从宽程序只字不提。这就在理论上和实践中带来了一个颇具

〔1〕 胡云腾主编:《认罪认罚从宽制度的理解与适用》，人民法院出版社 2018 年版，第 3 页。

争议的问题：在第二审程序中究竟还能否适用认罪认罚从宽制度？

对此，赞成论是目前的主流观点，认为案件“甚至进入二审程序，……但仍可根据个案情况给予被告人认罪认罚从宽的机会”。[1] 主要理由在于：其一，既然《刑诉法》已经透过总则而将认罪认罚从宽确立为刑事诉讼法上的一项基本原则，那么，作为一项基本原则，其内容和要求就应当适用于整个刑事诉讼流程以及各个重要程序环节，其中当然应当包括第二审程序。因为，如果说认罪认罚从宽仅适用于第一审程序，而不能适用于第二审程序，那么，显然就不宜称之为一项基本原则。其二，虽然《刑诉法》分则第三编第三章（第二审程序）并未明确规定是否还能适用认罪认罚从宽制度，但根据《刑诉法》总则与分则之间的关系原理：总则是关于刑事诉讼活动的共通性规定，而分则是关于刑事诉讼活动的具体或特殊性规定。在总则与分则之间，一方面，总则可以指导分则的解释与适用；另一方面，总则也可以补充分则。据此，虽然《刑诉法》分则第二审程序中并未明文规定认罪认罚从宽的程序，但可以援引总则关于认罪认罚从宽的原则性规定，直接将其补充适用于第二审程序。

目前来看，实务操作中显然采认了上述观点，允许一审被告人在第二审程序中认罪认罚并得到从宽的处遇。在 2018 年刑事诉讼法修正案（以下简称《修正案》）出台之前的认罪认罚从宽制度试点期间，沈阳市人民检察机关就于 2017 年 11 月首次在刑事案件第二审程序中对被告人适用了认罪认罚从宽制度。2018 年《修正案》出台之后，2019 年 10 月芜湖市人民检察院在一起非法吸收公众存款案的上诉程序中也首次适用了认罪认罚从宽制度。2019 年 10 月 25 日发布的“两高三部”《关于适用认罪认罚从宽制度的指导意见》（以下简称《意见》）中第 50 条针对该问题明确规定：“被告人在第一审程序中未认罪认罚，在第二审程序中认罪认罚的，审理程序依照刑事诉讼法规定的第二审程序进行。第二审人民法院应当根据其认罪认罚的价值、作用决定是否从宽，并依法作出裁判。确定从宽幅度时应当与第一审程序认罪认罚有所区别。”由于该条文明确授权第二审法院可以根据被告人在二审程序中认罪认罚

---

〔1〕董坤：《审判阶段适用认罪认罚从宽制度相关问题研究》，载《苏州大学学报（哲学社会科学版）》2020 年第 3 期。

的价值、作用裁量决定对其予以从宽，因而实际上意味着在司法解释层面上明确肯定了在第二审程序中适用认罪认罚从宽制度的合法性。

然而，对于上述观点，笔者持有不同见解，认为在第二审程序中适用认罪认罚从宽制度缺乏合法性与合理性，主要理由有三：其一，第二审程序中适用认罪认罚从宽制度，违反立法原意并造成价值冲突与程序冲突。从《刑诉法》总则与分则的关系来看，虽然学界公认系一般与特殊、抽象与具体之关系，据此，总则的原则性规定可以补充适用于分则，也即，在分则缺乏明确规定时可直接援引总则之相关内容补充适用于分则。然则，上述原理亦不能绝对化，因为以总则补充分则的原理，本身内含了一个隐性前提，即总则内容与分则规定之间在价值目标和程序构造等方面须实现兼容，不能因为补充适用总则内容而造成分则内部的价值冲突和程序冲突。

根据第十二届全国人大常委会《关于授权最高人民法院、最高人民检察院在部分地区开展刑事案件认罪认罚从宽制度试点工作的决定》中的明确规定，试点认罪认罚从宽制度的目的是进一步落实宽严相济刑事政策，完善刑事诉讼程序，合理配置司法资源，提高办理刑事案件的质量与效率，确保无罪的人不受刑事追究，有罪的人受到公正惩罚，维护当事人的合法权益，促进司法公正。2018 年《修正案》则是在总结认罪认罚从宽制度、速裁程序试点工作经验的基础上，将可复制、可推广的行之有效的做法上升为法律规范，在全国范围内施行。因此，《修正案》增设的认罪认罚从宽制度，在价值指向上是非常清晰而明确的：落实宽严相济刑事政策、合理配置司法资源、提高办案质量与效率。

然而，若以上述立法目的作审慎考量，在第二审程序中适用认罪认罚从宽制度，显然与立法上增设该制度的价值导向之间存在着一定的抵触。这是因为，被告人既然在第一审程序中拒不认罪认罚，并将案件拖入二审，则提高办案效率、及时结案的目标已然落空，程序反复启动、消耗国家司法资源，已成事实。此种情形下，若允许被告人在第二审程序中再行认罪认罚，虽然在一定程度上具有“止损”的意义，但显然并非立法上所倡导之节约司法资源、提升诉讼效率之本意。同时，被告人在第一审程序中拒不认罪却在二审中选择认罪认罚，显然是在一审中抱有某种侥幸心理，是在侥幸心理落空后才被迫在二审中认罪认罚，属“城下之盟”。被告人这种被迫认罪的心态与我国宽严相济刑事政策鼓励犯罪行为人坦白认罪、真诚悔罪的立法目的，显然亦有所抵牾。或许正因如此，前述《意见》第 50 条才在对待二审认罪认罚时采取了一种看似矛盾的表述方式和态度：一方面，《意见》第 50 条明确规定对于被告人在二审中的认罪认罚，第二审法院可以从宽，亦可以不从宽；另一方面，《意见》第 50 条在肯定第二审程序可以适用认罪认罚从宽制度的同时又规定，人民法院在“确定从宽幅度时应当与第一审程序认罪认罚有所区别”。之所以在肯定二审可以认罪认罚从宽的同时又规定在第二审中认罪认罚的从宽幅度应当区别于第一审，显然是认为在第二审中认罪认罚，其价值和作用已经与在第一审程序中认罪认罚不可同日而语，因而主张其对被告人量刑从宽的幅度应当小于第一审程序。由此可见，《意见》其实已经意识到二审认罪认罚与一审认罪认罚在价值目标上的差异性，并不主张将两者等同看待。

其二，从法政策后果来分析，一旦按照赞成论的观点和逻辑推演，问题将层出不穷。例如，既然第二审程序中被告人仍可以认罪认罚并获得从宽，那么在再审程序即审判监督程序中，被告人还能否认罪认罚以获得从宽呢？甚至于被告人在一审、二审程序中均未认罪认罚，在判决生效后被告人还能否以愿意认罪认罚为由来提起审判监督程序？若按照赞成论者所主张的以总则补充分则的观点及其逻辑，被告人显然同样可以根据总则补充分则的原理在审判监督程序作认罪认罚，甚至可以此为由提起审判监督程序。但如此一来，刑事诉讼程序的权威性和安定性显然就将遭受重创。

其三，在第二审程序中适用认罪认罚从宽制度，可能导致逆向制度选择的不良效应。在政策上，刑事诉讼法上的认罪认罚从宽制度应当鼓励犯罪嫌疑人、被告人越早认罪认罚越好，因为越早认罪认罚，才能减省后续程序环节、提升诉讼效率、节约司法资源。然而，一旦允许一审未认罪认罚的被告人在二审程序中再行认罪认罚，就可能会无形中鼓励被告人在一审程序中抱持侥幸心理、拒不认罪，等到一审判决作出后再伺机认罪认罚，反正到了二审程序再认罪认罚也不迟。这种局面一旦形成，反过来会极大地挫伤、影响认罪认罚制度在一审程序中的适用，进而将二审认罪认罚固化为被告人的一种诉讼策略和程序选择。

正基于上述分析，笔者认为，根据总则补充分则的原理，援引《刑诉法》第15条为依据主张在第二审程序中适用认罪认罚从宽制度，由于价值目标和导向上违反立法原意，欠缺合法性，在技术层面上会引发程序冲突，缺乏合理性，系对《刑诉法》总则与分则关系之误读。但当前，毕竟“两高三部”之《意见》已经明文肯定第二审中可以认罪认罚从宽，完全否定已不现实。因而，一个较为现实的策略是控制二审认罪认罚从宽的适用。从技术操作层面而言，应当根据认罪认罚从宽制度的立法目的，对《意见》第50条进行限缩解释，即将《意见》第50条解释为“原则上不从宽、例外情况下从宽”，换言之，对于被告人在第一审程序中未认罪认罚，在第二审程序中认罪认罚的，第二审人民法院原则上应当不予从宽，但在被告人的认罪认罚对于查明案情和化解矛盾方面具有重要的价值、作用时，也可以决定从宽。不过，在确定从宽幅度时应当与第一审程序认罪认罚有所区别。

二、人民法院能否与被告人直接进行量刑协商

实务中有的被告人在审前不愿认罪认罚，但到了审判阶段又表示愿意接受处罚，虽然检察院对此表示反对，但法院仍然适用认罪认罚从宽制度予以处理。例如，陈某军等三人盗窃案中，陈某军伙同吴某兵、何某于2018年10月中旬盗窃钢模板价值4万余元。在审查起诉阶段，吴某兵、何某均自愿认罪认罚并与检察机关签署具结书，但陈某军未认罪认罚。庭审中，陈某军的辩护人向法庭提交认罪认罚具结书，该具结书为陈某军单方签署。法庭经质证后，直接采信该具结书，对陈某军适用认罪认罚从宽判处。对于该案法院的处理方式和结果，检察机关强烈表示不满，遂以具结书必须由控辩双方协商、签署，法院采信证据错误，违反法定程序为由提出抗诉。[1] 在该案中，

---

〔1〕 参见陈某军、何某、吴某兵盗窃罪二审刑事裁定书，（2019）川11刑终144号。

引发检、法冲突的一个核心问题即在于，法院究竟能否直接与被告人进行认罪认罚协商，因为，被告人在审查起诉阶段拒不认罪认罚，而在庭审中直接向法庭提交认罪认罚具结书，无异于绕开检察机关而与法院直接进行量刑协商，这与《刑诉法》分则规定的认罪认罚从宽的法定程序流程显然不符。对于这一程序操作模式的合法性和合理性，理论上和实务中存在着不同的认识。

一种观点认为，按照《刑诉法》分则相关条文对认罪认罚从宽基本程序流程的规定，认罪认罚从宽应当由犯罪嫌疑人、被告人在审查起诉阶段与检察机关进行量刑协商，然后经由检察机关提出量刑建议，移送法院审判，而法院在作出判决时一般应当采纳检察机关的量刑建议。按照该流程设计，我国的认罪认罚从宽在本质上就应当是一种由控辩双方所主导的庭外协商程序，而非由法院所主导的庭内协商程序。这种庭外协商程序，理应由控辩双方自主进行，而排除法院的参与，因此，人民法院不应介入控辩双方的庭外协商过程，更不宜绕开检察机关而直接与被告人进行庭内协商。[1]据此，前述案例中法院的做法显然是违法的。

另一种观点则认为，法院也可以与被告人直接进行量刑协商，协商主体应当“从控辩双方改为控辩审三方”。[2]主要理由在于：《刑诉法》在第一编（总则）第一章（任务和基本原则）第 15 条规定：“犯罪嫌疑人、被告人自愿如实供述自己的罪行，承认指控的犯罪事实，愿意接受处罚的，可以依法从宽处理。”依据该规定，只要被告人认罪认罚，有关国家专门机关就应当对被告人依法从宽处理，而并未明确规定唯有检察机关才能与被告人进行量刑协商。因此，尽管《刑诉法》分则的具体法条表述中仅仅明文规定了检察机关与犯罪嫌疑人、被告人之间进行庭外协商的程序，而未规定人民法院与被告人之间是否可以以及如何进行庭内协商的程序流程，但可以直接援引《刑诉法》总则第 15 条来填补该漏洞，进而使人民法院与被告人之间的庭内协商合法化。

前文已经述及，《刑诉法》总则之内容与规定，只要不与分则之程序价值目标和程序结构上存在差异、引发冲突，是可以补充适用于分则的。因而，

---

〔1〕 参见陈瑞华：《认罪认罚从宽制度的若干争议问题》，载《中国法学》2017 年第 1 期。

〔2〕 周维明：《德国刑事协商制度的最新发展与启示》，载《法律适用》2018 年第 13 期。

问题的关键并非《刑诉法》第 15 条能不能适用于分则，而是应不应该援引该法条来解决人民法院庭内协商的合法性这一问题。或者说，作为总则性规定的《刑诉法》第 15 条，与我们要讨论、解决的人民法院庭内协商程序的合法性之间是否具有实质关联性？在此，我们首先有必要厘清《刑诉法》第 15 条的立法目的并正确阐释其文义内容。

笔者认为，从《刑诉法》总则部分之第 15 条的规范结构来分析，尤其是从“可以”一词的使用来看，基本可以判定该法条在性质上应当属于一项授权性条款，其授权对象正是该法条所表述之“可以依法从宽处理”一语的缺省主语，即该法条授权有关国家专门机关在犯罪嫌疑人、被告人认罪认罚的前提下，有权对其依法从宽处理。问题在于，依法参与刑事诉讼的公、检、法等国家专门机关中，该法条中缺省之主语即授权之对象究竟意指何者？由于在《刑诉法》总则中，关于认罪认罚从宽的规定，仅有第 15 条一个条文，因而，唯有联系《刑诉法》关于第 15 条之立法目的与《刑诉法》分则相关条文进行目的解释和体系解释，方能厘清其确切语义。

从立法目的看，2018 年《修正案》之所以在总则中增设第 15 条，据权威解释，目的是确立认罪认罚可以依法从宽处理的原则，即将其确立为刑事诉讼法上的一项基本原则。仍依据上述之权威解释，该条文亦即该原则有以下要求：一是认罪认罚案件在程序上可以从宽处理。具体又包括三项要求，首先，简化审判程序；其次，强制措施适用相对宽缓化；最后，附条件提前终止诉讼。二是认罪认罚案件在实体上可以依法从宽处罚。三是在刑事诉讼中完善相关程序，保障认罪认罚的自愿性。具体是指充分的权利告知和强化律师帮助。[1] 根据上述权威解释，《刑诉法》第 15 条的授权内容可分为两个层面：一是授权有关专门机关对认罪认罚案件作出“程序上的从宽处理”；二是授权有关专门机关对认罪认罚案件作出“实体上的从宽处罚”。

在此基础上值得进一步追问的是，上述两项授权内容之具体对象又分别指向哪些国家专门机关呢？根据《刑诉法》第 3 条的规定，“对刑事案件的侦查、

---

〔1〕 胡云腾主编:《认罪认罚从宽制度的理解与适用》，人民法院出版社 2018 年版，第 4 页。

拘留、执行逮捕、预审，由公安机关负责。检察、批准逮捕、检察机关直接受理的案件的侦查、提起公诉，由人民检察院负责。审判由人民法院负责”。据此，审判权由人民法院独享。所谓审判权，本包括审理权与判决权，而所谓判决权，即定罪量刑之权。因此，依法享有实体处罚权即量刑决定权的，唯有人民法院。亦因此，上述所谓有权在认罪认罚从宽程序中作出“实体上的从宽处罚”的主体，只能是人民法院。同时，根据《刑诉法》第 201 条之规定，人民检察院根据犯罪的事实、性质、情节和对社会的危害程度以及认罪认罚情况，可以依法提出从宽处罚的量刑建议。虽然同法条后半段规定人民法院作出判决时，一般应当采纳人民检察院指控的罪名和量刑建议，但这恰恰表明，人民检察院仅享有提出实体上从宽处罚的量刑建议的权力，而非直接享有实体处罚权，实体上的从宽处罚仍需由人民法院以判决的形式作出。这也印证了前述有权作出“实体上的从宽处罚”的主体只能是人民法院这一结论。至于有权作出“程序上的从宽处理”的主体，则包括公、检、法三机关，具体而言，人民法院有权决定简化审理程序，而人民法院、人民检察院和公安机关均有权决定强制措施适用相对宽缓化，人民检察院和公安机关则有权附条件地提前终止诉讼。

由上述分析可知，《刑诉法》总则第 15 条之立法目的主要在于授予公、检、法等专门机关对认罪认罚案件予以从宽处理的权限，而与认罪认罚从宽的程序流程和模式无关，两者之间缺乏逻辑联系。换言之，《刑诉法》第 15 条仅授权人民法院对认罪认罚的被告人作出“实体上的从宽处罚”和“程序上的从宽处理”的权力，至于认罪认罚从宽程序具体该如何运转，仍应当根据分则的具体规定来确定，并不能直接根据《刑诉法》第 15 条即推导出人民法院庭内协商合法化的结论。从法解释的角度讲，既然《刑诉法》已经通过分则明确了我国认罪认罚从宽采取的是庭外协商模式，那么，若法无明文规定则人民法院不宜介入协商过程，更不应脱离分则之具体规定，以《刑诉法》第 15 条为由另行创设庭内协商模式，否则即属违反程序法定原则。由此可见，前述观点主张以《刑诉法》总则第 15 条为庭内协商合法化的依据，完全是“牛头不对马嘴”，是对《刑诉法》第 15 条立法目的及其语义内涵的刻意歪曲，显属“曲意释法”之举。

况且，从法政策后果来看，一旦允许人民法院通过《刑诉法》第 15 条另行创设庭内协商模式，考虑到人民法院作为审判机关握有终局性量刑决定权，实践中被告方极有可能径直绕开人民检察院而选择与人民法院进行庭内协商，如此一来，将完全架空《刑诉法》分则明文规定的庭外协商模式，导致庭外协商模式的空转，则《刑诉法》分则所规定的关于庭外协商的诸多法条如第 201 条将被完全架空，成为“睡眠条款”。这显然又违反了立法者的原意。

其实，从更宽阔的比较法视野考察，立法上究竟是选择庭外协商还是庭内协商模式，各有利弊，完全是一个立法价值判断和选择的问题。例如，即使在普遍采用辩诉交易的美国，内部也有庭外协商与庭内协商之别。美国联邦刑事诉讼规则明文规定法官不得参与认罪协商，但有少数州为避免检察官独自裁量协商条件可能产生滥权，于是允许法官参与协商。然而实践效果表明，由于法官握有量刑决定权，被告为避免得罪法官，很难拒绝法官对协商条件的建议，而有被迫达成协议之嫌；而且，一旦协商不成，由于被告人在协商过程中对案情已经作过陈述及争执，法官也可能会形成部分心证，甚至先入为主、产生成见，这被认为将影响到法官审判时的公正角色。因此，法官参与协商的庭内协商模式为美国联邦及多数州所不采。[1] 由此可见，庭内协商模式的隐患和弊端更甚。虽然因为缺乏明确的立法理由书予以印证，但仍可合理地推测，我国《刑诉法》之所以采取庭外协商模式，而对庭内协商模式保持立法沉默，显然亦是经过审慎的甄别比较和价值权衡之后所作的一种刻意的立法选择。从这个意义上讲，立法或许本就无漏洞，又何须援引总则第 15 条来进行漏洞填充呢？

三、检察官量刑建议能否拘束人民法院

《刑诉法》第 201 条规定：“对于认罪认罚案件，人民法院依法作出判决时，一般应当采纳人民检察院指控的罪名和量刑建议，但有下列情形的除

---

〔1〕 吴巡龙：《刑事诉讼与证据法全集》，新学林出版股份有限公司 2008 年版，第 641 页。

外：（一）被告人的行为不构成犯罪或者不应当追究其刑事责任的；（二）被告人违背意愿认罪认罚的；（三）被告人否认指控的犯罪事实的；（四）起诉指控的罪名与审理认定的罪名不一致的；（五）其他可能影响公正审判的情形。人民法院经审理认为量刑建议明显不当，或者被告人、辩护人对量刑建议提出异议的，人民检察院可以调整量刑建议。人民检察院不调整量刑建议或者调整量刑建议后仍然明显不当的，人民法院应当依法作出判决。”由于该法条明确规定人民法院依法作出判决时，一般应当采纳人民检察院指控的罪名和量刑建议，由此产生了一个极具争议性的问题，即是否意味着在认罪认罚案件中检察机关的量刑建议具有约束法院的效力？对此，存在着针锋相对的两种观点。

一种观点认为，《刑诉法》第 201 条的法条用语和文字表述其实已经非常清楚，并无歧义，因为，该法条的表述是人民法院依法作出判决时，一般“应当”采纳人民检察院指控的罪名和量刑建议，立法在此的用语是“应当”，而按照“应当”一词在我国立法中的习惯用法，均指“义务”和“职责”，这意味着《刑诉法》第 201 条明确将“采纳人民检察院指控的罪名和量刑建议”创设为法院的一项职责和义务，属法院当为之举。反过来讲，既然法院有义务采纳人民检察院的量刑建议，那么，检察机关的量刑建议当然就具有了约束法院的效力。〔1〕虽然立法者在“应当”一词之前附加了“一般”一词用作状语，加以了某种限制，但联系该法条之上下文，此处的“一般”一语，显然应当解释为系针对后文五种例外情形而言，强调的是人民法院对于认罪认罚案件仍负有审查、监督之义务，虽然原则上应当采纳检察机关之量刑建议，但若符合法定五种例外情形，人民法院即可卸除该采纳（接受）义务而依法作出判决。因此，“一般”一词并未否定人民法院的采纳（接受）义务，但却为该义务开了一个“例外的口子”。据此，《刑诉法》第 201 条实际上同时赋予了人民法院两项义务：一是采纳即接受义务，二是审查、监督义务。这两项义务并行不悖，并在解释和适用上形成了原则与例外的关系，即对于人民检

〔1〕 参见闫召华：《论认罪认罚案件量刑建议的裁判制约力》，载《中国刑事法杂志》2020 年第 1 期。

察院的量刑建议，人民法院原则上受到约束而应当采纳，但在法定五种情形下则可例外地不受约束。

但另一种观点认为，虽然检察机关在认罪认罚从宽案件中提出的量刑建议，具有特殊的作用和意义，它是控辩双方就量刑问题协商后达成的“合意”，体现了代表国家的检察机关基于被告人的认罪认罚而在实体上作出量刑减让的一种承诺，承诺最重要的意义是被告人对认罪认罚后果能有合理的预期。因此，《刑诉法》第201条对量刑建议的效力规定为除法定情形外，人民法院“一般应当”采纳，这里的“一般应当”体现了对“合意”的尊重，但不是“照单全收”。因为，检察机关在认罪认罚从宽案件中提出的量刑建议，本质上仍属于请求权、求刑权的范畴，不是检察机关代为行使法院裁判权，最终对案件作出裁判的仍然是审判机关，因此，不能认为检察机关的量刑建议可以产生约束法院的效力。〔1〕

笔者赞成前述第一种观点，因为该观点对法条的解释，完全符合立法原意以及条文本身的语义。具体理由笔者不再赘述。但是，两种观点的分歧争议中，其实还隐含了一个重要问题，也跟本文的主题相关，实有必要单独予以阐明。具体而言，第二种观点之所以否定检察机关量刑建议的约束力，而是希望以人民法院“尊重”检察机关的量刑建议这一措辞来替代“约束”一语，其根本原因在于，担心“约束”或“效力”说一旦成立，可能冲击法院作为审判机关的地位，破坏法院依法独立行使审判权的原则，人为造成《刑诉法》分则与总则的冲突。因为，根据《刑诉法》总则第3条的规定，审判由人民法院负责。第5条又规定，人民法院依照法律规定独立行使审判权，不受行政机关、社会团体和个人的干涉。基于此，审判权由法院所独享，且依法独立行使。第二种观点所担心者，正在于若将《刑诉法》第201条解释为检察机关的量刑建议对法院具有约束力，则与该法总则的上述规定相矛盾和冲突，破坏了三机关分工负责、互相配合、互相制约的宪法和诉讼法原则。

对此，笔者认为，其一，《刑诉法》第201条之所以要赋予检察机关的量

〔1〕 胡云腾:《正确把握认罪认罚从宽 保证严格公正高效司法》，载《人民法院报》2019年10月24日，第5版。

刑建议对于人民法院的约束力，目的其实很明确，就是保障检察机关在协商程序中的权威性以及庭外协商程序本身的实效性。试想，若人民检察院经与被告人协商达成的量刑建议，不具有权威性（或如俗话谓：检察官说了不算、法官说了才算），那被告人缘何还要与检察机关进行协商？若控辩双方费时耗力达成的“合意”动辄被法官改判，那对参与协商的双方而言，又何必浪费时间、唇枪舌剑、锱铢必较。因此，唯有赋予检察机关量刑建议以约束力，方可真正解决控辩协商的权威性和实效性问题。那能否按照第二种观点的说法，采用“尊重”而非“约束”的方式解决该问题呢？显然不能，因为，我国属于成文法国家，事事皆应以法律条文为行为依据，根本无法按照美国司法实务中的辩诉交易模式操作，采取所谓法官“尊重”检察官量刑建议这种“潜规则”的方式解决这一问题。因而，《刑诉法》第 201 条明确赋予检察机关量刑建议以法定效力，实属不得已而为之，实属立法上选择采用庭外协商模式之无奈举措。〔1〕

其二，《刑诉法》在分则中赋予检察机关量刑建议对于法院的约束力，是否会与《刑诉法》总则规定的审判独立原则及三机关分工负责、配合制约等诉讼法原则之间存在差异、产生冲突。对此，笔者认为，从《刑诉法》的总则与分则的关系来看，虽然两者之间具有一般与特殊、抽象与具体的关系，故而《刑诉法》总则具有指导分则的作用和功能，分则也需要符合总则，并在解释适用时与总则相协调。但总则毕竟不可能将分则的全部内容纳入总则，作为具体或特别规定的分则，完全可能在总则要求之外另设特别或例外规定，因此，不能一味要求分则完全“符合”总则规定。〔2〕据此，刑诉法总则与分则之间固然可以形成一般与特殊的关系，但同样可能形成一般与例外的关系。例如，刑事诉讼奉行直接言词原则，被告人不到庭不得举行审判，但《刑诉法》第五编第三章却规定了缺席审判程序，允许在被告人不到庭的情况下举行审判，由此形成了规则与原则之间的一般与例外之关系。正基于此，笔者认为，

〔1〕对于立法上是否应当赋予检察机关量刑建议的法定效力，因为根本上涉及立法的价值合理性问题，本文对此不予置评。本文仅仅是站在法解释的角度评价该立法的技术合理性问题。

〔2〕张明楷：《刑法分则的解释原理（上）》（第二版），中国人民大学出版社 2011 年版，第109—110页。

《刑诉法》第 201 条即可视为基于特定立法价值取向而对总则内容的特别或例外规定，它与总则之间客观上所形成者，正是一般与例外之关系。

四、结　语

刑事诉讼法分则的适用，离不开总则的指导，已成共识，但总则对分则的指导，并非无条件的任意为之，总则更不是可随意打开分则之门的“万能钥匙”。总则适用于分则，其实有着严格的限制条件与规则：其一，需勘明分则是否确实存在条文歧义或法律漏洞，亟需援引总则辨明释义抑或填充漏洞。若分则条文清晰并无歧义，或者虽无明文，但却系立法者刻意保持“沉默”，则并无援引总则适用于分则之空间与余地。其二，尚需预判援引总则指导分则之适用，是否会造成分则具体规则间之价值冲突或程序冲突。其三，不能认为分则内容都必须与总则保持一致，特殊情况下，分则与总则会形成一般与例外的关系。此时，刑事诉讼法分则对总则形成所谓“隔绝”效应，总则完全不能适用于分则。行文至此，笔者概言，关于刑诉法总则与分则关系之解读，当为刑事诉讼法解释学运用之典范，若关于刑诉法总则与分则之关系，尚不能明确定位，又何论刑诉法解释学？！对此，治学者，不可不察！

案例研习

QT 金属公司设立案之请求权基础分析

——出资抗辩、债务移转与财产返还

严 城*

摘 要: 合伙合同是以经营共同事业为目的，而非以交换给付为目的，故以给付牵连关系为基础建构的同时履行抗辩权，之于合伙合同原则上应予限制适用。另公司设立协议就其法律属性，为公司章程的预约，因此，在公司设立阶段应区分设立合伙和设立中公司，而不能混为一谈，否则有违交易安全。就设立合伙阶段对外所生债务，除非通过相应法律行为移转给后成立的公司承担，各合伙人仍应对债权人负连带之责。

关键词: 公司设立　民事合伙　债务移转　返还请求权

案情简介

1月1日，A、B、C三人打算设立一家专营金属制品的普通合伙企业，并于该日签订企业设立协议。协议中拟定企业名称为“杭州市QT金属制品厂”，并约定:（1）A、B、C各出资50万元（分两期出资，每年须在1月31日前缴完25万元）;（2）A和B为事务执行人，在通常事项内皆可单独执行;（3）重大事项需全体一致决。次日，A先行出资了25万元，而B和C决定月底前缴完。

1月5日，A以上述企业名称租用Z所有的厂房作为生产经营用地，月租金为10万元。

1月15日，B也以该名称于家具商J处定制了一套总价为20万元的家具，并支付了1万元定金。

* 浙江财经大学法学院讲师。本文为国家社会科学基金“信息社会公司外显型要件的消解与法律应对研究”（20BFX124）的阶段性成果。

4 月 1 日，A、B、C 为降低创业风险，通过一致决议将原定的设立合伙企业计划变更为设立有限责任公司，但“QT 金属制品”的核心商号不变。次日，三人共同制定了公司章程，并向登记机关提交了公司名称核准申请书。

5 月 1 日，“杭州市 QT 金属制品有限公司”（以下简称 QT 公司）名称通过核准，A、B、C 于该日同步完成工商登记注册手续。

5 月 2 日，A 作为公司法人代表向 B、C 和自己作出声明：QT 公司认可 A 和 B 之前签订的所有交易。

问　题

问题一：1 月 31 日，B 正准备履行其出资义务时，得知 C 的资金周转出了困难。于是 B 向 C 主张，你不出资，我也不出资。可否？

问题二：J 想知道，其是否可以请求 QT 公司或者 A、B、C 支付剩余的 19 万元货款？

问题三：尽管 QT 公司按时向 Z 支付租金，但 Z 后来因其他事由想收回厂房。因此，Z 想知道，其是否可以请求 QT 公司返还其厂房。

解题结构

【问题一】B 的出资抗辩权

一、C 依据《民法典》第 968 条对 B 的出资请求权

二、请求权产生

三、请求权未消灭

四、请求权可行使

（一）同时履行抗辩权

1. 双务合同

2. 给付义务之间的牵连性

五、结论

【问题二】J 的尾款请求权

一、J 依据《民法典》第 782 条第 1 句对 QT 公司的请求权

（一）QT 公司为承揽合同的当事人

（二）债务移转

1. 自动移转给设立中公司以及 QT 公司

2. QT 公司的债务承担

3.QT 公司的债务加入

4. 合同权利义务的概括移转

二、J 依据《民法典》第 782 条第 1 句对 A、B、C 的请求权

三、结论

【问题三】Z 对于 QT 公司的厂房返还请求权

一、Z 依据《民法典》第 733 条的租赁物返还请求权

二、Z 依据《民法典》第 462 条第 1 款第 1 分句的占有返还请求权

三、Z 依据《民法典》第 235 条的原物返还请求权

（一）Z 的所有权

（二）QT 公司的现实占有

（三）无权占有

1. 基于 Z 和 QT 公司间的租赁合同产生的占有本权

2. 源自民事合伙的占有权源

四、结论

解　答

【问题一】B 的出资抗辩权

规定各自履行出资义务的基础是案涉企业设立协议。在杭州市 QT 金属制品厂这一普通合伙企业成立之前，此项协议性质上属于《民法典》第 967 条意义上的合伙合同。A、B、C 三人据此产生的是民事合伙关系。要审查合伙

人 B 是否有权向合伙人 C 作出出资抗辩，首先要查明的是，C 是否享有对 B 的出资请求权。倘若此项请求权不存在，则 B 对其的抗辩主张亦无从着落。由于《民法典》第 968 条规定了各合伙人的出资义务，据此至少可以将该条作为 C 对 B 的请求权基础。[1]

一、C 依据《民法典》第 968 条对 B 的出资请求权

C 可能依据《民法典》第 968 条向 B 请求履行第一期的 25 万元出资义务。此项请求权的成立，须以 A、B、C 三人缔结有效的合伙合同（企业设立协议）为前提。

二、请求权产生

依据《民法典》第 967 条的规定可知，合伙合同是两个以上合伙人为了共同的事业目的，订立的共享利益、共担风险的协议。合伙合同作为债务合同的一种，其成立须以当事人之间达成合意为前提。就本案言，合伙合同的必要条款均已具备，也即当事人 A、B、C 三方均已特定，合伙人皆负有促成共同目的的行为给付（如共同出资、共同经营、共担风险等），[2] 各合伙人的出资额亦具体明确，并且当事人之间明显对此已达成合意。该合意亦不存在违反《民法典》第 153 条的情形。因此，依据《民法典》第 502 条第 1 款前半句的规定可知，此项合伙合同自 1 月 1 日成立时即生效，也即 C 对 B 的出资请求权已经产生。

三、请求权未消灭

本案明显不存在任何导致已产生的出资请求权归于消灭的事由，因此，C 对 B 的出资请求权并未消灭。

四、请求权可行使

审查有无阻碍上述请求权得以执行的事由，也即查明请求权的相对人 C 是否对此项请求权的执行存在合法的抗辩权。案涉企业协议规定，合伙人每

---

〔1〕 合伙人基于合伙请求其他合伙人履行出资等义务，源自罗马法上的“合伙之诉”（actio pro socio），为后世各国所继受。

〔2〕 Palandt/ Sprau, 77. Auflage 2018，§ 705 Rn. 1. MüKoBGB/Ulmer/Schäfer，6. Auflage 2013，§ 705 Rn. 128ff.Staudinger/Stefan Habermeier，2003，§ 705 Rn. 1. 严城：《民法典合同编（草案）合伙合同的成功与不足》，载《法治研究》2019 年第 1 期，第 84—85 页。

年须在 1 月 31 日前缴完 25 万元出资。在截止日 1 月 31 日这天，C 因资金周转困难，不能如期出资。于是 B 向 C 主张，你不出资，我也不出资。据此，C 可能享有《民法典》第 525 条意义上的同时履行抗辩权。

（一）同时履行抗辩权

《民法典》第 525 条规定："当事人互负债务，没有先后履行顺序的，应当同时履行。一方在对方履行之前有权拒绝其履行请求。一方在对方履行债务不符合约定时，有权拒绝其相应的履行请求。" C 若享有同时履行抗辩权，则须满足相应的抗辩权构成要件，也即：（1）双务合同；（2）给付义务之间的牵连性；（3）双方债务均已届期；（4）双方债务并无履行顺序；（5）对方未履行或未全面履行债务；（6）请求权人须准备提出给付。

1. 双务合同

所谓双务合同，是指当事人一方负有给付义务，对方负有对待给付义务的合同，以买卖、租赁、承揽等为典型。依据《民法典》第 967 条和第 968 条可知，合伙合同是两个以上合伙人互约出资以实现共同事业目的的合同。就合伙人 A、B、C 互约出资而言，各自的出资义务具有对待性。故，该项合伙合同为双务合同。

2. 给付义务之间的牵连性

同时履行抗辩权的发生依据在于给付义务的牵连性（Synallagma），也即一方所负给付与对方所负对待给付互为前提，其目的在于使当事人之间进行给付交换，并将交换而得的利益归属于己。据此，同时履行抗辩权主要适用于给付交换型合同。

问题是，案涉合伙合同的内容是订立一个非指向给付利益交换，而是指向达成全体合伙人的共同目的，并且每个合伙人皆有义务推动此种目的实现的合同。也就是说，合伙合同的债务合同属性，虽然使得合伙人互负促成义务，并在彼此之间形成对价关系（Gegenseitigkeitsverhältnis），如各方合伙人的出资义务，但该合同并不同于以交换目的（Austauschzweck）与利益维护（Interessenwahrung）为基础建构的双务合同。[1] 合伙人之间并未产生诸如买

---

〔1〕 MüKoBGB/Ulmer/Schäfer, § 705 Rn. 162.

卖合同、租赁合同之类合同当事人间的给付牵连关系，也不产生一方意在以尽可能低的价格买进，而另一方意在以尽可能高的价格卖出这种利益对立关系，[1]而是各方当事人在促成共同目的上负有平行的协作义务。据此，同时履行抗辩权规则之于合伙合同的可适用性应当加以限制。[2]毕竟，各合伙人的出资给付义务，是为了全体合伙人促成共同目的事业的利益而设。因此，当一个或者数个合伙人不履行或不完全履行基于合伙合同所负的出资义务时，他方合伙人不得以此为由提出履行抗辩。

因该项要件不能满足，是故，同时履行抗辩权的其他要件不再审查。

五、结论

C 有权依据《民法典》第 968 条请求 B 向合伙履行 25 万元的出资义务，并且 B 不能以 C 的出资未履行为由予以抗辩。

【问题二】J 的尾款请求权

一、J 依据《民法典》第 782 条第 1 句对 QT 公司的请求权

首先需要明确的是，家具商 J 的请求权基础究竟是《民法典》第 626 条第 1 句意义上的买卖合同的价款请求权，还是《民法典》第 782 条第 1 句意义上的报酬请求权？依据《民法典》第 595 条和第 770 条有关买卖合同与承揽合同的定义可知，买卖合同和承揽合同在合同目的和履行方式上均有差异。承揽合同更强调承揽人工作上的独立性。承揽人须以自负其责的方式按照定作人的要求利用自己的专业设备、专有技术和劳务等制作工作成果。此外，该工作成果与标准化商品不同，通常并无行业标准或专业标准，仅需满足定作方标准即可。[3]客户要求家具商 J 按照其要求制作特定规格家具的合同，显然为承揽合同。故 J 可能依据《民法典》第 782 条第 1 句向 QT 公司请求

---

〔1〕 Wolfgang Fikentscher/Andreas Heinemannde，Schuldrecht：Allgemeiner und Besonderer Teil，11. Aufl. 2017，S.793. Medicus/Lorenz，Schuldrecht II：Besonderer Teil，17. Aufl. 2014，S.336.

〔2〕 MüKoBGB/Ulmer/Schäfer，§ 705 Rn.157. Medicus/Lorenz，Schuldrecht II：BT，S.335. 需注意的是，如果为二人型合伙等特殊情形，则解释上仍有同时履行抗辩权的适用空间，毕竟双方的不履行，直接导致合伙目的落空，并无继续推动共同目的的基础。对此可参见 Palandt BGB，Sprau § 705 Rn.13.

〔3〕 定制合同（Werklieferungsvertrag）实为《民法典》第 770 条第 2 款所列举的“定作”情形，另参见（2015）民申字第 1048 号。

支付 19 万元尾款。

此项请求权的成立，须以 J 和 QT 公司之间存在一项有效的合同为前提。问题是，该合同是否在 J 和 QT 公司之间达成？

（一）QT 公司为承揽合同的当事人

1 月 15 日，与家具商 J 签订合同的是 B，并且 B 是以“杭州市 QT 金属制品厂”的名义和 J 缔结合同。据此，交易相对人 J 已知合同相对人非 B 个人，而是“杭州市 QT 金属制品厂”这一普通合伙企业。问题是，缔约时“杭州市QT金属制品厂”这一企业名称尚未经过登记机关的核准登记，并且A、B、C 亦未向登记机关申请设立合伙企业，故 A、B、C 基于企业设立协议产生的并非商法上的普通合伙企业，是《民法典》第 967 条以下的民事合伙。因此，家具商 J 的真正合同相对人为由 A、B、C 所设的民事合伙，而非 QT 公司。毕竟，在 J 缔约时 QT 公司尚未设立，其无论如何不能自始成为案涉合同的当事人。〔1〕

但是，如果在承揽合同缔结时，双方已经约定：设立中公司，或者其后经登记成立的 QT 公司，为家具商 J 的合同相对人的，那么 QT 公司仍应解释为承揽合同的当事人。〔2〕问题是，即使 B 在缔约时明确表示以 QT 这一商号为法律行为，并且在缔约之初就意在表明将其后的设立中法人或者登记成立的公司法人作为合同的当事人，亦不能得出：QT 公司应当代替合伙的地位，并且后者不再受承揽合同的约束。因为事先和假想的 QT 公司〔3〕所为的合同缔结，尚不能推测出家具商 J 的意思，也即通过合同缔结，让担负无限责任的债务人（前述民事合伙）事后免于责任承担。据此，只要没有明确的协议，为保护债权人 J 的利益，在产生争议时不能作出 QT 公司自始为合同

〔1〕 可能会有观点主张：缔约主体并不存在，所以 J 和（A、B、C 所设的）民事合伙间的合同亦未成立。但此种观点不能成立，因为对于交易相对人而言，更加看重的是相对人的“实”，而非所使用的“名”；更因为无论是合伙企业，还是民事合伙，为保障债权人利益，在合伙财产不足以清偿债务人债务时，均需以合伙人的个人财产连带对债权人负责。

〔2〕 即使以尚不存在的企业的名义缔结的合同，亦不得自始就否定合同效力。毋宁说，解释上应考虑《民法典》第 171 条无权代理规则的相应适用。Vgl. K. Schmidt, GmbHR 1998, 613, 615. Christian Armbrüster, Fallsammlung zum Gesellschaftsrecht, 4. Aufl. 2018, S.36.

〔3〕 之所以是假想的 QT 公司，因为缔约时尚无设立有限公司的意图，仅在为设立杭州市 QT 金属制品厂这一合伙企业而行为。

当事人的解释。

基于此，1月15日与家具商J签订承揽合同的当事人是由A、B、C设立的民事合伙，而非QT公司，因此QT公司和家具商J之间并不存在一项有效的合同。

小结：J针对QT公司的请求权最初并不存在。

（二）债务移转

QT公司非承揽合同的当事人，但是基于承揽合同所生的合伙债务可通过债务移转的方式，由案外第三人QT公司来承担。

1. 自动移转给设立中公司以及QT公司

首先考虑的是，合伙债务可能依《民法典》第75条第1款，自动转移给（因4月2日初始公司章程的订立而产生的）设立中公司，然后再转移给注册设立的QT公司。《民法典》第75条第1款前半句规定："设立人为设立法人从事的民事活动，其法律后果由法人承受。"〔1〕据此可知，于法人设立阶段所生的债权债务，自动移转给其后成立的公司法人，也即通说所采的设立中公司与成立后公司为"同一体说"。此项债务自动移转法效果的适用前提是：设立人"为设立法人"从事民事活动。

问题是，设立人A和B对外缔结的合同，均发生在5月1日公司成立之前，是否可将这些合同解释为"为设立法人"所为的民事活动？从本案事实来看，A、B、C初始打算设立一家普通合伙企业，并为此对外缔结了案涉承揽合同和租赁合同。在这些合同缔结完之后，出于降低创业风险的考虑，两人一致决议不再继续创设合伙企业，而改设法人公司。据此，A和B对外缔结合同之时主观上尚不具备"为设立法人"这项要件。另从合同相对人所处的利益状况而言，亦不能解释为A和B的行为旨在"为设立法人"。因为合伙人A、B、C依据《民法典》第973条抑或《合伙企业法》第38条和第39条的规定，对债权人家具商J所负债务承担无限连带责任，倘若将此解释为设立中法人

〔1〕 就现行法上设立中公司的法律适用问题，笔者认为应优先适用《民法典》第75条，而非《公司法司法解释（三）》第2条至第5条的规定。其理由在于：就同一事项，《民法典》第75条意在修改《公司法司法解释（三）》的前述条款，将后者的以个人名义或设立中公司名义要件等简化为一项"为设立法人"的证明标准，自然应以新法为准。此项主张亦为《九民纪要》第3条所承认。

行为，担保债权人的责任财产将被限制在金额极小的 QT 公司注册资本（实为公司资产）上。此项解释显然有悖于债权人的本意，并且其所生风险为债权人所不可预见，有害于交易安全。

简言之，依据《民法典》第 75 条第 1 款，设立中公司和其后登记成立的公司为同一体，两者间的责任是连续的，设立中公司所生的债务也就是公司的债务。但是，该责任连续规则不适用于“设立中公司”产生前的“设立合伙”阶段。此种设立合伙性质上属于《民法典》第 967 条以下的民事合伙。该设立合伙的共同目的在于促成设立中公司，乃至法人型公司的有效创设，并在该公司法人成立后因目的实现而终止。据此，设立合伙（Vorgründungsgesellschaft）、设立中公司（Vorgesellschaft）和公司（Gesellschaft）三者并非同一体，应予严格区分。[1]故在设立中公司产生之时，民事合伙所生的债务不能自动过渡到这一阶段，[2]也即设立合伙阶段合伙人所生的个人无限责任不受影响。

小结：合伙债务不能依据《民法典》第 75 条第 1 款自动移转给设立中公司以及其后成立的 QT 公司，设立人 A、B、C 的个人责任仍然存在。

民事合伙的债务虽不能自动移转给其后成立的 QT 公司，但也有可能通过特定的法律行为予以移转。此类特定的法律行为主要是指《民法典》第 551 条意义上的债务承担、第 552 条意义上的债务加入以及第 555 条意义上的合同权利义务的概括移转等。

2.QT 公司的债务承担

《民法典》第 551 条规定：“债务人将债务的全部或者部分转移给第三人的，应当经债权人同意。债务人或者第三人可以催告债权人在合理期限内予以同意，债权人未作表示的，视为不同意。”此条是关于（免责的）债务承担的规定，也即一经债权人同意，可由第三人（如本案中的 QT 公司）单独承担原合同债务。同样，得产生此种免责的债务承担后果，须以具备债务承担要件为前提，

〔1〕 至于设立中合伙和设立中公司的边界在哪，限于篇幅，笔者将另文详加讨论。此处仅做提示性说明，也即预设立公司因企业设立协议的缔结而生，而设立中公司则因公司章程的缔结而生，企业设立协议不过是公司章程的预约。

〔2〕 BGH NJW-RR 2001, 1042, 1043.

也即当事人之间存在债务承担合同。[1]债务人或者第三人的单方意思表示不足以发生债务承担的效果。另，此项旨在处分债权人债权的行为，性质上属于处分行为，[2]依据《民法典》第551条可知，尚需具备债权人的同意，否则构成无权处分，对债权人不生效。

本案中，A代表QT公司对此前由A和B对外签订的所有交易，作出单方的债务承认，性质上属于债务人（A、B、C所设的民事合伙）和第三人QT公司（承担人）之间以口头方式签订的债务承担合同。由于债务承担合同的有效性取决于债权人J的同意。但J不仅事先并未同意此项债务承担，事后亦未作出任何追认行为。债权人的沉默，依据第551条第2款后半段的规定，应解释为不同意免除民事合伙的债务。因此，由A代表QT公司作出的单方追认，并不能将民事合伙的债务转移给QT公司。

小结：民事合伙的债务并未移转，设立人A、B、C的个人连带责任仍然存在。

3. QT公司的债务加入

虽不构成债务承担，但由A代表QT公司作出的“追认”亦有可能解释为QT公司向A、B、C的民事合伙作出的债务加入。法律行为上的债务加入，亦被学说称为“并存的债务承担”，其规定在《民法典》第552条，也即“第三人与债务人约定加入债务并通知债权人，或者第三人向债权人表示愿意加入债务，债权人未在合理期限内明确拒绝的，债权人可以请求第三人在其愿意承担的债务范围内和债务人承担连带债务”。据此，债务加入的结果不同于（免责的）债务承担，原债务人的债务并未免除，而是和承担人一起连带地负担同一内容的债务，性质上属于负担行为。[3]产生此种连带负责的法律后果，须以存在债务加入行为为要件。[4]第552条规定有两种债务加入，一为第三

---

〔1〕 学说和实务中发展出三种类型：（1）债权人和第三人的债务承担合同，（2）债务人与第三人的债务承担合同（无须债务人协助），以及（3）三方签署的债务承担合同。参见韩世远：《合同法总论》（第四版），法律出版社2018年版，第628页以下。

〔2〕 Brox/Walker, Allgemeines Schuldrecht, 31. Aufl. 2006, S.412.

〔3〕 韩世远：《合同法总论》（第四版），法律出版社2018年版，第633页。

〔4〕 学说和司法实务中，债务加入有四种类型，也即债权人与承担人缔结的债务加入、债务人和承担人缔结的债务加入、第三人的单方承诺以及三方协议。

人与债务人的债务加入合同，一为第三人加入债务的单方意思表示。无论是债务加入合同，还是第三人的债务加入表示，虽规定须通知债权人，但均不以债权人的同意为前提，因为债权人的法律地位因第三人的加入而变得更好，除非债权人对此明确拒绝。[1]

就本案而言，A、B、C 通过股东会决议，并由 A 代表 QT 公司作出的“追认”，意在消除 A 和 B 的任何个人责任，而非仅仅为 QT 公司确立额外责任。此种情形明显不符合债务加入的事实构成，亦有害于 QT 公司的资本维持，实为一种变相的抽逃资本行为。

小结：A、B 的民事合伙债务并未移转，仍由设立人 A、B、C 承担个人连带责任。

4. 合同权利义务的概括移转

合同权利义务的概括移转，亦被称为合同承受，为《民法典》第 555 条所规定，也即“当事人一方经对方同意，可以将自己在合同中的权利和义务一并转让给第三人”。其意在规定合同一方当事人将其全部的权利义务概括移转给第三人，由第三人完全取代其合同地位。其法律后果，依照《民法典》第 556 条规定，适用债权转让和债务转移的有关规定。所谓适用债权转让和债务转移的有关规定，是指涉及合同权利移转的，适用债权让与规定；涉及合同义务移转的，则适用债务承担规定。对本案而言，显然需要考虑的仅仅是后一种情形。如前所述，本案不满足债务承担的事实构成，因此亦不满足合同权利义务概括移转的事实构成。

小结：J 无权依据《民法典》第 782 条第 1 句请求 QT 公司向其支付 19 万元尾款。

二、J 依据《民法典》第 782 条第 1 句对 A、B、C 的请求权

和 J 缔约的相对人是 B，故需要考虑的是，J 应请求 B 个人，还是请求 A、B、C 三位合伙人一起履行合同债务。因 B 在缔约时非以个人名义行为，而是明确以“杭州市 QT 金属制品厂”的名义行为，故 J 应当明知其合同相对人并

〔1〕 Palandt/Grüneberg, Überbl. v. § 414 Rn. 2. Brox/Walker, Allgemeines Schuldrecht, 31. Aufl. 2006, S.412.

非B个人，而是金属制品厂。如前所述，因该厂尚未登记成立，并且缔约时的合同当事人实为由A、B、C设立的民事合伙，因此，J仍应向A、B、C请求支付合同尾款。该项请求权的成立，需以J和A、B、C的民事合伙（实为合伙人A、B、C）之间存在一项有效的合同为前提。

很明显，双方之间就合同当事人、合同标的（承揽合同）、标的物数量和价款等达成了合意，并且双方皆有相应的缔约能力。问题是，合伙人B以尚未经过登记机关核准登记的企业名称对外缔约，违反了《合伙企业法》第95条和《民法典》第153条第1款意义上的强制性规定，是否导致合同的无效？《合伙企业法》虽然对此问题未予规定，但此种利益状况和公司设立阶段所缔结合同的效力状况相似。以尚未设立的公司名义对外缔结合同，虽违反《公司法》第210条的规定，但依据《民法典》第75条以及《公司法司法解释（三）》前六条有关设立中公司的相关规定可知，公司设立阶段所缔结合同的效力不受该强制性规定的影响。《合伙企业法》第95条和《公司法》第210条之所以禁止未设立的商主体以其名义对外缔约，其规范目的在于督促企业实时登记公开，便于行政监管，而非否定设立阶段所缔结合同的效力。因此，J和A、B、C的民事合伙之间订有一项有效的承揽合同。

三、结论

J有权依据《民法典》第782条第1句结合第973条第1句，向A、B、C请求支付其19万尾款。

【问题三】Z对于QT公司的厂房返还请求权

一、Z依据《民法典》第733条的租赁物返还请求权

此项请求权的成立，须以Z和QT公司之间存在一项有效的租赁合同为前提。

基于前述同样的原因，与Z缔结租赁合同的当事人是A、B、C所设的民事合伙，而非后来登记成立的QT公司。此外，该合伙亦未能通过有效的法律行为，将其基于租赁合同所生的债务移转给QT公司，因此QT公司和Z之间

尚未成立一项有效的租赁合同。

小结：Z 无权依据《民法典》第 733 条向 QT 公司请求返还厂房。

二、Z 依据《民法典》第 462 条第 1 款第 1 分句的占有返还请求权[1]

《民法典》第 462 条第 1 款第 1 分句规定："占有的不动产或者动产被侵占的，占有人有权请求返还原物。"据此可知，该条规定的是占有返还请求权制度。通说认为，此项请求权的成立需具备其逐项成立要件。

《民法典》第 462 条第 1 款第 1 分句使用的措辞虽为"侵占"，但通说认为应将其理解为"侵夺"。所谓侵夺，是指非基于占有人的意思而排除其对物的事实上管领力，也即违背占有人的意思，以法律禁止的私力（durch verbotene Eigenmacht）剥夺占有人对某物的占有，并将其移转于自己的管领下。典型者，如抢夺或窃取他人动产，霸占他人房屋等。

就本案而言，由于 Z 与 A、B、C 所设的民事合伙签订了租赁合同，并基于合同将厂房移交给 A、B、C 后，该合伙对厂房取得的占有属于有权占有、直接占有和他主占有，而 Z 则仍然间接占有该厂房。其后该厂房为 QT 公司所占有。问题是，设立中公司乃至其后的 QT 公司占有该厂房，是基于 A、B、C 的意愿而生，而非通过法律禁止的暴力剥夺 Z 对厂房的占有。

因此，占有被侵夺这项要件不能满足，其他几项要件亦无须继续审查。

小结：Z 无权依据《民法典》第 462 条第 1 款第 1 分句向 QT 公司请求返还厂房。

三、Z 依据《民法典》第 235 条的原物返还请求权

Z 可能对 QT 公司享有《民法典》第 235 条意义上的厂房返还请求权。第 235 条规定："无权占有不动产或者动产的，权利人可以请求返还原物。"该条规定的是物权返还请求权（所有物返还请求权）。通说认为，此项请求权的成立需具备如下三项要件。

（一）Z 的所有权

作为所有权返还请求权的第一项要件，其要求请求权人须为标的物的所

---

〔1〕需要说明的是，第 462 条第 1 款第 1 分句的占有返还请求权与《民法典》第 235 条的原物返还请求权，在请求权审查顺序中处于同一位次。至于谁优先审查，并无固定顺序。

有权人。本案事实表明，Z 是厂房的所有权人，故该项要件满足。

（二）QT 公司的现实占有

此项要件的满足，须以原物尚存，并且为请求权的相对人仍然现实占有为前提。至于相对人的占有状态是直接占有还是间接占有，在所不问。但若他方占有之物已经灭失，则自无向对方请求返还原物的权利。本案中，QT 公司通过其机构（代表机关）对厂房施加事实上的管领力，也即直接占有该厂房，故该项要件亦满足。

（三）无权占有

第三项要件请求权的相对人为无权占有人，也即要求 QT 公司对其事实上管领的厂房并无占有的本权。为此接下来需审查，QT 公司是否对厂房构成无权占有。

1. 基于 Z 和 QT 公司间的租赁合同产生的占有本权

如前所述，因租赁合同仅在出租人 Z 和（由 A、B、C 所设的）民事合伙之间订立，并且合伙人 A、B、C 作为合同当事人的地位，并未移转给设立中公司以及其后登记成立的 QT 公司，据此 QT 公司不能直接从租赁合同中获得对厂房的占有权利。

2. 源自民事合伙的占有权源

仅民事合伙（承租人）有权直接从租赁合同中获得占有的本权。此种占有实为各合伙人对该厂房构成共同共有关系意义上的共同占有。但是，作为与租赁合同目的相对应的一种使用转移形式，解释上存在如下可能：合伙人意在将厂房转让给后续设立的企业（不管是原计划创设的商事合伙，还是依据新计划改设的 QT 公司）占有，从而使之后成立的 QT 公司从前手占有人处获得（源自租赁合同的）占有权。

此项推论可从 Z 将其厂房出租给民事合伙这一事实得到支持。由于厂房出租的目的在于使承租人借此从事金属制品的生产经营业务，当 Z 基于合同原意把厂房移交给合伙人 A、B、C 共同占有，那么关于使用租赁物的决定权就只能为 A、B、C 享有。只要 A、B、C 仍为继续推动营业经营目的而行为，那么仅因合伙人为降低经营风险而改设为有限责任公司这一事实，不足以否定上述合同解释。[1]据此，经济意义上的租赁物使用权就只能为如下之人所设，也即依据合同目的租赁物应归其使用之人，[2]也即将租赁物的使用权转让给 QT 公司，究其本质涉及的是合乎合同目的的使用权转让。故，后手占有人 QT 公司对案涉厂房的占有为有权占有。

小结：Z 无权依据《民法典》第 235 条向 QT 公司请求返还厂房。

四、结论

Z 无权向 QT 公司请求返还厂房。

〔1〕 Vgl. BGH NJW 1955, 1066.

〔2〕 Vgl. K. Schmidt, GmbHR 1998, 613, 615. Christian Armbrüster, Fallsammlung zum Gesellschaftsrecht, 4. Aufl. 2018, S.42.

级别管辖案例分析

陈杭平 *

摘　要：级别管辖是我国特有的一项民事诉讼管辖制度。本文通过一则案例，围绕级别管辖与管辖恒定原则的关系、确定级别管辖的标准以及级别管辖移送错误的救济三个焦点问题展开分析，探索实务难点问题的解决。与此同时，也对我国级别管辖规则的刚性化进行必要的反思。

关键词：级别管辖　管辖恒定原则　诉讼标的额　移送管辖

引　言

级别管辖可谓我国特有的一项民事管辖制度。在比较法的视野下，与我国级别管辖较相似的是大陆法系的“事物管辖”，即以案件（事物）的性质为基准确定管辖，一般按照诉讼标的额来划分。但须注意的是，事物管辖在日本主要存在于简易裁判所与地方裁判所之间，在德国主要存在于初等法院（区法院）与州法院之间。[1] 大致上，前一种类型法院适用简便快捷的程序解决小额民事纠纷。如在日本简易裁判所的法官可以由非通过司法考试的“法曹”担任，在德国区法院不实行律师强制代理制度，当事人可以较多地求助于法院进行诉讼。概言之，事物管辖是在不同类型法院之间划分管辖权，大致相当于英美法系下有限管辖权法院（limited jurisdiction courts）与一般管辖权法院（general jurisdiction courts）之间的管辖权划分。[2] 我国四级法院具有同质性和同构性，且由于我国现行法院体系中不存在职能（审级）管辖的区分，

* 清华大法学院副教授，法学博士。

〔1〕 日本诉讼标的额少于 140 万日元的民事案件由简易裁判所管辖；德国诉讼标的额少于 5000 欧元的民事案件由初等法院管辖。

〔2〕 当然，在日本例外情况下高等裁判所也会成为第一审法院，主要是适用《公职选举法》第 203、204 条的公法案件。参见［日］伊藤真：《民事诉讼法》，曹云吉译，北京大学出版社 2019 年版，第 47 页。

四级法院均可受理第一审民事案件。〔1〕因此，级别管辖与事物管辖之间存在明显区别。

在经济体制改革之前，我国确定民事级别管辖的标准较为多元，也比较混乱。原则上，根据诉讼主体的不同情况划分。凡是发生在公民之间的民事纠纷都由基层人民法院管辖，机关、企业之间，及其与集体组织和个人之间发生的民事纠纷归中级或高级人民法院管辖；普通公民之间发生的民事纠纷由基层人民法院管辖，具有一定政治身份、社会地位和职务的人（如一定级别的干部、社会知名人士、外侨和华侨）发生的民事纠纷由中级或高级人民法院管辖。〔2〕因此，这一阶段的级别管辖划分具有“身份化”特征。

自 1982 年《民事诉讼法（试行）》颁布施行以来，级别管辖一方面与当事人的身份地位脱钩，从而有利于保障法律面前人人平等；另一方面立法在事实上将划分的权力委托给了法院，由其进行主观判断。从《民事诉讼法（试行）》的表述来看，最高人民法院认为应当由本院审理的案件及在全国有重大影响的案件、高级人民法院及中级人民法院认为在本辖区有重大影响的案件，均主要取决于其有无受理的意愿。因此，这一阶段的级别管辖划分具有“主观化”特征。

到了 20 世纪 90 年代初，地方各级法院受司法经费不足困扰，产生了“多办案，多收费”趋利动机。在某种意义上，级别管辖标准的主观性为不同层级法院“创收”提供了便利。为了使确定级别管辖相对客观、易于判断，当时的理论界与司法界均主张以诉讼标的金额为主要标准。〔3〕在此背景下，1992 年实施的《最高人民法院关于适用〈中华人民共和国民事诉讼法〉若干问题的意见》（以下简称《民诉法意见》）第 3 条规定，各省级高院可以“从本地实际情况出发，根据案情繁简、诉讼标的金额大小、在当地的影响等情况，对本辖区内一审案件的级别管辖提出意见，报最高人民法院批准”。

---

〔1〕 在域外，由有限管辖权法院与一般管辖权法院行使初审或第一审管辖权，而更高等级的法院原则上仅具有上诉管辖权，并不受理第一审案件。当然，针对有限管辖权法院审理案件的上诉，通常由一般管辖权法院管辖。

〔2〕 参见常怡主编：《新中国民事诉讼法学研究综述（1949—1989）》，长春出版社 1991 年版，第 60 页。

〔3〕 参见肖建国：《民事诉讼级别管辖制度的重构》，载《法律适用》2007 年第 6 期，第 9 页。

此后，级别管辖标准逐渐向诉讼标的金额收敛。最高人民法院先对各高级人民法院关于级别管辖的请示逐一进行批复，从 2008 年开始集中调整各高级人民法院和中级人民法院级别管辖的标准。除了少许例外，这些规范文件都以诉讼标的金额为主要根据。[1]因此，现阶段的级别管辖划分标准具有“数额化”特征。

按照诉讼标的金额划分级别管辖，虽然具有容易识别、易于判断的优点，但在程序设置、法官构成（人力资源）等方面并无实质差别的不同层级法院之间，仅按照当事人所主张的请求数额划分管辖权限，总给人一种只是为了方便法院内部事务管理的感觉。对公众或社会而言，其正当性并不充分。[2]尤其是现阶段法院所需司法经费已基本由中央及地方政府足额保障，在诉讼收费上严格贯彻“收支两条线”，各级法院不再有动力为了多创收而争管辖、多办案，严格根据诉讼标的金额确定级别管辖似无必要。就此而言，立法者在《民事诉讼法》多个条文中将级别管辖与专属管辖相提并论（如第 34 条、第 127 条），规定协议管辖和应诉管辖不得违反级别管辖，显得多此一举。事实上，在域外，按道理更具刚性的事物管辖与专属管辖大相径庭，既可以通过当事人合意或应诉予以变更，法院也拥有裁量调整的余地。如在日本，事物管辖可依当事人的诉讼行为即当事人间的合意或被告的应诉而变更；日本《民事诉讼法》第 16 条第 2 项规定“属于简易裁判所事物管辖的案件也可由地方裁判所行使管辖权”；第 18 条规定“简易裁判所可依裁量，将自己受理并具有管辖权的案件移至地方裁判所”。[3]因此，我国有关级别管辖专属化、强制化的规定值得商榷。

---

〔1〕 主要包括《最高人民法院关于调整高级人民法院和中级人民法院管辖第一审民商事案件标准的通知》（法发〔2008〕10 号）；《最高人民法院关于调整高级人民法院和中级人民法院管辖第一审民商事案件标准的通知》（法发〔2015〕7 号）；《最高人民法院关于调整部分高级人民法院和中级人民法院管辖第一审民商事案件标准的通知》（法发〔2018〕13 号）；《最高人民法院关于调整高级人民法院和中级人民法院管辖第一审民事案件标准的通知》（法发〔2019〕14 号）。

〔2〕 以“诉讼标的额”划分级别管辖的利弊，参见王福华、张士利：《民事诉讼管辖基本问题研究》，载《上海交通大学学报（哲学社会科学版）》2005 年第 5 期，第 21 页；单国军：《以诉讼标的额为基本标准确定民事案件级别管辖的适用与完善》，载《法律适用》2007 年第 6 期，第 20 页。

〔3〕 参见［日］伊藤真：《民事诉讼法》，曹云吉译，北京大学出版社 2019 年版，第 47 页；［日］新堂幸司：《新民事诉讼法》，林剑锋译，法律出版社 2008 年版，第 71 页。

一、案　情

X 公司与 N 公司、D 公司签订不动产转让协议，约定的价款为 1.5 亿元。X 公司向深圳中院起诉，请求确认其与 N 公司、D 公司的转让协议有效；判令两被告将两处不动产 50% 的物权过户到其名下；N 公司偿还两处不动产 50% 的租金及利息，承担法院查封不动产造成的损失等共计 1.12 亿元。诉讼中，X 公司提出管辖权异议，并经过对起诉状的多次修改补充，增加赔偿间接损失 3.8 亿元等请求，将标的金额提高至 5 亿多元。深圳中院[1]裁定将案件移送广东省高院管辖。N 公司反诉请求解除该转让协议。

D 公司向广东省高院提出管辖权异议，主张根据管辖恒定原则及最高院《关于执行级别管辖规定几个问题的批复》第 2 条的规定，本案应由深圳中院管辖。X 公司答辩称，其在深圳中院审理过程中，发现办案法官明显偏袒对方，特意增加诉讼请求，规避级别管辖；增加的请求数额有理有据，部分暂时没有提供证据的，不等于庭审时没有。广东省高院认为，X 公司自认其为了规避级别管辖，虚增诉讼标的额，有违民事诉讼诚信原则，且该转让协议约定的价款未达到本院级别管辖标准，遂一并驳回起诉与反诉。

X 公司向最高院提起上诉，主张根据《最高人民法院关于适用〈中华人民共和国民事诉讼法〉的解释》（以下简称《民诉法解释》）第 39 条第 1 款，管辖恒定原则不得违反级别管辖、专属管辖，其增加诉讼请求数额后，本案标的额已超过深圳中院的级别管辖标准，应当予以调整。最高院认为，法院在立案受理阶段，对于确有证据证明当事人恶意虚构诉讼请求数额，规避级别管辖的，应当予以适当规制。本案中深圳中院仅以原告请求数额超过其级别管辖范围为由，将案件移送广东省高院管辖，依据不足。广东省高院裁定驳回起诉有误。最高院裁定撤销两级法院的裁定，指令深圳中院审理。[2]

---

〔1〕 根据法发〔2015〕7 号，深圳中院级别管辖上限为 5 亿元。
〔2〕（2018）最高法民终 1174 号。

二、争议焦点

本案以级别管辖为中心，涉及以下争议焦点：

（一）原告增加诉讼请求数额，超过受诉法院的级别管辖标准，是否构成管辖恒定原则的例外？

（二）如何确定作为划分级别管辖标准的“诉讼标的额”？

（三）级别管辖移送错误的，在程序上应如何处理？

三、争议焦点的展开

本案还涉及原告是否有权提出管辖权异议。理论上，原告在诉讼中想要改变管辖法院的，可以撤回起诉后向有关法院另行起诉，而不能向其选择起诉的法院提出管辖权异议，否则有违反禁反言原则之嫌。尽管这样可能增加其诉讼成本（撤诉仍需交纳一半的诉讼费），但不妨说这是其为先前不慎重、不正确的选择所付出的代价。以下围绕三个争议焦点展开分析。

（一）原告增加诉讼请求金额，超过受诉法院的级别管辖标准，是否构成管辖恒定原则的例外？

所谓管辖恒定，是指受诉法院对案件在标准时上具有管辖权的，不因管辖原因的变更而丧失；受诉法院虽在标准时上没有管辖权，但诉讼中因情势变更又具有管辖权的，溯及标准时有之。之所以要确立管辖恒定原则，乃是为了避免案件管辖一再调整，同一案件在不同法院重复进行诉讼，造成当事人诉讼成本及法院司法资源的无谓浪费。故为了尽可能维护程序的安定性、诉讼的经济性，理论上将管辖恒定视作一项程序原则而非例外。

管辖原因包括主观和客观两个方面。其中，主观原因是指当事人单方或双方作出的影响法院管辖的意思表示，包括诉讼请求的提出（种类、金额等）、被告的选择、诉前管辖协议、立案后应诉承认管辖等；客观原因包括当事人的住所地（经常居住地）、行政区划等法律事实。根据管辖恒定原则，除非法律或司法解释另有规定，或法理上须另做处理，否则诉讼中不再因主观或客观原因的变动而改变同一诉讼的管辖法院。不予改变的既包括横向的地域管辖，也包括纵向的级别管辖。

遗憾的是，我国有关管辖恒定的规定一直存在局限性。1991 年《民事诉讼法》及历次修订均未确立管辖恒定原则，有关管辖恒定的内容散见于不同的司法解释。1992 年《民诉法意见》第 34 条、第 35 条分别规定了地域管辖恒定和再审、发回重审程序中的管辖恒定；1996 年《最高人民法院关于执行级别管辖规定几个问题的批复》（法复〔1996〕5 号，以下简称《级别管辖批复》）第 2 条首次规定了级别管辖恒定；《关于审理民事级别管辖异议案件若干问题的规定》（法释〔2009〕17 号，以下简称《级别管辖异议规定》）第 3 条又有所调整；2015 年《民诉法解释》则在第 37 条、第 38 条及第 39 条中予以规定。大致上说，我国有关管辖恒定的司法解释杂乱斑驳，不仅相互间不乏矛盾抵触之处，而且也不符合管辖恒定作为原则的精神和地位。

从最新的司法解释来看，《民诉法解释》第 37 条、第 38 条沿袭了《民诉法意见》，规定案件受理（立案）后，当事人住所地、经常居住地或行政区域的变更不影响受诉法院的管辖权。须注意的是，在域外一般以原告起诉为管辖恒定的标准时，我国略有变通，司法解释以受理时为标准时。[1] 另外，这两条均指向客观原因变更，而未包含主观原因的变更。《民诉法解释》新增第 39 条才部分地将“当事人提起反诉、增加或者变更诉讼请求”的主观原因涵盖在内。[2] 该条一方面弥补了主观原因变更的缺失，从而与前两条共同构成我国管辖恒定的基本制度轮廓；另一方面设立了除外规定，从而构成解释论上的一大难题。关于原告增加诉讼请求，超过受诉法院的级别管辖标准，是否构成管辖恒定原则的例外，在相当程度上就取决于对该条除外规定的解释。

《民诉法解释》第 39 条规定：“人民法院对管辖异议审查后确定有管辖权的，不因当事人提起反诉、增加或者变更诉讼请求等改变管辖，但违反级别

---

〔1〕 日本《民事诉讼法》第 15 条规定，法院的管辖权在起诉时确定，也就是原告向法院提交诉状或口头陈述起诉完毕之时。德国《民事诉讼法》第 261 条第 1 款规定，诉讼于起诉时发生诉讼系属；第 3 款第 2 项规定，受诉法院的管辖权不因管辖原因的变动而受影响。

〔2〕 当然，该条未穷尽主观原因的可能变更情形。诸如原告申请变更被告（但不变更诉讼请求，即单纯的主观变更）、选择向另一有管辖权的法院起诉、被告否认应诉管辖、双方约定解除管辖协议等，究竟适用第 39 条还是参照第 37、38 条，仍构成解释论上的一个难题。

管辖、专属管辖规定的除外。”首先，该条所规定的管辖恒定具有前置条件，即“对管辖异议审查后确定有管辖权”。这指的是一方当事人在法定期间内提出管辖权异议，法院经审查作出驳回异议的裁定，异议人逾期未上诉或者上诉后二审维持一审裁定，或者一审法院作出的移送裁定经被异议人上诉而被二审撤销，从而受诉法院的管辖权获得生效裁判的“确定”。在狭义上，具备该条件才发生本条所规定之管辖恒定的效力。其次，在文义上，“提起反诉、增加或者变更诉讼请求”处于同一层面，均指的是诉讼请求“质”的增加或变更，也即诉讼标的的增加或变更，而非诉讼请求“量”的增加或减少。因此，凡是在同一诉讼标的下的具体请求及标的金额的改变，不属于本条的涵摄范围。最后，“违反级别管辖……规定的除外”，从字面含义看，只要当事人提起反诉或增加、变更诉讼请求超过或者未达受诉法院级别管辖标准的，均应当依异议或依职权移送管辖。由此很容易得出级别管辖构成管辖恒定原则之例外的结论。但这无疑是一种误解。

如前所述，受诉法院对案件在标准时上有管辖权的，不再因为管辖原因的嗣后变更而丧失管辖权。例如，诉讼中增加或减少共同被告、无独立请求权第三人、诉讼请求金额（“量”的改变），均属其中。但当事人变更、增加诉讼请求或提出反诉，是否还处于管辖恒定效力范围内，理论上有争议。有人也许会主张，当事人通过变更或增加诉讼请求，实际上是提出了新的诉讼或案件，对方当事人具有答辩及提出管辖异议的权利，法院也应重新斟酌对新诉的管辖权。这种观点违反管辖恒定原则，并不可取。而出现这种观点的主要原因在于我国民诉法及理论上均未对变更诉讼请求的要件作出规定。

在域外，如日本《民事诉讼法》第 143 条第 1 款规定，原告仅能在未变更请求基础的限度内变更诉。在学理上，请求基础未变更（请求基础“同一性”）不仅是指原请求与新请求发生于同一生活事实，而且包括发生于密切相关的其他生活事实的情形。从审理内容来看，这一点又可称为“主要事实与主要争点共通”或“事实资料的一体性”。[1] 由此期待原请求的诉讼资料或证据资

〔1〕 参见［日］伊藤真：《民事诉讼法》，曹云吉译，北京大学出版社 2019 年版，第 421 页。

料可被用于新请求的审理。当然，同一性要件主要为被告利益而设，如果被告同意，即使欠缺该要件仍允许诉的变更。德国《民事诉讼法》第263条规定，除被告同意外，只有法院认为具有适当性或有用性（Sachdienlichkeit），才允许诉的变更。在学理上，所谓适当性或有用性指的是可以利用既有的诉讼资料审理新请求，从而在系属的诉讼范围内解决当事人之间的争议，避免可预见的另一个诉讼之发生。如果我国从法条、判例及学理上也对诉的变更作此限定，则对具有合法性的诉之变更，均无需再对管辖权进行审查判断，一律适用管辖恒定原则。如果原告申请变更的请求超越“同一性”或“适当性”的范围，受诉法院不准许变更，告知其撤回原诉，向有管辖权的法院另行起诉即可。另外，增加诉讼请求适用牵连管辖，无需再考虑新增请求的管辖问题。而根据《民诉法解释》第223条第2款的规定，被告未提出管辖异议而提起反诉的，可以认定为应诉答辩，成立应诉管辖。

事实上，1996年的《级别管辖批复》第2条曾规定：“当事人在诉讼中增加诉讼请求从而加大诉讼标的额，致使诉讼标的额超过受诉法院级别管辖权限的，一般不再予以变动。但是当事人故意规避有关级别管辖等规定的除外。”换言之，在诉讼中，当事人在同一诉讼标的范围内增加诉讼请求，致使标的金额超过受诉法院级别管辖标准，原则上不再调整管辖；例外是当事人出于控制审理法院级别的目的，故意在起诉时减少诉讼请求并在诉讼中增加，致使标的金额超过受诉法院级别管辖标准，对此应改变管辖法院。换言之，原告在诉讼中恢复了本欲提出的诉讼请求金额。这与本案所涉及的在诉讼中涉嫌虚增诉讼请求数额正好相反。

因该条规定在表面上与《民诉法解释》第39条直接抵触，故最高人民法院出版的释义书直截了当地宣布：该批复中上述规定内容与第39条冲突，不再适用。该释义书仅表达了撰写者的一种观点，但自2021年1月1日起《级别管辖批复》被废止。[1]然而，《级别管辖批复》第2条规定更符合级别管辖恒定原则，其理念值得延续。

---

〔1〕《最高人民法院关于废止部分司法解释及相关规范性文件的决定》（法释［2020］16号）第90项。

2009 年《级别管辖异议规定》第 3 条规定："提交答辩状期间届满后，原告增加诉讼请求金额致使案件标的额超过受诉人民法院级别管辖标准，被告提出管辖权异议，请求由上级人民法院管辖的，人民法院应当按照本规定第一条审查并作出裁定。"本条乍一看令人心生疑惑：既然原则上不再变动级别管辖，为何又规定法院应当审查并作出裁定呢？是否意味着级别管辖恒定原则被推翻了呢？但细加考察，该条旨在防止原告利用答辩期间与法庭辩论结束前的时间差，故意在前者届满之后才增加诉讼请求，故将答辩期间与管辖异议期间相分离，赋予被告再次提起管辖异议的资格。该条适用的前提是级别管辖未经法院裁定或因被告应诉答辩而确定，因而与级别管辖恒定无关。事实上，该条并未明言在此情形下法院应当裁定移送上级人民法院管辖。受诉法院除非发现原告故意规避级别管辖，否则应当裁定驳回被告的异议，由此贯彻级别管辖恒定原则。

综上所述，当事人在诉讼中合法地增加、变更诉讼请求，符合"同一性"或"适当性"的要求，即使致使诉讼请求金额超过或未达受诉法院的级别管辖标准，原则上也不再改变级别管辖。例外是，被告提出管辖异议且提出证据表明原告存在规避级别管辖的故意，除非原告能提出表面真实的证据阐明自己没有该种故意（即由原告对该程序事实承担阐明责任），法院应当裁定移送管辖。

具体到本案，原告出于改变级别管辖的目的，在诉讼中变更、增加诉讼请求及金额，但并未超出"同一性"或"适当性"的范围，请求法院裁判的客体仍是各方当事人之间就特定不动产转让协议产生的纠纷。根据上文的分析，应适用级别管辖恒定原则，深圳中院裁定移送有误。最高人民法院指令深圳中院审理的裁判结果无疑是正确的。

综上所述，级别管辖恒定与否大致呈现以下一幅图景：

表 1 级别管辖恒定与否的情形

前置程序	诉讼请求	适用法规范	地域管辖	级别管辖
已确定有管辖权	“质”的变更或追加	《民诉法解释》第 39 条	恒定	恒定（例外是当事人故意规避级别管辖等规定）
	“量”的增加或减少		恒定	恒定
未确定有管辖权	“质”的变更或追加		不恒定	不恒定
	“量”的增加或减少		恒定	恒定

当然，表中所显示的“不恒定”不代表受诉法院一律应当裁定移送管辖。一方面，诉讼程序的进行意味着当事人诉讼成本与法院司法资源的耗费；另一方面，移送管辖只在不同地域或层级法院之间进行，我国是单一制国家且法院具有同构性、同质性（专门管辖法院除外），移送管辖不具备宪法上的强制性，制度收益较为有限。因此，诉讼程序一旦进展到某个阶段，考虑到成本与收益，应由受诉法院继续进行审判。原则上，以开庭审理为标准时，在此之前凡管辖不恒定的，均可裁定移送管辖；在此之后看违反的是专属管辖还是任意管辖，只有违反前者才应裁定移送。

（二）如何确定作为划分级别管辖标准的“诉讼标的额”？

本案受移送的广东省高院认为，案涉转让协议约定的价款未达到该院级别管辖标准，且原告自认为了规避级别管辖而在诉讼中虚增诉讼请求，移送管辖有误。如果将原告自认故意规避级别管辖规定这一罕见情形暂时搁置，从该裁判理由中可以引申出一个一般性问题：级别管辖以诉讼标的额作为划分标准，那么如何确定诉讼标的额？

本案为给付之诉，原告主要的诉讼请求包括被告履行不动产转让协议及赔偿因迟延履行给其造成的损失（迟延履行期间的不动产租金、利息、直接损失及间接损失）。对于有明确请求金额的给付之诉，实践中法院均以原告主张的具体金额确定级别管辖。例如，《级别管辖批复》第 1 条规定：“在当事人双方或一方全部没有履行合同义务的情况下，发生纠纷起诉至法院的，如当事人在诉讼请求中明确要求全部履行合同的，应以合同总金额加上其他请求额作为诉讼标的额，并据以确定级别管辖；如当事人在诉讼请求中要求解除合同的，应以其具体的诉讼请求数额来确定诉讼标的额，并据以确定级别管辖。”《民诉法解释》第 201 条规定：“既有财产性诉讼请求，又有非财产性诉讼请求的，按照财产性诉讼请求的标准交纳诉讼费。有多个财产性诉讼请求的，合并计算交纳诉讼费；诉讼请求中有多个非财产性诉讼请求的，按一件交纳诉讼费。”本案中，原告除了请求被告履行合同义务，即将系争不动产的所有权转移登记至其名下，还请求赔偿因迟延履行给其造成的直接及间接损失。按照这两个条文的规定，“应以合同总金额加上其他请求额作为诉讼标的额”或者“合并计算”来确定级别管辖，而不受合同约定价款的限制。广东省高院认为协议约定的价款仅 1.5 亿元，未达到该院级别管辖标准（5 亿元），理由并不成立。

有争议的是，诉讼请求金额可否任由当事人主张而不受任何约束？在理论上，诉讼请求的对象、客体、趣旨及金额均属于当事人处分权的范围。当事人向谁请求什么、请求多少由自主意思决定。实践中不排除当事人为了规避级别管辖，在起诉时或诉讼中虚增诉讼请求金额，但由于我国按诉讼请求金额或价额计算受理费，这相当于当事人以自负成本的方式选择级别管辖法院，并非不能允许。在立案登记制下，法院不得在立案受理阶段对诉讼请求有无理由、是否成立进行实质审查。而在管辖权争议阶段，法院应综合双方的事实陈述、证据提出等进行斟酌，但仍应恪守程序性审查的基本立场，避免在缺乏充分程序保障的情况下对案件做出实体审理，既浪费司法资源，又有对当事人进行诉讼突袭之嫌。故只要原告围绕诉讼请求提出相应的证据，就应按照原告主张的诉讼请求金额确定级别管辖。至于原告提出的证据是否真实、合法，与待证事实之间是否具有关联性，是否具备足够的证明力，能否支持其诉讼请求，这些均有待实体审理阶段再行争议及判断，而不应在管辖权异议审查阶段展开。最高人民法院在多份裁定书中认为，在立案阶段按照诉讼请求金额判断级别管辖时，原告只需提出必要证据，至于诉讼请求能否成立，需经开庭审理后方能确定。[1]

---

〔1〕（2013）最高法民一终字第 3 号；（2019）最高法民辖终 191 号；等等。

当然，作为例外，如满足下列条件，法院可以根据被告的级别管辖权异议，裁定移送：其一，原告针对其诉讼请求金额未能履行主张责任，既未说明标的金额的事实理由，也没有提出必要的证据且没理由相信其能提出。换言之，通过外观即可判断原告的诉讼请求金额难以成立。其二，被告说明事实理由并提供了相反的证据，大致能表明原告虚增诉讼请求金额，对此原告未能“自证清白”，或者原告承认存在故意规避级别管辖之事实。本案中，最高人民法院就认为：“人民法院在立案受理阶段对于当事人诉讼请求的金额虽然一般仅作形式审查，并据以确定案件级别管辖，但是对于确有证据证明恶意虚构诉讼请求数额以规避级别管辖的行为，亦应结合具体情况予以适当规制。”

除给付之诉之外，确认之诉与形成之诉的诉讼标的额如何确定也可能发生争议。以解除合同为例，当诉讼请求包含解除合同项时，各地法院收取受理费及确定级别管辖的标准并不统一，有的按合同标的额计算，有的按诉请返还的标的额计算，还有的按件计算。最高人民法院在2010年《对8项网民意见建议的回复意见》中称：“关于仅以解除合同为诉讼标的，不涉及争议金额的诉讼费收取不一的问题。根据《诉讼费用交纳办法》及其相关规定，仅以解除合同为诉讼标的，不涉及争议金额或者价款的，应当按件收费。”不过该“回复”可以视作最高人民法院出于担心“乱收费”的批评而作出的表态，法律地位暧昧不清，且最高人民法院的立场似乎已经发生改变。如（2019）最高法民辖终85号裁定书明确指出，“无论是上诉人要求解除合同的诉讼请求，还是被上诉人要求继续履行合同的诉讼请求，均应视为对合同内容相关财产的处分，属于财产性诉求，应以合同金额确定案件标的额”。[1]北京市高级人民法院《关于规范合同纠纷级别管辖及案件受理费问题的意见》（京高法发〔2014〕450号）第2条前段规定的“当事人的诉讼请求仅为确认合同效力、继续履行合同或者变更、解除、撤销合同的，应以合同标的总额作为诉讼请求标的额，据以确定级别管辖并收取案件受理费”也可资参考。级别管辖与诉讼收费一样主要依据诉讼请求金额予以确定，二者理应保持一致。

〔1〕将解除合同视为财产性诉讼请求，已是最高院相关部门的基本共识。

根据当下实务界的主流观点，将确认合同效力、继续履行合同或者变更、解除、撤销合同等视作财产性诉讼请求。当事人请求确认部分合同条款的效力、继续履行部分合同义务或者变更、撤销部分合同条款的，应以诉讼请求涉及的合同标的额为诉讼请求标的额，据以确定级别管辖。当然，如果当事人请求确认、变更、解除、撤销的是人身关系（如婚姻关系、收养关系），且当事人未提出财产性诉讼请求的，除非上级法院认为在本辖区内有重大影响的，否则一律由基层人民法院管辖。

概而言之，级别管辖确定标准可采用以下几条标准：

1. 给付之诉具有诉讼请求金额的，原则上以当事人提出的诉讼请求金额为诉讼请求标的额，据以确定级别管辖；例外是当事人虚增诉讼请求金额故意规避级别管辖。给付之诉的诉讼请求标的额不受所指向之法律关系标的额的限制。〔1〕

2. 确认之诉、形成之诉视作为诉讼客体的民事法律关系而定，如为人身关系，且当事人未提出财产性诉讼请求的，原则上由基层人民法院管辖；如为财产关系，以法律关系标的总额为诉讼请求标的额，据以确定级别管辖。

3. 确认之诉、形成之诉指向部分合同条款的，以诉讼请求涉及的合同标的额为诉讼请求标的额，据以确定级别管辖。

4. 确认之诉、形成之诉为主，附带提出给付之诉的（如诉请请求确认合同效力或者变更、解除、撤销合同的同时，提出返还财产、支付违约金、赔偿损失等给付请求），由于各诉讼请求之间非并列关系，以诉讼请求标的额较高的一项确定级别管辖。〔2〕

---

〔1〕 诉讼请求金额低于合同约定的标的总额的，以前者为据确定级别管辖；诉讼请求金额高于合同约定的标的总额的，还以前者为据确定级别管辖。例如，当事人仅请求履行部分合同，以该部分合同为据计算诉讼请求标的额；当事人除请求继续履行全部合同，还提出赔偿损失、支付违约金等其他诉讼请求的，以各项请求的总金额为诉讼请求标的额，据以确定级别管辖。

〔2〕 例如，在一起案件中，原告诉请被告继续履行合同，法院按照合同标的额（5000 多万元）确定级别管辖。诉讼中，原告变更诉讼请求为解除合同及返还、赔偿标的额 2000 多万元。被告提出级别管辖异议。最高人民法院二审认为，"在确定本案的级别管辖时，如果仅仅依据当事人主张返还赔偿的具体金额，而完全不考虑双方对于合同是否解除的法律后果，以及合同自身的标的额，着实有违根据诉争利益的数额确定财产类案件级别管辖的精神。人民法院审理合同解除案件时，必然涉及对合同效力、合同解除是否符合法定条件，以及在当事人提出返还财产或赔偿损失之请求，对方提出相应抗辩时，对合同解除的法律后果亦即合同解除后各方的权利义务等问题作出认定"。参见（2019）最高法民辖终 101 号裁定书。相反，如果其他给付之诉的标的额超过合同标的额的，应以给付之诉标的额为据确定级别管辖。

5. 多个诉讼请求构成诉的合并的，以财产性诉讼请求的总额为诉讼请求标的额，据以确定级别管辖。

（三）级别管辖移送错误的，在程序上应如何处理?

本案受移送的广东省高院认为，原告 X 公司虚增诉讼标的额，有违民事诉讼诚信原则，且该转让协议中约定的价款未达到该院级别管辖标准，裁定驳回 X 公司的起诉和 N 公司的反诉。广东省高院无疑认为本案符合《民事诉讼法》第 124 条第 4 项的情形，即“对不属于本院管辖的案件，告知原告向有管辖权的人民法院起诉”，并根据《民诉法解释》第 208 条第 3 款裁定驳回起诉。对于受诉法院而言，如立案后发现属于《民事诉讼法》第 124 条规定情形的，可以裁定驳回起诉。但是，广东省高院受理本案是自深圳中院移送而来，如果存在特别规定，应按照“特别法优于一般法”的法律适用原则，适用特别规定。如受移送的上级法院可以不符合级别管辖标准为由径行裁定驳回起诉，也会造成级别管辖移送的程序“空转”，浪费司法资源。

其实，《级别管辖异议规定》第 8 条即规定：“对于将案件移送上级人民法院管辖的裁定，当事人未提出上诉，但受移送的上级人民法院认为确有错误的，可以依职权裁定撤销。”可见“纵向”受移送有误的处理与“横向”受移送有误的处理截然不同。在地域管辖维度里，受移送的法院认为不属于本院管辖的，根据《民事诉讼法》第 36 条的规定，应当报请上级法院指定管辖，而不得再行移送。而在级别管辖维度里，受移送的上级法院可以依职权裁定撤销。这体现了上级法院对下级法院的审判监督职能。当然，须注意的是此处“撤销”的客体分为两种。其一是认为级别管辖移送有错误的，撤销的是下级法院的移送裁定，同时指令原受诉法院或同级其他下级法院审理；其二是认为案件不符合起诉条件或《民事诉讼法》第 124 条规定的，撤销的是原受诉法院的立案决定，并裁定驳回起诉。本案显然属于前一种情形，应由广东省高院依职权撤销深圳中院的移送裁定，同时指令后者继续进行审理。这样操作有利于提高诉讼效率，节约司法资源，方便当事人诉讼，但也存在不容忽视的弊端。

其中，最重要的质疑是，《民事诉讼法》第 36 条并未区分地域管辖和级别管辖。从该条文义来看，无论横向或纵向，受移送的法院认为案件不属于本院管辖的，均应当报请上级法院指定管辖，不得再自行移送。[1]如果贯彻形式理性，秉持“上位法优于下位法”的原则，理应认为《民事诉讼法》优先适用，受移送的上级法院应当报请其上级法院指定管辖。然而，实务中大多数法院似乎仍优先适用《级别管辖异议规定》第 8 条，坚持的是合目的实质理性，而非法条的原意。[2]这并非不能理解。在大陆法系国家，程序进行无论中外均采用职权主义模式，而在有限的法条与层出不穷的可操作性问题之间天然存在着巨大的落差，是公权力滥用的“温床”。与域外不同，我国主要不是通过法教义学、解释学的发展及“法律人”（形成格式化的法律思维）的养成来弥合，而是通过数不胜数的司法解释、规范文件甚至“会议纪要”及它们的“理解适用”来填充。“内化”与“外缚”的路径截然不同，也在相当程度上决定了不能“唯法条是从”，或仅因表面上与法条“相抵触”就直接排斥、否定司法解释。除非条文明明白白相互矛盾、殊难并存，否则应对法律与司法解释进行尽可能相互兼容的解释。

具体到《民事诉讼法》第 36 条及《级别管辖异议规定》第 8 条而言：首先，《民事诉讼法》第 36 条后段的主要目的是避免地域管辖中同级法院相互推诿的问题，所以要求被移送法院认为自己无管辖权的，不得再行移送。但是在级别管辖中，只要上下级法院之间统一诉讼标的额的计算方式，很难出现上下级法院互相推诿的问题。其次，与《民事诉讼法》第 36 条相比，《级别管辖异议规定》第 8 条更有利于上级法院对下级法院进行及时、有效的审判监督，维护级别管辖秩序。现实中，当事人虚增诉讼标的额以规避级别管辖的现象屡见不鲜，对于下级法院疏于审查而错误移送的，如果不赋予上级法院撤销移送裁定的纠错权，在一定程度上会架空上级法院对下级法院级别管辖的监督权。最后，《级别管辖异议规定》第 8 条更有利于实现级别管辖移送中的诉讼经济。如果承认《民事诉讼法》第 36 条在级别管辖移送中的适用，那么一

---

〔1〕 张海燕：《当事人对移送管辖裁定的救济》，载《理论学刊》2016 年第 4 期。

〔2〕 例如，（2019）琼民辖监 1 号民事裁定书、（2019）鲁 10 民初 64 号民事裁定书、（2019）川 01 民初 2077 号民事裁定书等。

旦中级人民法院错误移送，而高级人民法院无权撤销，最终都要交由最高人民法院指定管辖。这将造成极大的诉讼拖延和司法资源浪费，增加最高院的工作压力，违背调整级别管辖的精神。

四、结语：我国级别管辖的改革方向

在我国上下共四级法院又不划分审级职能管辖的架构下，级别管辖具有确定各级法院受理第一审民事案件的重要功能。自新中国成立以来，最高人民法院从未受理过第一审民事案件，而主要管辖二审案件及再审案件。近年来，最高人民法院一直努力调整自身的工作负荷及内容。一方面，通过提高高级人民法院级别管辖的金额标准，减少管辖的二审案件量。尤其是 2019 年 5 月 1 日《关于调整高级人民法院和中级人民法院管辖第一审民事案件标准的通知》实施以后，高级人民法院仅管辖诉讼标的额 50 亿元（人民币）以上（包含本数）的第一审民事案件，相应地由最高人民法院管辖的民事二审案件几乎可以忽略不计。另一方面，为了改革审判监督程序，解决困扰中国司法审判的“终审不终”问题，根据申诉信访“下冷上热”现象，2007 年《民事诉讼法》第 178 条规定，当事人对已经发生法律效力的判决、裁定，认为有错误的，可以向上一级人民法院申请再审。其后虽然为了减轻部分当事人路途奔波的负担，2012 年《民事诉讼法》第 199 条增加了例外规定“当事人一方人数众多或者当事人双方为公民的案件，也可以向原审人民法院申请再审”，但最高人民法院作为“再审申请审查法院”的色彩逐渐变浓，各方面的压力逐渐变大。这构成了自 2014 年起设立及增设最高人民法院巡回法庭的一个重要背景。再一方面，最高人民法院致力于在全国范围内统一法律适用，解决司法不统一问题。除了规范司法解释的起草发布、推行指导性案例制度等之外，最高人民法院专门下文，提出要建立全国法院法律适用问题专门平台、健全法律适用分歧解决机制。[1] 可以预见，最高人民法院将在统一司法方面

〔1〕 参见《最高人民法院关于完善统一法律适用标准工作机制的意见》（法发〔2020〕35 号）。

发挥越来越重要的作用。在此趋势下，将最高人民法院本部重塑为纯粹的法律审法院，仅管辖涉及重大、新颖、疑难法律解释适用问题的民事二审、再审案件，未来可期！

与此同时，民事第一审管辖权集中于基层人民法院与中级人民法院，所谓级别管辖主要在这两个层级法院之间进行划分。以此为前提，适当放宽级别管辖的强制性，不再将其与专属管辖并列，而可由当事人任意变更或法院裁量调整，似乎颇为可行。

立法上将级别管辖与专属管辖相提并论，源于 1991 年《民事诉讼法》第 25 条关于协议管辖的规定。2012 年《民事诉讼法》在第 34 条予以继承，并扩张至第 127 条第 2 款关于应诉管辖的规定。《民诉法解释》第 39 条第 1 款的除外规定，极有可能是起草者盲目照搬这两个法条所致。但是，协议管辖、应诉管辖不得违反级别管辖，是我国缺失职能（审级）管辖背景下的特殊规定。据权威人士介绍，1991 年民诉法在首次确立协议管辖的同时，为避免案件大量向高级别法院聚集，造成不同级别法院负担失衡，特别限制当事人的管辖协议不得违反级别管辖的规定。[1] 2012 年民诉法对应诉管辖的限制应该也是同一逻辑下的产物。随着我国职能（审级）管辖改革逐步推进，将级别管辖与专属管辖脱钩也属当然。

〔1〕关于立法背景介绍，参见唐德华：《民事诉讼法立法与适用》，中国法制出版社 2002 年版，第 322—323 页。

证据“先天不足”的强奸幼女案

刘　昶*

摘　要： 被告人庭审中翻供且没有其他关键性证据时，法庭认定被告人的庭前供述与证人关于发案、破案过程以及被告人事后行为的证言相印证，结合被告人供述和辩解本身的特性，认定被告人庭审前所作供述可信，据此确定了案件事实。这种对印证较为宽泛的理解一方面扩大证据相互印证的范围，有助于在证据充分但不充裕的情况下认定案件事实；另一方面重视连接证据与案件事实的桥梁，也就是逻辑和经验法则与推论，避免了印证沦为僵化的证明力规则。

关键词： 印证　间接证据　经验法则

一、案　情

2013 年 7 月 8 日 15 时许，王乙带着不满 12 周岁的智障孙女王甲到同村王某某家的菜地摘菜。王乙将王甲留在王某某家中，约半小时后返回，发现该房屋前后门都关着，拉开卧室窗户后，看见王某某、王甲站在床尾，王某某正在穿裤子，遂当场指责王某某强奸。王某某当即道歉并请求王乙不要声张此事。王某某的嫂子余某某碰巧路过，听闻此事后亦当面责骂王某某。整个过程中王某某未辩解。案发一小时后，王某某找到王乙的弟媳刘某某，承认酒后与王甲发生了性关系，求其帮忙私了此事，当晚王某某的兄长王某绍也到刘某某家赔礼道歉。2 日后，刘某某将此事告诉其子王丙，王丙又告诉王甲的父亲王丁，王丁遂向王乙、刘某某求证，随后报案。

王某某被抓捕归案后，在第一次讯问时即详细供述了其酒后临时起意并

* 德国慕尼黑大学法学博士，同济大学上海国际知识产权学院助理研究员。

实施强奸的细节。此后王某某亦多次供述犯罪事实。

庭审中，王某某否认强奸王甲，辩称仅用生殖器蹭了被害人腿部，此前的供述系诱骗形成，但未提供相关线索，也未得到讯问录像的证实。其辩护人称，该案没有被害人陈述也没有物证，证人均未目睹王某某强奸王甲，强奸罪指控只有王某某之前的供述为依据，现王某某翻供，该案证据不足。

一审法院认定王某某的强奸罪名成立。王某某以指控证据不足为由提起上诉。中级人民法院经审理认为，原审判决认定的犯罪事实清楚，证据确实、充分，故驳回上诉，维持原判。[1]

相关法条:《刑事诉讼法》第 55 条，最高院《关于适用〈中华人民共和国刑事诉讼法〉的解释》第 93 条、第 96 条

裁判要点:

1. 性侵案件中，对互相矛盾的关键性言词证据的审查判断是难点，要重点审查证据间的印证和矛盾处，并结合被害人特点，发案、破案过程，被告人事后行为等间接证据进行判断，尤其要从间接证据寻找突破口;

2. 被告人庭审中翻供的，若其在侦查阶段多次详细供述了作案过程，内容符合常情常理，与各间接证据相互印证，且供述系合法取得，对庭审中翻供不能做合理说明，则采信其庭前供述;

3. 只有一项直接证据的案件，只要该证据合法取得且查证属实，即可以据此认定案件事实。

二、问题与争议

本案提出的问题是，如何在被告人翻供且没有其他关键性证据的情况下认定案件事实，其中关键在于，如何结合（并非由犯罪行为生成的）间接证据评判被告人庭审前的供述与庭审中的辩解。

根据我国《刑事诉讼法》第 200 条，“案件事实清楚，证据确实、充分，

---

〔1〕 案件来源：王某某强奸案（案件刊载于《刑事审判参考》第 98 期第 984 号）。

依据法律认定被告人有罪的，应当作出有罪判决”，而何谓“证据确实、充分”，则由《刑事诉讼法》第55条规定：“证据确实、充分，应当符合以下条件：（一）定罪量刑的事实都有证据证明；（二）据以定案的证据均经法定程序查证属实；（三）综合全案证据，对所认定事实已排除合理怀疑。”

对于如何确认证据属实，何时才算排除合理怀疑等问题，《刑事诉讼法》并未解答，所以才有2010年“两院三部”《关于办理死刑案件审查判断证据若干问题的规定》，2018年最高院《人民法院办理刑事案件第一审普通程序法庭调查规程（试行）》以及2021年最高院《关于适用〈中华人民共和国刑事诉讼法〉的解释》（以下简称《刑诉解释》）中的详细规定，作为对《刑事诉讼法》第55条、第200条的解释。由于前两者中的相关规定已为最新的《刑诉解释》吸收，以下仅结合《刑诉解释》中的条款展开分析。

根据《刑诉解释》第140条与第141条的规定，两类情况下可以认定证据确实、充分：其一，若根据被告人的供述、指认提取到了隐蔽性很强的物证、书证，并排除串供、逼供、诱供等可能性，且供述与其他证据互相印证，可以认定有罪。其二，如果证据已经查证属实，且相互印证，基于符合逻辑和经验的推理，形成了完整的证明体系，足以排除合理怀疑，结论具有唯一性，可以根据间接证据认定被告人有罪。可见评价证据是否确实、充分时，要区分有无直接证据。如果有，则只要能基于直接证据本身特性以及与其他证据间的关系认定直接证据属实，就达到了证据确实、充分的定罪标准。如果无法确认直接证据可靠，或者不存在直接证据，则需要判断全案的间接证据是否属实，能否形成完整可信的证明体系，以至于结论具有唯一性。[1]

本案中，被告人关于犯罪行为的供述为直接证据，证人关于发案、破案过程以及被告人事后行为的证言为间接证据。既然存在直接证据，就应该从其可靠性入手开始检验。

关于何时可以认定证据属实这一问题，《刑诉解释》为证人证言、被告人供述和辩解以及勘验、检查笔录的审查判断提供了详细的指引。[2]根据第

---

〔1〕 参见褚福民：《刑事证明的两种模式》，载《政法论坛》2015年第3期，第94页。

〔2〕 参见《刑诉解释》第87条、第93条、第102条。

93 条，对被告人供述和辩解的审查应当特别注意其是否依据法律及有关规定被获取以及违法获取时对其可靠性的影响；被告人全部的供述和辩解行为是否符合逻辑和经验，是否和其他证据印证。此外，《刑诉解释》对于矛盾的人证与可靠性存疑的人证这两类情况作了特殊规定。[1] 根据第 96 条，被告人庭审前供述一致，庭审中翻供，但不能合理说明翻供理由或者其辩解与全案证据相矛盾，而庭前供述与其他证据能够相互印证的，可以采信被告人庭前供述。

本案中，被告人庭审前与庭审中的供述彼此矛盾，对两者的判断取舍首先要考虑司法解释中的特殊规定。被告人在侦查阶段多次供认强奸的犯罪事实，庭审中却辩称仅实施了猥亵行为，此前的供述系诱骗形成，不过诱供一节并未得到讯问录像的证实，也无其他线索，所以是否依据上述规定采信被告人庭前供述的关键在于庭前供述是否与其他证据相互印证。

印证既可以指一种证明方法，即利用不同证据内含信息的同一性来确认彼此真实可靠以及（在此基础上）认定这些证据共同指向的待证事实为真，又可以指采用此种方法而形成的证明关系与证明状态。印证的前提首先是存在两个以上来源不同的证据，这就意味着单一证据数量不足不可能形成印证，原始证据与其被“转手”后形成的传来证据出自同源，因此也不能相互印证。其次是不同证据所含的信息具备同一性，相互支撑和加强，这既包括信息的内容同一，如被告人和目击证人对案件经过的描述相同，也包括信息的指向同一，如伤痕鉴定意见是被害人为特定锐器所伤，现场发现与伤痕形成相符的刀具。[2] 直接比较证据所含信息的内容即可判断是否属于前一种情况，对后一种情况的分辨则缺乏明确的标准与方法，由于受到证据分类上不同观点的影响，存在意见分歧。

一种观点以证据在案件中发挥何种证明作用为标准，区分对影响定罪量刑的事实有反映作用的实质性证据与反映其他证据质量的辅助性证据，[3] 还将

---

〔1〕 参见《刑诉解释》第 91 条、第 96 条、第 143 条。

〔2〕 参见龙宗智：《印证与自由心证——我国刑事诉讼证明模式》，载《法学研究》2004 年第 2 期，第 111 页；另见龙宗智：《刑事印证证明新探》，载《法学研究》2017 年第 2 期，第 152 页。

〔3〕 Vgl. Roxin/Schünemann, Strafverfahrensrecht, 29. Aufl. 2017, § 24 Rn. 7. 类似观点见纵博：《“孤证不能定案”规则之反思与重塑》，载《环球法律评论》2019 年第 1 期，第 150 页。

实质性证据进一步划分为直接反映案件事实的直接证据，以及虽然不能直接反映案件事实，但是以其直接反映的事实作为基础，借助逻辑和经验可以对案件事实做出推论的间接证据。至于证人作证时的神情举止，属于证言的组成部分，不成立其他的证据种类。试以一杀人案举例，证人甲关于被告人持刀捅刺被害人直至后者倒地的证言直接反映被告人杀人的事实，属于直接证据；现场发现的染血刀具上检出被告人指纹的鉴定意见表明被告人曾经接触过凶器，可推论其为持刀杀人者，属于间接证据；证人乙关于被告人曾在案发前对被害人做出死亡威胁的证言表明被告人有杀人动机，可推论被告人会在这一动机驱使下实施杀人行为，也属于间接证据；证人丙关于证人甲虽然为高度近视但当日佩戴了眼镜的证言不反映案件事实，只反映甲证言的可靠性，属于辅助证据。赞同此种证据分类者往往持“实质性证据印证论”，认为印证只可能发生在实质性证据之间，或者辅助性证据之间，实质性证据与辅助性证据无法形成印证，因为前者指向影响定罪量刑的事实，后者指向其他证据的质量，无法找到共性。在实质性证据内部，证据是否由犯罪行为生成并不影响印证的成立。间接证据与直接证据或其他间接证据相互印证的原理在于，以间接证据直接反映的事实为基础，借助逻辑和经验可以对案件事实做出推论，不同证据所含的信息在案件事实层面上交汇，即可认定指向同一。间接证据是否由犯罪行为生成，只会影响从间接证据直接反映的事实出发要经过多少次以及何种推论才能抵达案件事实，并不妨碍证据信息最终在此层面交汇，因此不会否认印证的存在本身，只会影响到印证的强度。上文提及的杀人案中有两份间接证据，鉴定意见和乙的证言，前者由犯罪行为生成，后者由被告人的事前行为生成，两者经过符合逻辑和经验的推论都能指向被告人的杀人行为，在这一点上是同一的，在指向案件事实方面和甲的证言这一直接证据也存在同一性。

另一种观点以证据和犯罪行为可能的生成关系为标准，区分可能由犯罪行为生成的实质证据，和虽然只可能由犯罪行为之外的事件生成，然而可以据之对犯罪行为做出推论的辅助证据。直接证据一定是实质证据；间接证据既可能是实质证据，也可能是辅助证据。证人作证时的神情举止属于辅助证据。[1]还是以上文的杀人案为例，甲的证言为犯罪行为留下的主观痕迹，属于实质证据；鉴定意见可能是犯罪行为留下的客观痕迹，也属于实质证据；乙的证言由被告人的事前行为生成，虽然与犯罪行为之间存在联系，但两行为仍然是互相独立的，属于辅助证据；丙的证言不由犯罪行为生成、不带有犯罪行为作用的信息，也属于辅助证据。支持此种证据分类者一般[2]持“实质证据印证论”，也就是印证只能发生在实质证据之间，或者辅助证据之间，实质证据与辅助证据无法相互印证，理由是前者由犯罪行为产生，直接或间接地反映案件事实，而后者由其他事件产生，反映的是其他事实，两者的指向并不同一。认定案件事实时，需要同时考虑实质证据的印证结果和辅助证据的印证结果，也就是说此时才根据辅助证据反映的其他事实对案件事实做出推论，并且结合实质证据做出最终判断。不过，与实质证据相比，基于辅助证据所作推论的权重较低。[3]还是以前文所述的杀人案为例，作为实质证据的鉴定意见表明被告人曾经接触过凶器，据此推论其持刀杀人，于是发现其与甲的证言所含信息在案件事实层面交汇，认为成立印证；作为辅助证据的乙的证言反映了被告人的事前行为，表明被告人有杀人动机，可以推论其会在这一动机驱使下杀人，因此乙的证言与甲的证言、鉴定意见之间也有交汇与支持关系，然而这种关系并不被视为印证，对案件事实的证明作用也被认为更弱。这种对推论与推论、证据与证据的区别对待有可商榷之处，两种推论依据的经验法则的强度和推论的可靠性确实存在差别，但值得思考的是，这一差别是否达到了要求区别对待的程度。被告人接触凶器的原因可能是犯罪行为，也可能是日常生活中的使用，被告人有杀人动机，既可能因此去犯罪，也可能思考之后放弃了犯罪行为，基于两个证据对案件事实做出的推论都不必然为真，而仅仅是或然为真，只有程度上的差别而无本质上的差别。

---

〔1〕 参见周洪波：《实质证据与辅助证据》，载《法学研究》2011 年第 3 期，第 157 页以下；另见周洪波：《树状模式与丛林模式：诉讼证明观念图式的理论与实证》，载《中国刑事法杂志》2011 年第 1 期，第 67 页。

〔2〕 例外如李建明：《刑事证据相互印证的合理性与合理限度》，载《法学研究》2005 年第 6 期，第 31 页以下。

〔3〕 参见龙宗智：《印证与自由心证——我国刑事诉讼证明模式》，载《法学研究》2004 年第 2 期，第 110 页；向燕：《性侵未成年人案件证明疑难问题研究——兼论我国刑事证明模式从印证到多元“求真”的制度转型》，载《法学家》2019 年第 4 期，第 161 页以下；陆元辉：《印证逻辑与错案发生》，载《中国案例法评论》2015 年第 1 期，第 236 页以下。

对印证的看法不同，对于本案是否能适用司法解释中关于被告人翻供的特殊规定这一问题的回答也不同。若认为被告人庭审前关于强奸行为的供述与有关被告人如何被发现及其不辩解求私了之行为表现的证人证言相印证，则可援引此规定采信被告人庭审前的供述。这体现了“实质证据印证论”的观点，也就是虽然两者分属直接和间接证据，和犯罪行为的生成关系也不同，但都在实质性证据的范围内，同样指向案件事实，可以相互印证。若否认被告人的庭前供述与其他证据相互印证，则会认为本案不适用特殊规定，不采信此供述。因为从“实质证据印证论”的角度来看，被告人对于强奸行为的庭前供述是实质证据，证人关于发案、破案过程以及被告人事后行为的证言属于辅助证据，两者指向的事实不同，不能成立印证。

考虑到司法解释中的特殊规定采用了“可以”的措辞，体现出指引性而非强制性，在做出是否采信被告人庭审前供述的最终决定前，还应当根据司法解释中的一般指引审查判断被告人翻供前的供述和翻供后的辩解。需要重点考虑的因素包括：其一，被告人的供述和辩解是否依据法律及有关规定获取以及违法对其可靠性的影响；其二，被告人全部的供述和辩解行为是否符合常理常情；其三，供述和辩解的内容是否详细具体、是否符合逻辑和经验；其四，供述与辩解和其他证据是否印证、有无矛盾。最后一项并不局限于印证，也包括证据之间没有矛盾，因此，若以辅助证据为基础结合逻辑和经验法则对案件事实做出的推论能与实质证据相互支持，也符合这一条件。相比关于被告人翻供的特殊指引，一般指引规定了更多考量因素，结果就是，一方面，即使不符合司法解释中的特殊规定，也有可能根据一般规定于被告人翻供的情况下采信庭前供述；另一方面，即使满足了特殊规定，根据一般规定审查判断证据的结果也可能是认定被告人的庭前供述不可靠。本案中并无迹象表明被告人在侦查阶段的供述为非法取得，其供述主动且稳定，内容细致合理，直接证据与间接证据、实质证据与辅助证据互相支持没有矛盾，这些情况都增强了被告人庭审前供述的可靠性。

若最终认定被告人庭审前关于强奸行为的供述可靠，则证据确实、充分，可以认定强奸罪；若认定其庭审中关于猥亵行为的辩解属实，则可以认定猥亵儿童罪。如果审查的结果是被告人庭审前后的供述都不可靠，则需要检验本案中的间接证据是否能满足证据确实、充分的定罪条件。鉴于本案并非间接证据定案，所以在此对这种可能性不做分析。

三、判决要旨与核心裁判理由

裁判理由中，法庭首先阐明了性侵案件在证据和证明方面的特殊性和难点，即“强奸、猥亵等性侵案件，历来因犯罪过程隐蔽、发案不及时，物证不能及时提取，导致证据类型较为单一，多为被害人陈述和被告人供述等‘一对一’的言词证据，因此，审查判断证据和认定事实是审理此类案件的难点。特别是性侵未成年人的案件，又因被害人年幼、智障等特殊原因，不能完整、清晰表达被性侵的具体情节，导致被害人陈述与被告人供述常常不一致，甚至相互矛盾”，并提出了总体上的应对思路，“一般需要结合被害人自身特点，以及发案、破案过程，重点审查被害人陈述与被告人供述间的印证和矛盾处，并从间接证据寻找突破口，去伪求真，得出结论”。

本案中没有被害人证言、目击证人证言和物证，被告人供述是唯一的直接证据和唯一的实质证据，也是检验的起点和重点，因为被告人翻供，这又成为检验的难点。法庭运用评判被害人陈述与被告人供述间矛盾的策略来审查判断被告人庭审前与庭审中供述的矛盾，其结果是认为王某某在侦查阶段的供述真实、合法、与其他间接证据相互印证，在审理阶段翻供没有合理性，不足以挑战之前的有罪供述。具体而言，首先，王某某在侦查阶段供述的方式和内容符合常理常情，真实可信。“王某某被抓获后，在第一次讯问时即详细供述了其酒后临时起意并实施奸淫的细节，此后也作了多次稳定的供述”，“被抓获到案后至一审开庭前，始终承认强奸事实，并供述了他人并不知晓的诸多强奸细节，内容具体、全面，合乎事情发生、发展的演进过程，符合生活常理和经验逻辑，具有可信性”。其中，王某某对王甲贴身衣物的描述与王乙关于此节的证言相吻合。其次，王某某的庭前供述“与在案的其他证据相互印证”。本案中王乙、余某某、刘某某、王某绍、王丁的“证言互相衔接，完整反映了王某某被发现作案、赔礼道歉、承认奸淫并企图私了，最终因被害人父亲报案而案发的经过”。一方面，“发案和破案经过虽不能作为认定被告人有罪的证据，但在性侵未成年人案件缺乏客观物证的情况下，发案和破案经过自然、正常而且及时，有助于办案人员形成内心确信”，“本案的发案、破案过程自然，符合常理，指向明确，具有可信性”。另一方面，“从情理分析，王某某若未强奸王甲，其在王乙、余某某指责其强奸时，完全有机会辩解，但其当即认错，事后还专门到王甲亲属家承认奸淫事实并赔礼道歉，企图私了”，对此做“符合逻辑和经验判断”的推理可以得出王某某强奸王甲的结论。最后，“王某某虽在庭审时对奸淫的关键情节予以否认，辩称仅用生殖器蹭了被害人腿部，此前的供述系诱骗形成，但未提供相关线索，也不能合理说明原因。同时，经查阅王某某在侦查阶段讯问的同步录像，显示其供认强奸时并未受到刑讯逼供或者诱供，故其供述具有合法性”。因此，法庭援引《刑诉解释》第 96 条第 2 款（原《刑诉解释》第 83 条第 2 款），于被告人庭审中翻供，但不能合理说明翻供原因或者其辩解与全案证据矛盾，而其庭前供述与其他证据相互印证时，采信其庭前供述。

确认被告人关于强奸行为的供述可靠后，法庭得出结论：“虽然本案的直接证据仅有被告人在侦查阶段的供述，但该供述真实、完整、合法、合理，与证人证言等间接证据能够相互印证，形成完整的证据链，足以认定王某某强奸王甲的事实。”

四、评论与批判

此判决的闪光点首先在于其详细展示了法庭评价证据以及形成内心确信的过程。若这一过程合情合理、没有疏漏，则诉讼参与人会认同事实认定的正确性与判决的公正性，放弃寻求法律救济，节约司法资源；反之，则诉讼参与人可以有针对性地提出上诉、申请再审，并且做好充分准备参与二审或再审，如此有利于真相的查明与司法公正的维护。此外，裁判者公开心证，也有助于增进学界对证明实务的了解，在此基础上发展能够描述、解释与指导实践的证明理论。

其次，法庭通过认定被告人关于强奸行为的供述与证人关于发案、破案过程以及被告人事后行为的证言相互印证，表明其采纳了对印证的两种理解中更加宽泛的一种，即“实质性证据印证论”。这一理解对间接证据以及基于间接证据对案件事实做的推论一视同仁，并不因间接证据是否由犯罪行为生成而作区分，因为这种区分只有理论上的意义却并无实践上的必要。基于间接证据结合逻辑与经验推论案件事实时，推论的可靠程度取决于推论的次数以及每次推论依据的经验法则的强度。间接证据与犯罪行为的生成关系对推论的可靠性没有多大影响。假设本案中，事后在王甲尚未清洗的衣物上发现王某某精斑，此项由犯罪行为生成的证据并不比描述王某某对强奸指责不辩解反而寻求私了的证人证言更能支持王某某实施了强奸行为的推论，更能与王某某自己关于强奸行为的供述指向同一。这是因为两项经验法则的强度不同，衣物上沾染精液并不一定是强奸行为的结果，也有可能是源自猥亵行为，而一个神智健全的普通人遭遇无根据的强奸指控时一般会为自己辩解、向自己在场的亲友寻求支持，而不是默认甚至带上自己的亲友承认错误、赔礼道歉、寻求私了。可见采“实质性证据印证论”并不意味对查明真相这一刑事诉讼目标的负面影响。相反，破除对于实质证据无必要的执着，一方面能扩大证据相互印证的范围，对于司法实务有着重要意义。实践中并非总能收集到足够的实质证据，这点在性侵案件中表现得尤其明显，本案就是例证，若认可实质证据与辅助证据可以相互支持、相互印证，就能够在证据充分但不充裕的情况下认定案件事实，不至于放纵犯罪。[1]另一方面把焦点从证据类别转移到连接证据与案件事实的桥梁，也就是逻辑和经验法则与推论，重视对这一桥梁可靠性的判断，才是让印证从粗疏走向精细的出路。证据间的相互印证不应该只是一个是与否的问题，还应该是一个多与少的问题，如此才能防止印证成为形式化的标准，变成一种僵化的证明力规则，最终导致无辜者

---

〔1〕 反例见向燕：《性侵未成年人案件证明疑难问题研究——兼论我国刑事证明模式从印证到多元“求真”的制度转型》，载《法学家》2019 年第 4 期，第 161 页以下；龙宗智：《印证与自由心证——我国刑事诉讼证明模式》，载《法学研究》2004 年第 2 期，第 110 页。

蒙受冤屈。[1] 如此理解的印证既说不上一种证明模式，也不算一项证据规则或者说证明力规则，毋宁说是裁判者评价证据、建立内心确信过程中需要特别重视的一条经验法则，即当两个以上独立来源的证据指向同一案件事实时，有较大可能这些证据都真实可靠，它们共同指向之处就是真相。至于这个可能性有多大，取决于连接单个证据与案件事实的桥梁有多牢固，以及个案中反对证据的强度。印证复杂化、弹性化后，对错误适用甚至恣意扭曲的担忧在所难免，然而通过在判决理由中公开心证就可以发现对该经验法则的不当使用，并引发法律救济进行纠错。本案中，面对被告人翻供、在案的其他证据都是辅助证据的局面，法庭敢于、善于利用辅助证据和经验法则，对王某某强奸王甲的事实做出合乎情理、相当可信的推论，再结合王某某庭审前的供述行为与供述内容，最终确认了其庭审前供述的可靠性，据以定案，实现了不枉不纵。法庭在判决理由中对推论过程及其根据的详细展示，能够取信于任何一个理性人，是推论可靠性的最佳保障。

该判决除了上述值得赞赏之处，还有一些不足。虽然刑事诉讼领域并不像刑法领域有犯罪构成这一万能的检验框架可用于鉴定体案例分析，然而从相关的法律规范出发，一一分析其中各项构成要件是否得到满足，对于有争议问题结合各种理论资源进行深入分析阐释，还是可以做到且应该做到的。以这个标准衡量，判决说理的体系性有待加强。判决采信被告人庭审前供述时援引了《刑诉解释》第 96 条第 2 款（原《刑诉解释》第 83 条第 2 款），然而这一援引仅仅出现在判决的最后，整个说理并非由此规定统领，因此显得有些混乱。更重要的是，判决审查判断被告人供述和辩解时其实还遵循了《刑诉解释》第 93 条（原《刑诉解释》第 80 条）的指引，却并未援引此条规范，也未阐明其与《刑诉解释》第 96 条间一般与特殊指引的关系，容易造成应对被告人翻供情况时只需遵循后者的误解。此外，虽然从判决中列举的三种处理意见来看，是否认可被告人庭审前的供述和其他证据相互印证进而认定此供述可靠，是不同意见的分歧所在，也是判决需要处理的关键问题，对于何

---

〔1〕 反例见陆元辉:《印证逻辑与错案发生》，载《中国案例法评论》2015 年第 1 期，第 234 页以下；龙宗智:《刑事印证证明新探》，载《法学研究》2017 年第 2 期，第 162 页。

种证据可以相互印证、何时成立印证，判决中却未多做探讨，而是直接选定了对立观点中的一种，即“实质性证据印证论”，然后把重点放在此种印证的难点，也就是基于间接证据推断案件事实上。此处的说理有待加强。

五、小　结

在被告人翻供且没有其他关键性证据的情况下，本案判决基于证人关于发案、破案过程以及被告人事后行为的证言做符合逻辑与经验的推断，结合被告人供述和辩解本身的特性，认定被告人庭审前的供述可信，据此确定了案件事实，从判决结果和说理上来看都值得赞赏。如果能采用鉴定体，增加说理的体系性，以及对争议问题强化说理，就能成为一则经典案例了。本案判决表明，司法实践中对印证、间接证据和经验法则的理解和运用相比“印证证明”一说诞生的 16 年前有了相当大的进步，如果实务界和学术界能用好每一个判例以及判例评析的机会携手进一步深化对这些问题的研究，再加上充足的程序保障如直接言词、心证公开，[1] 我国的刑事证明终能走向典型的自由心证。

〔1〕 左卫民:《“印证”证明模式反思与重塑：基于中国刑事错案的反思》，载《中国法学》2016 年第 1 期，第 171 页以下。

实务评述

论我国证明责任裁判在实务中的发展

曹志勋*

摘　要：证明责任的分配及其裁判技术在民事诉讼中具有重要意义。在民事诉讼学理上，我国学者已经形成了较大范围的共识，并且逐步推进对证明责任概念、主观与客观证明责任、客观证明责任的分配标准和配套证明机制的理论探讨。我国司法实践逐步深化了对证明责任裁判问题的认识，这尤其以《最高人民法院关于适用〈中华人民共和国民事诉讼法〉的解释》(以下简称《民诉法解释》)的出台为分水岭，其核心在于对于真伪不明状态的态度。在《民诉法解释》出台之后，实务中直接认定真伪不明的裁判文书逐步增加，但整体来看仍属于极少数情况。我国实务中也出现了一些非典型的证明责任裁判。与此前理论观察的结论相似，实务中仍然存在相当多的案件，继续坚持原有证明责任二分式模式下“未说服即不存在”的思维方式。这些裁判只不过在形式上引用了《民诉法解释》的相关规则，而尚未充分重视裁判说理中证明责任规范的意义，其对裁判技术的运用仍有进一步提升的空间。

关键词：证明责任　真伪不明　民事诉讼　裁判说理　裁判技术

引　言

在大陆法系证明理论上，无论是各方主体在诉讼过程中就事实的辩论和就证据的攻防，还是判决书说理中体现的法官形成心证的经过与结果，都落脚在证明责任的分配上。正是在这一意义上，证明责任被称为“民事诉讼的脊梁”，长期以来得到了民事程序法以及民事实体法诸多学者广泛且持续的关

---

*　北京大学法学院助理教授，法学博士。本文获得中央高校基本科研业务费专项资金的资助。作者感谢袁琳博士、彭雨溶、朱禹臣、马骁和向文浩同学提出的修改建议。

注，不仅有同一位学者在不同时期的反复耕耘，更有多位学者在同一时段的观点碰撞。除了证明责任规范及其代表的客观证明责任的分配之外，证明责任裁判如何作出本身也值得在裁判技术上特别关注，这集中体现在裁判者如何看待所谓事实主张处于真伪不明的状态。

在 2020 年 5 月 1 日开始施行的《最高人民法院关于民事诉讼证据的若干规定》(2019 年《证据规定》) 中，虽然因为《民诉法解释》已有规定从而删去了 2001 年《证据规定》中对证明责任一般规则的规定，但是其仍然规定“对需要鉴定的待证事实负有举证责任的当事人……致使待证事实无法查明的，应当承担举证不能的法律后果”(2019 年《证据规定》第 31 条第 2 款) 和可能存在一定争议的“私文书证的真实性，由主张以私文书证证明案件事实的当事人承担举证责任”(2019 年《证据规定》第 92 条第 1 款)[1]，体现了对证明责任问题的重视。而《民诉法解释》本身已经施行了五年的时间，无论是关注理论界由此出发的深入思辨，还是聚焦实务界逐渐以此为据调整“行动中的法”，目前可能都具有了观察与描述的基础条件。试以此文，探求这一基础问题中核心知识点与司法实务理解之间的对照、映射乃至交汇之道。

一、证明责任裁判的学理认识

一般认为，我国民事诉讼[2]中的证明责任概念在理论上经历了三个演变阶段，由最初的单一的行为责任说，发展到行为责任意义上的双重含义说，再到败诉风险说。[3] 目前通说认为，证明责任的本质是“当作为裁判基础的法律要件事实在诉讼中处于真伪不明的状态时，一方当事人因此而承担的诉讼

〔1〕 之前的相关讨论，比如，参见曹志勋:《文书真伪认定的中国路径》，载《法学研究》2019 年第 6 期，第 116—128 页；肖建国:《书证的真实性及其举证责任》，载《中国审判》2010 年第 7 期，第 92—93 页。

〔2〕 我国刑事诉讼中的证明责任问题可能更为复杂，仅参见周洪波:《证明责任分类的体系重构》，载《法制与社会发展》2020 年第 3 期，第 169—187 页。

〔3〕 对我国法上不同时期概念使用情况的梳理，参见段文波:《民事证明责任分配规范的法教义学新释》，载《政法论坛》2020 年第 3 期，第 104—110 页。

上的不利后果”。[1]在这种思路下，法官首先应在事实层面上认定要件事实存在真伪不明状态，随后通过拟制来克服真伪不明状态，最后依照实体法的规定，分配真伪不明的不利后果。在这个意义上，笔者曾经主张，大陆法系和英美法系就事实认定的真伪不明状态及其法律适用过程的认识存在明显差异。大陆法系的事实认定表现为事实存在、不存在和真伪不明三种可能，其中第三种情况需要通过适用证明责任规范得出判决（三分式）；普通法系则只有事实存在与不存在两种情形，事实“未说服即不存在”（二分式）。这一差异的形成与两大法系中的方法论研究、民事诉讼的运作起点、对实用主义的态度和陪审制的运用密切相关，[2]当然也可以溯源到两大法系不同的司法制度[3]。也有观点认为，“如果在事实认定上虽然增加了‘真伪不明’的状态，在‘真伪不明’状态下，仍然依据真或伪的事实状态进行裁判，那么，‘真伪不明’就没有独立的存在价值”[4]。同时，有学者亦指出，即使事实真伪不明状态单纯由于路径依赖而被《民诉法解释》第108条“照单全收”，这一规范变动反而使我国的证明责任体系更为混乱，进而主张事实认定的结果仅应分为是否得到证明两种可能。[5]如果上述少数说能够成功地釜底抽薪，否定“真伪不明”概念的意义，[6]那么确实可能挑战整套证明责任理论体系。

证明责任的本质固然在于客观证明责任及其分配，但是无论从理论还是实务出发，都不得不重视主观证明责任可能更为明显的意义，[7]这甚至在形式上还体现在最高人民法院提出的“举证证明责任”这一略显纠结的概念上。

〔1〕张卫平：《民事诉讼法》，法律出版社2019年版，第246页。亦见刘家兴、潘剑锋主编：《民事诉讼法学教程》，北京大学出版社2018年版，第140页；王亚新、陈杭平、刘君博：《中国民事诉讼法重点讲义》，高等教育出版社2017年版，第103—105页；江伟主编、傅郁林副主编：《民事诉讼法学》，北京大学出版社2015年版，第202页（赵秀举执笔）。

〔2〕参见曹志勋：《“真伪不明”在我国民事证明制度中确实存在么？》，载《法学家》2013年第2期，第95—99页。

〔3〕参见张卫平：《民事诉讼法比较研究方法论——对民事诉讼法比较研究中若干关联因素的思考与分析》，载《国家检察官学院学报》2019年第6期，第159—160页、第165—166页。

〔4〕许尚豪：《证明责任理论的证据语境批判》，载《政治与法律》2016年第11期，第21页。

〔5〕参见欧元捷：《论“事实真伪不明”命题的抛弃》，载《政治与法律》2016年第11期，第23—31页。

〔6〕鲜明的反对意见，参见胡学军：《为“事实真伪不明”命题辩护》，载《法商研究》2018年第2期，第60—70页；任重：《罗森贝克证明责任论的再认识——兼论〈民诉法解释〉第90条、第91条和第108条》，载《法律适用》2017年第15期，第20—22页。

〔7〕比如，参见李浩：《证明责任的概念——实务与理论的背离》，载《当代法学》2017年第5期，第3—10页；霍海红：《主观证明责任逻辑的中国解释》，载《北大法律评论》第11卷第2辑，北京大学出版社2010年版，第521—539页。

值得注意的是，客观证明责任作为事实真伪不明时的裁判方法的落脚点，本身固然不能克服证据不足导致的生活事实的模糊不清，[1]但是其制度目标也仅在于指引法官在无法形成心证时的裁判并以此倒推，引导某一方当事人更加积极地尝试在证明困难面前“破局”。在事实意义上减少不得不认定的真伪不明状态，可能更多仍应通过更为精细的事实认定与说理技术[2]和诸如事案解明义务[3]以及证据收集手段的充实[4]这样的审理过程中的法律技术[5]来解决，甚至考虑通过比如当事人的真实与完整义务（2019 年《证据规定》第 63 条第 1 款）的系统化以及当事人的诚信义务的类型化[6]来实现对案件事实全貌的准确发现。无论如何，如果仅仅将证明责任裁判作为结束存在证明困难的个案的手段，而未能去发挥法官发现事实的能动性，[7]恐怕是与证明责任理论背道而驰的。

至于在客观证明责任的分配上，《民诉法解释》第 91 条代表的规则更多地锚定于实体法规范，即所谓证明责任分配的规范说。[8]这一理解进一步明确了《民事诉讼法》第 64 条第 1 款的“谁主张谁举证”原则，[9]也不完全等

---

〔1〕 比如，参见胡学军：《在“生活事实”与“法律要件”之间：证明责任分配对象的误识与回归》，载《中国法学》2019 年第 2 期，第 240—247 页。

〔2〕 比如，参见曹志勋：《论案件事实认定说理的不同维度——以彭宇案一审判决书为例》，载《北方法学》2020 年第 3 期，第 94—97 页。

〔3〕 比如，参见吴泽勇：《不负证明责任当事人的事案解明义务》，载《中外法学》2018 年第 5 期，第 1360—1379 页。

〔4〕 比如，参见曹建军：《论民事调查令的实践基础与规范理性》，载《法学家》2019 年第 3 期，第 29—42 页；张卫平：《当事人文书提出义务的制度建构》，载《法学家》2017 年第 3 期，第 31—44 页。

〔5〕 这比如也可以包括法官在争点整理程序中将最终的客观证明责任分配作为组织审前和庭审程序的核心工具。参见丁朋超：《论争点整理程序中的证明责任分配》，载《证据科学》2019 年第 6 期，第 669—679 页。

〔6〕 参见傅郁林：《论民事诉讼当事人的诚信义务》，载《法治现代化研究》2017 年第 6 期，第 130—145 页。

〔7〕 参见胡学军：《中国式举证责任制度的内在逻辑——以最高人民法院指导案例为中心的分析》，载《法学家》2018 年第 5 期，第 100—104 页。

〔8〕 比如，参见李浩：《规范说视野下法律要件分类研究》，载《法律适用》2017 年第 15 期，第 2—9 页；张卫平：《民事证据法》，法律出版社 2017 年版，第 250—253 页；胡学军：《证明责任“规范说”理论重述》，载《法学家》2017 年第 1 期，第 63—76 页；吴泽勇：《民间借贷诉讼中的证明责任问题》，载《中国法学》2017 年第 5 期，第 258 页（摘要）和第 277 页脚注 68（亦见吴泽勇：《规范说与侵权责任法第 79 条的适用——与袁中华博士商榷》，载《法学研究》2016 年第 5 期，第 49—66 页）；袁中华：《规范说之本质缺陷及其克服——以侵权责任法第 79 条为线索》，载《法学研究》2014 年第 6 期，第 147—161 页。批评其分类的观点，参见段文波：《民事证明责任分配规范的法教义学新释》，载《政法论坛》2020 年第 3 期，第 112 页。

〔9〕 相关讨论，参见胡东海：《“谁主张谁举证”规则的历史变迁与现代运用》，载《法学研究》2017 年第 3 期，第 107—124 页。

同于2001年《证据规定》确定的分配规则，[1]需要针对不同类型的案件[2]或者其中的某类争议要件具体分析实体法上当前有效的规则，后者比如行为能力[3]、代理权存在[4]、合同生效要件[5]、善意[6]、没有法律根据[7]，等等。不限于当下《民法典》出台的背景，学者通常也由这一植根于请求权基础方法的原则出发，进一步加强民事程序法与实体法之间的互动可能。[8]与上述一般原则相对，为了避免实践中法官可能滥用2001年《证据规定》第7条而随意裁量分配证明责任的情况出现，2019年《证据规定》彻底删除了该例外规则，并且认为“实践中如果出现按照实体法律规定确定举证责任分配可能导致明显不公平情形的，……可以通过向最高人民法院请示由最高人民法院批复的方式解决，而不能在个案中随意变更法律所确定的举证责任分配规则”。[9]同时，虽然证明责任规范的讨论通常都集中在实体法上的要件事实，但是对于部分程序法事实来说，也有承认并分配证明责任的必要性。[10]

在明确证明责任分配的一般原则之后，以现行法上“足以推翻”的推定为代表的法定的证明力规则（2019年《证据规定》第10条第1款第6项和

---

〔1〕 参见袁中华：《证明责任分配的一般原则及其适用——〈民事诉讼法〉司法解释第91条之述评》，载《法律适用》2015年第8期，第47—52页。

〔2〕 比如，参见袁中华：《劳动合同解除争议之证明责任分配——基于法教义学的分析》，载《法商研究》2019年第1期，第130—141页；许可：《侵权责任法要件事实分析》，人民法院出版社2018年版；袁中华：《劳动争议证明责任倒置说之批判》，载《环球法律评论》2017年第3期，第121—136页。

〔3〕 比如，参见李浩：《民事行为能力的证明责任》，载《中外法学》2008年第4期，第552—565页。

〔4〕 比如，参见李潇潇：《代理权是否存在问题的证明责任分配模式研究》，载《甘肃政法学院学报》2017年第2期，第123—136页。

〔5〕 比如，参见胡东海：《论合同生效要件之证明责任分配》，载《法律科学（西北政法大学学报）》2011年第4期，第121—127页。

〔6〕 比如，参见吴泽勇：《论善意取得制度中善意要件的证明》，载《中国法学》2012年第4期，第149—164页。

〔7〕 比如，参见袁琳：《不当得利“没有法律根据”要件的证明》，载《国家检察官学院学报》2020年第3期，第165—175页；郑金玉：《论否定事实的诉讼证明——以不当得利“没有法律根据”的要件事实为例》，载《法学》2018年第5期，第28—41页。

〔8〕 比如，参见翁晓斌、郑云波：《〈民法典〉编纂背景下的证明责任分配规范配置》，载《浙江社会科学》2019年第11期，第30—40页；胡东海：《民事证明责任分配的实质性原则》，载《中国法学》2016年第4期，第287—302页；王雷：《民法证据规范论》，载《环球法律评论》2015年第2期，第82—96页；谌宏伟：《“规范说”与中国民事立法》，载《北大法律评论》第15卷第1辑，北京大学出版社2014年版，第280—312页。

〔9〕 郑学林、刘敏、宋春雨、潘华明：《关于新〈民事证据规定〉理解和适用的若干问题》，载《人民法院报》2020年3月26日，第5版。之前的相关讨论，比如，参见胡学军：《法官分配证明责任：一个法学迷思概念的分析》，载《清华法学》2010年第4期，第82—103页；霍海红：《证明责任配置裁量权之反思》，载《法学研究》2010年第1期，第98—111页。

〔10〕 参见李浩：《民事诉讼法适用中的证明责任》，载《中国法学》2018年第1期，第77—95页。

第 7 项）能进一步发挥转换证明责任的功能，在既定证明框架下有“扭转乾坤”的奇效。比如，《民诉法解释》第 114 条前句规定了“国家机关或者其他依法具有社会管理职能的组织，在其职权范围内制作的文书所记载的事项推定为真实，但有相反证据足以推翻的除外”，即公文书本身的真实性能够得到推定，那么应当由否认其真实性的一方承担证明责任。[1] 再比如，2019 年《证据规定》第 48 条第 2 款在原有证明妨碍规则将证据内容推定为真（2001 年《证据规定》第 75 条、《民诉法解释》第 112 条第 2 款和 2019 年《证据规定》第 95 条、第 48 条第 1 款）的基础上，进一步可以产生“视待证事实为真实”的效果。这除了将增强我国目前制度规制当事人举证行为的预期效果[2]之外，也将证明妨碍规则的推定效果从证据层面提升到事实层面。[3] 不过，在上述发挥证明责任转换作用的规则中，并不包括大陆法系通常具有此类效果的法律上的事实推定规则。在现行法上，该规则只具有“足以反驳”的法律效果，而与基于具有较高盖然性的经验法则（而不是法律规范本身）本只应具有“足以反驳”效力的事实上的推定[4]等量齐观。其区别在于推翻和反驳代表着反证方证明程度的区分：反驳只需要推回到真伪不明状态即可，证明责任仍在原来的本证方；而推翻则需要反面证明待证事实不存在，相当于原来的反证方承担客观证明责任，法官心证处于真伪不明时由该方承担不利后果。[5]

二、《民诉法解释》之前的情况

在证明责任领域中理论与实践的高度结合与互动，我国司法实践中对于

---

〔1〕相关讨论，参见曹志勋：《论公文书实质证明力推定规则的限缩》，载《国家检察官学院学报》2020 年第 2 期，第 137—154 页。

〔2〕参见最高人民法院民事审判第一庭编著：《〈新民事诉讼证据规定〉理解与适用》，人民法院出版社 2020 年版，第 463 页。

〔3〕从比较法来看，进一步可以考虑的是直接终结诉讼程序的请求层面和以费用规则为代表的程序层面。参见曹志勋：《书证搜集裁判：模式比较与本土改造》，载《现代法学》2011 年第 5 期，第 154—155 页。

〔4〕相关讨论，参见曹志勋：《经验法则适用的两类模式——自对彭宇案判决说理的反思再出发》，载《法学家》2019 年第 5 期，第 31—44 页。

〔5〕参见最高人民法院民事审判第一庭编著：《〈新民事诉讼证据规定〉理解与适用》，人民法院出版社 2020 年版，第 164 页。

证明责任裁判问题也有过不同侧重的认识，这尤其以《民诉法解释》的出台为分水岭。考虑到本文重点在于对最新实践发展的观察，这里将《民诉法解释》之前和《民诉法解释》的规定本身一并作为当前实践做法的背景加以概述。在《民诉法解释》于2015年出台之前，由于《民事诉讼法》的规定本身较为粗疏，我国民事诉讼中事实与证据领域最主要的规范依据是2001年《证据规定》。其第2条第2款规定，没有证据或者证据不足以证明当事人的事实主张的，由负有举证责任的当事人承担不利后果。而2001年《证据规定》第73条则在主要针对证明标准的同时附带规定，当双方当事人对同一事实分别举出相反的证据，但都没有足够的依据否定对方证据时，如果因证据的证明力无法判断导致争议事实难以认定的，人民法院应当依据举证责任分配的规则作出裁判。同时，鉴于当时的实务需要，2001年《证据规定》第4—6条也分别直接对侵权案件、合同案件和劳动争议纠纷中的部分证明责任问题作出了明确规定。当然，随着新法的出台，比如《侵权责任法》自2010年起施行，其中部分证明责任分配规则也由于实体法的直接介入而发生了变化。

笔者曾经指出，就客观证明责任理论在实践中的运用而言，2001年《证据规定》虽然实质上承认了真伪不明状态的存在，但是并未将证明责任规则的适用限于真伪不明状态，也没有试图建构配套的方法论，更在直接规定证明责任的法条中坚持了“未说服即不存在”的理念。在理论界高举真伪不明大旗的同时，相当数量的司法判决并不买账，相反，普通法系说服责任的应用更为流行。[1]笔者行文的目的，当然不在于挑战前述三分式证明责任模式（相反，一直支持该模式），而只是试图描述我国理论与实践之间存在张力，进而主张这种背离部分起因于法律真实观的矫枉过正、以纠纷解决为主的诉讼目的以及以二审事实审查标准为代表的程序，同时这种现象在其他国家和地区的法治移植过程中也是常见的。[2]

---

〔1〕参见曹志勋：《“真伪不明”在我国民事证明制度中确实存在么？》，载《法学家》2013年第2期，第99—101页。

〔2〕参见曹志勋：《“真伪不明”在我国民事证明制度中确实存在么？》，载《法学家》2013年第2期，第101—105页。

2015 年《民诉法解释》对 2001 年《证据规定》的相关规则作出了较大幅度的修改。《民诉法解释》第 108 条第 2 款规定，对一方当事人为反驳负有举证证明责任的当事人所主张事实而提供的证据，人民法院经审查并结合相关事实，认为待证事实真伪不明的，应当认定该事实不存在。同时，与 2001 年《证据规定》第 2 条第 2 款的规定在实质上相同，《民诉法解释》第 90 条第 2 款规定，在作出判决前，当事人未能提供证据或者证据不足以证明其事实主张的，由负有举证证明责任的当事人承担不利的后果。从现行法的解释论来看，笔者认为《民诉法解释》第 108 条的规定实际上已经完成了就前述二分还是三分模式争议的“盖棺论定”。[1]《民诉法解释》第 90 条第 2 款规定的制定目的在于解释证明责任的含义，体现出其与《民事诉讼法》第 64 条规定的关联。而《民诉法解释》第 108 条则部分澄清、部分展开了 2001 年《证据规定》第 73 条第 2 款的规则。结合前文来看，该条恰恰解决了 2001 年《证据规定》在追问中可能遗留的“想象空间”，“大大方方”地承认了真伪不明状态及其法律适用方法论。特别是，《民诉法解释》第 108 条规定虽然仍然以证明标准为规范对象，但其中无论是以“举证证明责任”为核心概念的文义表述还是分别从本证与反证两个方向出发的独立规则，都“从证明过程的角度反映出本解释对于证明责任内容的理解”。从三分式证明责任模式的基本理论立场出发，笔者无疑也对这样的规则更迭持欢迎与希冀的态度。

三、《民诉法解释》之后的进展

（一）观察实务进展的思路

在《民诉法解释》出台之后，实务中直接认定真伪不明的案件越来越多。笔者于 2020 年 6 月 25 日粗略以“真伪不明”为检索词并限定在民事案件中

〔1〕 相同看法，参见任重：《罗森贝克证明责任论的再认识——兼论〈民诉法解释〉第 90 条、第 91 条和第 108 条》，载《法律适用》2017 年第 15 期，第 20—21 页。

检索中国裁判文书网案例数据库，可以返回35769个结果。[1]似乎对于多数案件都会涉及的证明责任与证明标准的问题来说，返回结果的比例并不能算高，而且其中很多均为法院重述当事人对法条的引用[2]或者是当事人认为构成真伪不明的法律观点[3]，重述前审法院对法条的引用[4]或者对事实问题的说理[5]，或者是法院在针对本案具体说理之前对法律规范的直接引用[6]，因而应当属于无效结果。此外，还有一些案件中法院已经认定了事实，只不过在说理中从反面强调“贷款事实并非真伪不明”[7]、“所提供的证据尚不能使待证事实处于真伪不明状态”[8]、“尚不能使案涉待证事实达到真伪不明的程度”[9]或者“不足以推翻鉴定机构的推断，进而导致患者的死亡原因这一待证事实真伪不明”[10]。这些案件也不属于证明责任裁判。法院在认定了案件事实存在或者不存在时，可以直接引用法条[11]或者强调其达到了高度可能性的标准[12]，而不必在针对本案案情的说理中再使用“真伪不明”的表达。

在上述案例检索返回的结果中，有相当一部分的判决确实涉及对真伪不明的认定。的确，“通常情况下，作为裁判基础的法律事实通过案件的审理是能够确定的，……法院的司法裁判通常也就根据法院查明的案件事实作出，而不是适用证明责任的结果作出。因此，也就没有必要纠结于为什么在司法

---

〔1〕 胡学军教授约3年前的检索尝试也体现出类似状况。他于2017年11月29日在中国裁判文书网案例数据库中检索到民事案例23627790个，而在关键词检索中“举证责任”返回1109898个结果，占比不到百分之五；“真伪不明”返回10707个结果，占比不到万分之五；两者同时出现的比例同样约为万分之五。参见胡学军：《中国式举证责任制度的内在逻辑——以最高人民法院指导案例为中心的分析》，载《法学家》2018年第5期，第100页脚注32。当然值得注意的是，由于裁判文书网中的案例也包括《民诉法解释》施行之前的，本文和胡学军教授对数据的理解显然有不准确之处。但是，如果同样以“真伪不明”为检索词并限定在民事案件中检索，并且将时间范围限定在2014年1月1日至2015年2月3日，那么总共只能够返回669个裁判文书，并不会显著影响本文和胡学军教授的大致分析。

〔2〕 比如，参见最高人民法院（2019）最高法民申1959号民事裁定书。

〔3〕 比如，参见最高人民法院（2019）最高法民申5805号民事裁定书。

〔4〕 比如，参见最高人民法院（2019）最高法知民终76号民事判决书；最高人民法院（2019）最高法民终455号民事判决书。

〔5〕 比如，参见最高人民法院（2019）最高法民终784号民事判决书。

〔6〕 比如，参见最高人民法院（2018）最高法民终1262号民事判决书。

〔7〕 最高人民法院（2018）最高法民终350号民事判决书。

〔8〕 最高人民法院（2019）最高法民申6493号民事裁定书。

〔9〕 最高人民法院（2019）最高法民申4798号民事裁定书。

〔10〕 北京市海淀区人民法院（2017）京0108民初8492号民事判决书。

〔11〕 比如，参见最高人民法院（2017）最高法民终382号民事判决书。

〔12〕 比如，参见最高人民法院（2019）最高法民申2220号民事裁定书。

实践中法院裁判很少直接援用证明责任制度的相关条款来作出判决这一本来就不应该成为问题的问题”〔1〕。因此，证明责任裁判在所有民事案件中的占比固然在一定程度上体现了其是否在实践中得到贯彻，但也许更重要的是，案件裁判说理部分体现出的对证明责任问题的态度。囿于研究能力和个人研究习惯，笔者并未采取更具有科学说服力的抽样甚至局部全样本的方式，试图探索实务中法官的“真实意思”。本文略显保守地采取例示方式，仅试图描述可能存在的现象与问题，而不对其在实务中的普遍性作进一步的推论。在这个意义上，本文以最高人民法院在中国裁判文书网上发布的裁判为主要的讨论对象，也许看起来只能接触到我国司法全貌的一隅，但是限于研究目标与结论的有限性，似乎也能大致满足研究需要。〔2〕

此外，我们基于对日常司法经验的观察有可能猜测，法官实际上并未采取客观证明责任的思路来形成其裁判，而仅仅是在裁判说理中以此为名“真意保留”。在笔者看来，如前所述，证明责任分配本身当然具有贯穿整个民事诉讼过程的程序性意义，但是证明责任规范及其代表的方法论恰恰预设的就是法官于实质裁判之后依法说理的场合。也许就诸如释明这样聚焦于审理过程的问题而言，单纯以终局裁判文书研究的方法确实存在一定的局限性。但是，对于本文驻足于裁判说理的研究主题来说，裁判文书确实是十分恰当的研究对象。

（二）证明责任裁判的出现

与《民诉法解释》出台前的情况不同，在具体检索中可以看到一定数量的证明责任裁判。这首先可能出现在两审法院均认为构成事实真伪不明的情形中。比如，在最高人民法院 2019 年底宣判的一个二审案件中，一审被告二于二审程序中提出的证据包括一份“中国建设银行某支行对某公司出具的汇款入账查询回函，表明某公司 2014 年度并无 2014 年 7 月 31 日汇款入账

〔1〕 潘剑锋：《民事证明责任论纲》，载《政治与法律》2016 年第 11 期，第 4 页。

〔2〕 由于最高人民法院处理的案件通常都是诉讼标的额较大的案件，其审理的案件通常应该更能代表当事人诉讼能力较强的案件，当事人能够动用的社会资源和能够投入纠纷解决的资源更多。这可能产生两方面的影响。一方面是由于陈述了事实的一方当事人能够尽可能挖掘事实真相，因而需要法院认定真伪不明状态的案件应该较少；另一方面是试图隐瞒真相的一方也有更强的能力和动力拿出似是而非甚至是伪造的材料，这又会导致法官在事实认定中无法认定的情形增多。鉴于这个问题已经超出了本文讨论的范围，笔者只能等待后续的有识研究。

556000元、2014年11月17日汇款入账40000元之事实，拟证明一审判决认定王某某向某公司转入上述两笔汇款的事实存在错误”。法院则就本案中争点之一，即一审原告主张被告一系代持某公司的股权是否成立的问题认为，“在张某某（一审原告）股权转让后，张某某一方向某公司转入多笔资金以及代替某公司对外支付多笔款项。但对张某某一方2014年7月31日及同年11月17日分别汇入某公司的两笔款项，殷某在二审中提交了汇款入账查询回函予以反证，本院认定张某某主张其汇入该两笔款项的事实真伪不明，但对张某某一方汇入某公司的其他资金以及代替某公司对外支付款项之事实，霍某某、殷某（一审被告）并未提出有效反证”。[1]在笔者看来，本案能够体现法官对《民诉法解释》第108条第1款和第2款规定的运用，对于双方均提出有较强说服力的证据，无法判断哪一方提出的证据的证明力明显较高时，[2]法官先认定了事实真伪不明并将其体现在裁判结果之中。与2001年《证据规定》第73条第2款相比，这里体现出了明确的三分式的思路与契合证明责任规范的方法论意识。

这种情况再比如，对于实务中常常发生争议的小额贷款公司是否实际贷款的事实，最高人民法院也曾指出，“某小贷公司应对借款事实实际发生承担进一步的举证责任。如果该待证事实仍处于真伪不明的状态，应由某小贷公司承担举证不利的法律后果”。随后，判决书根据《最高人民法院关于审理民间借贷案件适用法律若干问题的规定》第16条第2款的规定，分别从《借款合同》《保证合同》的签订时间、借款标的额8200万元是否已实际支付、借款资金的来源、《借款合同》约定的借款用途和案涉借款实际经办人郭某的陈述几个方面，认定“某小贷公司主张与杨某某之间成立有效的借款法律关系的证据不足”。[3]

---

〔1〕 最高人民法院（2019）最高法民终992号民事判决书。

〔2〕 至于法院在这种情况下能够认定某一方的证据证明力明显较大的情形，比如“原审法院根据民事证据高度盖然性判断规则，认定C公司提交的合同原件证明力高于L公司提交的合同复印件，进而认定双方在《软件开发合同》中约定了著作权归属于C公司所有，符合民事证据的认证规则”，则同样符合2001年《证据规定》第73条第1款和《民诉法解释》第108条第1款的规定。最高人民法院（2019）最高法知民终65号民事判决书。

〔3〕 最高人民法院（2018）最高法民终306号民事判决书。

同时，最高人民法院也可能推翻前审就事实是否存在作出的认定，无论前审是认定事实是否存在还是真伪不明，这当然也属于其上诉或者再审的审理范围。比如，该院曾在二审案件中就一审法院认定的“某地产公司抗辩本案所涉款项系某纺织公司、某置业公司履行《淄博市恒台县某纺织有限公司地块合作协议书》所约定资金周转义务之资金，并非借款关系”，转而认为，“某纺织公司向某地产公司支付了 1.6 亿元，某地产公司确认收到了款项，并出具收据载明收款事由为借款，从法律关系上看，某纺织公司与某地产公司之间已经形成借款关系，无论该款项是否为某纺织公司自有资金。原审法院认为宁夏某公司主张的某地产公司向某纺织公司借款 1.6 亿元的事实真伪不明，属于认定事实有误，本院予以纠正”。[1]同样，最高人民法院在一个再审审理案件中认为，“T 公司为反驳 H 公司所主张的事实提供了相关证据，这些证据证明了 T 公司要求 Z 公司履行委托人的主要义务，在涉案货物港口作业过程中，Z 公司先后履行了提供船舶预报、提交相关文件、协助办理相关手续等委托人义务。而 H 公司并未提交充分证据证明其实际承担了港口货物作业委托人的义务。本院经审查并结合相关事实，认为 H 公司主张的 T 公司实际履行的系与其签订的《港口货物作业合同》这一待证事实真伪不明”，“故 H 公司的该项主张不能成立，二审法院认定 T 公司实际履行的是其与 H 公司签订的《港口货物作业合同》缺乏事实与法律依据”。[2]还有，同样是在再审审理案件中，最高人民法院评价“二审法院认为‘但此时被告提供证据的证明标准仅需达到对双方存在借贷关系的认定重新回到真伪不明的状态即可，而无需达到对被告抗辩主张的其他债权债务关系的存在具有高度可能性的标准’，‘综合评判陈某某举示的所有证据，某公司与陈某某之间存在借贷关系的事实认定已重新回到了真伪不明的状态’，事实依据明显不足，属于适用法

〔1〕 最高人民法院（2018）最高法民终 597 号民事判决书。
〔2〕 最高人民法院（2018）最高法民再 65 号民事判决书。

律错误，本院予以纠正”[1]。

除了如前所述，最高人民法院的裁判中已经出现了一些证明责任裁判之外，在基层法院的案件中也可能出现这样的说理。比如在北京市昌平区人民法院 2019 年底的一个民事判决中，法院就认为“在李某某坚决否认现金交付，且陈某某对交付金额先后陈述不一致的情形下，陈某某是否实际履行了交付义务以及交付了多少借款本金这一待证事实存在真伪不明的情形。借款合同为实践合同，且主张履行一方的当事人应就款项的交付承担举证责任。在本院对陈某某是否以现金交付的形式履行合同以及交付的金额存在合理的怀疑的情况下，陈某某应进一步举证证明涉案借款系现金交付及具体交付的金额。陈某某未能完成该举证责任，应承担举证不能的法律后果”。[2] 与此类似，相同主审法官在另案中也认为，“从被告提交的公证书内容可以认定某公司的印章在 2017 年 3 月 23 日为郭某某持有控制，郭某某及刘某之间的聊天记录多次提到法人章，虽未明确指出具体的人名私章，但不排除彭某、刘某的人名私章在 2017 年 3 月 23 日亦为郭某某持有，而郭某某提交的《公司债务偿还协议》的签订时间为 2017 年 3 月 31 日，郭某某未能提交证据证明其于 2017 年 3 月 31 日之前或当日返还了某公司印章及相关人名章。在被告质疑该份协议的印章、人名私章系由郭某某或郭某某授意之人加盖的情况下，本院认为该份协议的印章、人名私章是如何加盖的这一待证事实存在真伪不明的情形。对此，郭某某应进一步举证”。[3] 再比如，在北京市海淀区人民法院同期的案例中，法院也指出，“该免责说明书存在多处疑点，末页虽有手写字迹却在投保人签章处无人签名，投保人签章处某公司公章经鉴定与其在公安部门备案公章不一致，保

〔1〕 最高人民法院（2019）最高法民再 220 号民事判决书。当然，在两审法院对事实主张的认定结果分歧的背后，争议的实质则是《最高人民法院关于审理民间借贷案件适用法律若干问题的规定》第 17 条中规定的“被告抗辩转账系偿还双方之前借款或其他债务”时被告究竟承担本证还是反证负担的问题。即使考虑到该规则的目的即根据我国诉讼常态，局部调整通常的证明责任规范，但是至少仅就对证明责任理论的理解来说，最高人民法院在本案中的观点似乎仍有进一步讨论的空间。似乎不同的观点，参见杜万华主编：《最高人民法院民间借贷司法解释理解与适用》，人民法院出版社 2015 年版，第 308 页（“……实践中存在被告虽然提出相应主张和证据，但证据的证明力难以达到确证其他债权债务关系存在的问题。在此情况下，需要原告进一步举证……”）。站在该判决反面立场的详细讨论，参见吴泽勇：《民间借贷诉讼中的证明责任问题》，载《中国法学》2017 年第 5 期，第 258—278 页；袁琳：《证明责任视角下的抗辩与否认界别》，载《现代法学》2016 年第 6 期，第 184—193 页。

〔2〕 北京市昌平区人民法院（2018）京 0114 民初 14311 号民事判决书。

〔3〕 北京市昌平区人民法院（2018）京 0114 民初 12696 号民事判决书

险公司虽提交其他理赔材料试图证明某公司用上述公章多次在其公司理赔，但未能充分举证证明上述公章与其他理赔材料中公章的一致性，且日期处存在明显涂改字迹，难以认定系 2016 年 12 月 1 日，保险公司对此亦未作出合理解释；上述疑点致使该份文件是否系某公司就肇事车辆于 2016 年 12 月 1 日向保险公司投保时所签署处于真伪不明状态，保险公司对此应承担举证责任”。[1]

（三）非典型证明责任裁判

在初步检索中笔者也观察到，作为行使审判监督权的最高层级法院，最高人民法院也可能在再审申请审查案件中，评价生效二审判决中对真伪不明的认定。比如，就个案中案涉借条的真实性，两级法院都从案件事实与日常生活经验法则出发，作出了具体且明确的认定，比如“案涉转账凭证时间集中在 2013、2014 年，所涉转账款项均没有相应的借据印证；案涉借条显示时间为 2017 年 2 月 15 日，在转账后 3 年。涉及 6000 余万的借款转款，事先没有借据，事后 3 年才出具借条，不符合常理”和“赵某某、刘某某、丁某某自称系借款人，案涉借条又是经结算出具的，但案涉借条形成时三人却并不在场，亦不合常理”，并且最高人民法院最终认定“综合上述情形，原审法院认定案涉借条真伪不明，不能证明本案借款关系真实存在，并无不当”。[2] 与此类似的是，最高人民法院在另案中也曾概括地指出，“原判决依据《最高人民法院关于适用〈中华人民共和国民事诉讼法〉的解释》第一百零八条第二款有关反证证明标准的规定，并综合上述中物储天津分公司工作人员决定将案涉货物存放到北江二库的相关证据，认为 Z 公司所主张的四公司指定北江二库的事实仍处于真伪不明状态，符合证据规则，并无不当”。[3] 再比如，在当事人就某煤化公司向吴忠市人民政府转账 4000 万元的事实没有异议的情况下，最高人民法院针对原告某煤业公司主张该 4000 万元是借款而吴忠市人民政府主张案涉 4000 万元系赠与的法律关系定性问题，分别列举了各方提供的证据并且认为，“吴忠市人民政府为反驳某煤业公司主张案涉 4000 万元是借

---

〔1〕 北京市海淀区人民法院（2018）京 0108 民初 16459 号民事判决书。
〔2〕 最高人民法院（2019）最高法民申 6894 号民事裁定书。
〔3〕 最高人民法院（2019）最高法民申 5580 号民事裁定书。

款而提供的证据，使案涉 4000 万元是借款还是赠与的事实真伪不明，应当认为某煤业公司主张案涉 4000 万元是借款的事实不存在”。[1]

同时，有的裁判虽然未能明确提及真伪不明的认定，但是结合对《民诉法解释》第 108 条第 2 款规定的引用，也采取了实质相当的思路。在该案中，最高人民法院认为“姚某某提供的其与某公司就涉案工程签订的《承包合同》，该合同上有某公司的签章以及时任公司总经理孙某某的签名，对于《承包合同》的成立姚某某初步完成了举证责任。河南省人民检察院郑州铁路运输分院对姚某某、孙某某、宋某某的讯问笔录及对刘某春、某公司部分人员的询问笔录证明在《承包合同》签订时，姚某某虽担任某公司的技术员，但实际控制某公司。姚某某作为某公司的实际控制人与某公司签订《承包合同》”，因而从日常生活经验法则出发，“某公司对合同并非其公司真实意思表示的证明已达到合理怀疑，姚某某对《承包合同》的成立仍负有进一步的举证责任，以排除合理怀疑。本案中姚某某并未进一步举证证明《承包合同》系某公司的真实意思表示，应当承担不利后果”。[2]

在再审申请审查程序中，法官虽然在部分裁判说理中明确认定了真伪不明状态，但是这反映的并不是本文意义上的证明责任裁判。比如，在当事人提交了 R 公司与 X 公司之间的三份施工合同时，法院排除了落款时间为 2011 年 3 月 31 日和 2011 年 4 月 3 日的两份合同后，将案件焦点放在第三份落款时间为 2011 年 5 月 13 日的合同上。随后，法院分别从提出合同复印件的原告和质疑合同真实性的被告之一的角度，逐项评价其主张，甚至否定了被告方提出的该合同“是经与检材（案涉 2011 年 3 月 31 日合同）同源的‘合同’复印、变造处理、打印、再复印形成”的鉴定证据，因为该合同是“本案一、二审中的关键证据，R 公司在一、二审中从未提出该合同涉嫌伪造的观点，这显然有违常识常理。加之当事人均未能提交固定总价为 9055 万元的施工合同原件，上述鉴定又仅为以合同复印件为比对样本，故难以得出该份合同系白某某变造而来的结论”。于是，法院总结认为“R 公司所述 2011 年 5 月 13 日

〔1〕 最高人民法院（2019）最高法民申 2185 号民事裁定书。
〔2〕 最高人民法院（2019）最高法民申 3679 号民事裁定书。

9055 万元合同系伪造的事实真伪不明，本院不予认定”。[1]实际上，这里就存在合同关系以及举证合同为真的本证方为原告，被告对于合同系伪造本身并不承担客观证明责任，因此依照一般的证明责任原理，裁判说理中并不必认定伪造事实处于真伪不明（且不论这里是否构成真伪不明）。与此相似，再审审查法院也不必套用《民诉法解释》第 108 条的规定，认定“H 公司并未提供证据证明关于以某强公司、某元公司名义出具的《情况说明》是伪造的主张具有高度可能性”[2]。这里涉及的问题是,《民事诉讼法》第 200 条第 3 项中“原判决、裁定认定事实的主要证据是伪造的”这一再审事由，是否改变了书证真伪的证明责任，从而一律要求再审申请人必须证明伪造事实的成立并且达到高度可能性的标准。

考虑到再审申请审查程序作为特殊救济的属性，作为再审审理程序前置审查的地位以及我国实务中对再审申请审查通常的审慎态度，笔者初步认为，虽然我们可以在再审申请审查程序中找到不少直接体现了真伪不明认定，甚至体现了法官认同证明责任规范方法论的例子，但是仍应当注意该程序与通常两审程序的巨大差异。于是，在前述最高人民法院认可了前审法院对真伪不明认定的案件类型中，固然可以说这一认定直接代表了最高人民法院的意志，但是更保险的仍是将结论限缩于前审法院的事实认定过程和结论，最高人民法院只是由于并未发现不得不纠正的理由，没有挑战生效判决的终局效力。而就伪造证据这一较为常见的再审事由来说，更应该限缩在再审程序的范围内探讨，比如再审审查与再审审理程序在标准上的差异。这样看，即使再审法院引用了本应对应通常程序而非特殊救济程序的《民诉法解释》第 90 条和第 108 条规定并且相应分析了案件事实状况，也需要认识到该裁定在效力上的局限性，其提出的分析思路也并非当然具有约束下级法院适用的第一审和第二审程序的效果。

---

〔1〕 最高人民法院（2019）最高法民申 729 号民事裁定书。
〔2〕 最高人民法院（2019）最高法民申 1247 号民事裁定书。

四、对我国司法现状的冷观察

不过，至少在缺少较为科学的实证研究的当下，笔者仍然倾向于认为，实务中仍然存在相当多的案件，继续坚持原有证明责任二分式模式下“未说服即不存在”的思维方式。这不仅仅是理论上常常得到广泛认同的路径依赖的假说所致，更多是由于《民事诉讼法》对此并未改动，在从整体来看仍然保持较大延续性的法官队伍面前，原有的审判思路很可能仍然在明面上或者暗地里决定着我国的司法实践。实际上，《民诉法解释》第 90 条第 2 款和第 108 条第 2 款同时存在，两者单独来看也分别代表了本文分析的二分和三分式的证明责任模式。在原有被践行的审理思路并未被否定，而只是与其他规范同时施行时，究竟是“狭路相逢”还是“并行不悖”，可能并不是短时间内就能够“见分晓”的。

从这个角度看，实务中也可能出现这样的情形，即为了在形式上增强说理或者至少增加对裁判规范的引用，法院虽然引用了相关抽象规则，但是在针对个案的实质分析中，仍然采取与 2001 年《证据规定》时期相同的裁判技术，直接将对事实主张的认定简化为存在与不存在两种可能。比如，在 2019 年最高人民法院的一份再审判决书中，裁判理由在认定鉴定意见不足以认定《担保函》虚假和时任 Y 公司的法定代表人认可《担保函》的真实性之后，认为“从举证责任看，Y 公司否认《担保函》的真实性，应当提供充分的反驳证据加以推翻”，并且随后基于《民诉法解释》第 108 条第 2 款的规定，主张“仅依据鉴定意见并不足以认定待证事实即公章真伪问题，Y 公司应当承担举证不能的不利法律后果”。[1] 再比如，在最高人民法院的一个再审申请审查案件中，裁判说理中在一并引用了《民诉法解释》第 108 条第 2 款和第 311 条的规定之后，认为“依据一二审判决查明事实，常某与王某某已签订书面购房协议，常某也举证证明在法院查封之前已实际占有案涉房屋，但常某主张案涉购房款 100 万元由谭某某转至刘某某账户，从一二审查明事实来看，谭

〔1〕 最高人民法院（2019）最高法民再 177 号民事判决书。

某某与王某某之间存在多笔大额资金往来，该 100 万元的转账与其他转账无法区别开来，亦无其他证据佐证该笔款项为支付案涉购房款。对于巨额的经济往来谭某某无法回答发生原因，不符合常理，对于转款当天是否与常某、刘某某见面以及签写房款收条的具体过程谭某某亦不能做出明确回答。据此，常某的现有证据无法充分证明案涉 100 万元转账款系案涉购房款”〔1〕。与之类似的是，最高人民法院在 2017 年审结的一个二审案件中指出，“经审查赵某某、赵某伍提交的证据并结合相关事实，原审法院不能确信待证事实的存在具有高度可能性，原判决认定赵某某不能充分证明案涉《借款合同》系在 2014 年 3 月 22 日前签订，符合该第一百零八条的规定，并无不当”〔2〕。再比如，在北京市门头沟区人民法院 2020 年年初的一个民事案件中，法官在引用了《民诉法解释》第 91 条就证明责任分配的规则之后，对本案中的证明状况〔3〕做了较为充分的判断，随后引用了《民诉法解释》第 108 条的规定，最后指出“本案中，Y 公司提交的证据并不能证明 F 公司、Y 公司、李某某关于合同实际主体为李某某与 Y 公司达成一致，故本院对其抗辩的事实不予采信”。〔4〕

由此可见，虽然《民诉法解释》对证明标准提出具有一定可操作性的要件（“高度可能性”和“真伪不明”），但是法官在实务中仍然可能坚持原有的实践做法，虽然对证据本身作出了比较详细的说明，但是对于证明标准和证明结果的详细说理仍然“不大感冒”。必须说明的是，笔者并非批评具体个案中法官的个别裁判文书，而只是从个案中的一些做法出发，提出实践中可能出现的情形。在上述北京市门头沟区人民法院同一位法官签发，涉及不同法

〔1〕最高人民法院（2019）最高法民申 5258 号民事裁定书。

〔2〕最高人民法院（2017）最高法民终 24 号民事判决书。

〔3〕本案中，法院作出了如下判断。“本案中，F 公司主张与 Y 公司存在买卖合同关系，提交了双方盖章的合同作为证据，在 Y 公司认可合同上该公司盖章真实性的前提下，F 公司已完成举证责任。Y 公司主张合同出卖方为案外人李某某，应负举证责任。Y 公司关于合同实际主体的主张涉及三方主体，应证明 F 公司、Y 公司、李某某就合同实际主体为李某某和 Y 公司达成意思一致。李某某虽出庭作证称其为实际出卖方，但因其与案件有利害关系，在其未提交就本案与 F 公司存在挂靠关系的书面证据的情况下，仅凭其证言无法证明上述事实。李某某虽提交向 F 公司法定代表人及配偶转账的证据，但因双方均陈述还存在其他经济关系，故无法据此证明上述转账为其支付本案锅炉款。合同履行过程中出卖方的义务虽部分为李某某履行，但无法据此否认合同主体。合同中乙方账户虽列有李某某银行账户，但是因合同中未明示该账户为李某某账户，F 公司关于不知该账户为李某某账户的说法符合常理。”北京市门头沟区人民法院（2019）京 0109 民初 6944 号民事判决书。

〔4〕北京市门头沟区人民法院（2019）京 0109 民初 6944 号民事判决书。

官助理的另一份民事判决中，法院就明确分析了“高度可能性”标准在个案中的适用。法官在裁判文书中写道：“结合双方举证情况，本院认为林某某与某公司存在借款服务协议关系具有高度可能性，理由如下：一、借款服务协议内容与某公司自认事实高度吻合。……二、某公司关于聂某某仅协助某泰公司融资宣传的抗辩意见无证据支持。……三、林某某提交的证据相互印证证明其完成资金出借义务。……”〔1〕

上述实务做法，从一个侧面表明在实务中，《民诉法解释》仍有较大推广空间，尤其是对于适用简易程序的案件来说更是如此。的确，2018 年《最高人民法院关于加强和规范裁判文书释法说理的指导意见》第 9 条以开放式列举的方式，指明了应简化说理的典型案件类型，其中包括适用民事简易程序、小额诉讼程序审理的案件和适用普通程序审理但是诉讼各方争议不大的案件。而 2020 年最高人民法院《民事诉讼程序繁简分流改革试点实施办法》第 14 条基本延续了 2003 年《最高人民法院关于适用简易程序审理民事案件的若干规定》第 32 条的既有规定，提出了简化裁判文书的试点改革方向，对于一方当事人明确表示承认对方全部或者主要诉讼请求的、当事人对案件事实没有争议或者争议不大的案件，〔2〕都可以仅撰写简要裁判理由。

不过笔者认为，如果认为简易程序可以简化裁判说理，因而不必就法官心证的水平（事实存在具有高度盖然性、真伪不明乃至事实不存在）作出说明的话，恰恰能够支持二分式证明责任模式仍在我国实践中大多数的民事案件中占据主流地位的论点。仅从本文探讨的过程来看，证明责任规范应当属于绝大多数当事人存在争议的裁判中说理的核心内容，〔3〕而并非可有可无的部分。易言之，如果裁判没有对证明责任规范以及必要时真伪不明状态的认定，更接近于没有说理而非简化说理。也许论者会更为审慎地思考：“省略了，是否等于不存在？”笔者则认为，裁判说理本就不同于法官形成裁判的过程，

〔1〕 北京市门头沟区人民法院（2019）京 0109 民初 1992 号民事判决书。

〔2〕《民诉法解释》第 270 条删去了“当事人对案件事实没有争议或者争议不大的”类型。最高人民法院就此明确强调其实属“有意为之”，因此此时对事实和理由不能简化。

〔3〕 参见曹志勋：《对民事判决书结构与说理的重塑》，载《中国法学》2015 年第 4 期，第 241 页和第 243 页。

是给别人看的。判决书里不写，让当事人和所有其他读者如何知晓呢？正如“当我们说民法典，我们其实是憧憬着（描绘着）一个关于具体法治的路线图”[1]一样，当我们说裁判说理，依法说理和依照不限于民事程序法和证据法的现行规则说理，仍应该是各界法律人共同追求的司法目标。

五、结　语

在《民诉法解释》施行五年后，我们一方面看到民事诉讼法学界就证明责任相关问题继续展开了卓有成效、逐渐深入的分析与对话，另一方面也能在我国司法实务中发现，证明责任裁判在数量上确实有了几个量级的增长，但是原有的司法习惯思维仍然在很大程度上持续影响着中国法官的裁判选择。正如笔者曾经表达的，“大陆法系的证明责任理论的复杂建立在法学的高度发达之下，复杂的只是学者的思辨过程和理论的完整阐释；而对法官而言，只不过首先要求认定事实真伪不明状态，进而通过适用某种规范将其转化为或真或伪的事实状态，然后再适用法律。实际上，对裁判者而言，只增加了事实认定上的一小步而已，只需要法官在向当事人释案或撰写判决书时讲清楚过程”[2]。就此而言，以现行法为依据充实裁判说理，在追求正确的裁判结果的同时发展裁判技术，可能是笔者少有地选择“一鱼多吃”，边重温边续写真伪不明问题的初衷所在。

---

〔1〕 薛军：《当我们说民法典，我们是在说什么》，载《中外法学》2014 年第 6 期，第 1407 页。

〔2〕 曹志勋：《“真伪不明”在我国民事证明制度中确实存在么？》，载《法学家》2013 年第 2 期，第 105 页。

实务第一站

谈谈法律文献检索这门技术活

——入门秘籍

刘　明*

摘　要：大数据、网络时代，法律文献检索在法科生核心能力培养中的地位不断凸显，成为法律人职业生涯必备的技能之一。但是，法律文献检索明显不同于法学理论课的学习，它属于技能训练，要想学好这门技术活必须掌握入门要领。

关键词：法律文献检索　入门要领

一、法律文献检索是法科生必备重器

无论从事法学研究还是法律实务工作，都离不开法律文献检索。学术研究是站在前人的肩膀上完成的，通过文献检索、调研、考察前人的优秀成果，了解其研究现状，在此基础上的学术研究才称得上有意义的学术传承、推进和创新。否则，研究就是无源之水、无本之木。法律实务的核心是寻找规则、适用规则，其中寻找规则这一环节一定程度上就是法律文献检索。律师、法官不再是光凭经验吃饭的职业，（类案）检索已成为其未来能否执业与保证司法公正的硬要求。[1] 因此，立足当下，谋划未来，法科生应尽早掌握这项法律人的必备技能。从更大的方面讲，法律文献检索是利用信息解决法律问题的能力，掌握获取知识的能力远比掌握知识本身更重要。

---

*　中国人民大学法学院图书馆副馆长、中国人民大学诊所式法律教学与研究中心研究员。

〔1〕 参见最高人民法院在 2018 年发布的《关于进一步全面落实司法责任制的实施意见》，2020 年发布的《关于统一法律适用加强类案检索的指导意见（试行）》，两份文件将法律检索上升到了前所未有的高度。

二、法律文献检索是一门“知易行难”的技术活

用“知易行难”的技术活来形容法律文献检索再贴切不过了。这个说法来自多年检索教学中同学们的反馈和心得体会。很多同学在上课之初对检索不以为然，以为法律文献检索只不过是学习几个数据库的应用而已，后来才发现检索居然有这么多的门道和学问，不禁感叹，要想学好检索不下真功夫还真不行。

检索真功夫的练就在于不断地实践和不断地试错，在实践和试错的过程中，原有的错误想法会得到纠正，模糊的思路会更清晰，离自己的目标也会越来越近。这一过程需要大胆动手操练，“敢点”“乱点”才可能有发现〔1〕；同时需要细心，善于观察每一次检索结果页面的有用信息，比如关键词上位概念扩展、相关知识点的链接、关键词和同义词的推送等，找到这些才可能顺藤摸瓜；这一过程还需要韧性，坚持不断地练习、熟练运用才能将技能内化于心。总之，检索过程没有白踩的坑，也没有多走的弯路，每一个踩过的坑、每一条走过的路都会成为自己经验的积累。检索让人又恨又爱，时而一筹莫展、时而磕磕绊绊、时而柳暗花明、时而惊喜不断。

三、检索前的准备工作：选题分析

在开始检索前，要对选题进行充分分析，明确接下来的检索任务，制定检索策略，把复杂的事情变得简单明了。不管是理论研究问题，还是实务问题，首先要把问题提炼出来，其次要回答：解决这些问题需要检索哪类文献（期刊论文、法律法规、司法案例等），涉及哪些数据库、平台等学术资源。下面通过两位同学的检索报告举例说明。

比如一位同学对安乐死这一较大话题比较感兴趣。从法律角度分析，该

---

〔1〕 很多文科生在检索时不敢大胆动手、中规中矩、生怕出错，老师上课讲到哪个数据库的什么功能才会去关注，自己从不试着去点击页面上的功能按钮、链接等陌生的地方，因此检索能力很难有提高和突破。

话题相关研究进一步的细化涉及安乐死立法、安乐死合法化、安乐死与生命权保护等。该同学选择了其中的安乐死合法化，并在展开选题时做出了以下的思考与检索：首先，鉴于目前我国尚未对安乐死进行任何形式的立法，因此不直接检索法律法规，而是检索是否存在安乐死的司法案例，进而选择裁判文书网、北大法宝、威科先行法律信息库（以下简称威科先行）等学术资源。其次，检索相关论文以考察学者对这一问题的看法，选择超星中文发现、中国知网、万方、维普等。最后，安乐死是全人类问题，因此需要考察已有安乐死立法先例的典型国家的具体做法，了解其最新动态。通过前面对中文文献阅读发现，美国已有五个州通过立法方式允许安乐死，最有影响的是加州，故选择 Lexis Advance 或 Westlaw Next 进一步检索美国相关州的法案、判例、期刊论文等。

再比如另一位同学所检索的离婚案件中夫妻共同股权分割问题，此问题来自实际纠纷，想要解决它，需要考虑如下问题：我国相关法律有无对此问题的规制；司法实践中一般如何处理，又如何论证；学术界存在哪些解决该问题的理论观点；外国法律是否对此问题有规制，是否存在类似案例。因此，需要通过北大法宝检索法规法规，通过北大法宝和“法信”检索同类案例，通过超星中文发现和中国知网检索（电子书、期刊论文、学位论文）理论观点，通过 Lexis Advance 检索英文法律法规和判例，通过 HeinOnline、OCLC First Search、World Cat Dissertations/Ebook 检索英文期刊论文、学位论文、电子书。

选题分析是检索的重要起步，分析得充分和到位与否决定了检索能否顺利开展下去。否则法律检索小白很容易像没头苍蝇一样，东一下西一下，浪费时间和精力。

四、检索关键词很关键

借用法律圈里检索大咖们的一句话，检索关键词很关键。关键词选不好，就会一步错步步错。那么如何才能选好关键词呢？

检索关键词涉及概念或术语的，需要借助工具弄清楚其含义。比如针对中文概念“电竞游戏”“直播”“合理使用”“著作权”，可以选择中国知网“工具书”子库、超星读秀知识库的“百科”功能、维基百科、搜狗百科、知乎等。针对外文概念，如“precautionary principle”“euthanasia”等，可以选择元照英美法词典（月旦知识库中收录电子版）、布莱克法律词典（Westlaw 中收录电子版）、威科国际法律百科全书、必应英文版或已发表期刊论文中的定义等。

不能确定检索关键词是什么的，可以尝试如下两种策略。策略之一：通过搜索引擎准备尽可能多的关键词，然后通过正式法律文件、实务文章等不断缩小关键词的范围，最后锁定本行业内出现频率最高、最容易检索的关键词。如对于“交通事故中车辆价值贬损能否获得赔偿”问题，先在谷歌或百度中搜索“车辆价值贬损”，获得相关关键词：交通事故车辆贬损价值、事故车辆贬值损失、车辆贬损费、车辆贬损费用、受害方车辆贬值损失、机动车价值贬损。然后，选择高频词“车辆贬损”在北大法宝和威科先行中检索相关法律文件验证。

策略之二：先用能想到的检索关键词在法律专业数据库里面检索，检索过程中注意观察检索结果页面出现的相关词汇、文献的摘要或粗略浏览文献全文，进一步发现和扩展关键词，直到找到最理想的关键词。比如研究题目为“网络食品交易的第三方平台责任”，先用能够想到的“食品安全”和“电子商务平台”两个关键词在北大法宝检索法律法规，遂将关键词扩展为“《食品安全法》第六十二条”和“《电子商务法》第三十八条”，再用扩展的这两个关键词在超星中文发现平台检索期刊论文和学位论文进而又新增“平台责任”“网络食品交易”“审查义务”“主动监管义务”“社会共治”这几个关键词，进一步可以用这些关键词组合检索，直到找到需要的文献。

此外，选词意义泛化、不容易准确界定、干扰项太多的，在检索过程中需要针对关键词进行试错和更换，或者通过下位概念细化。比如买卖判决书的问题研究，选取“买卖”和“判决”两个关键词，在北大法宝的法律法规和司法案例库检索结果不符合预想。首先结合对研究课题的初步理解和日常生活常识将关键词精确为“不良债权转让”，检索后修正为“债权转让”，再根据检索到的司法解释，增加检索关键词“判决确认”。但是与“债权转让”组合检索之后，发现“判决确认”在判决书中易作为法院裁判的一般常用语出现，为干扰项，遂将搜索关键词再次更正为“判决确认的债权转让”。

再有，如果选词范围太窄，检索不到相关文献时，可以寻找其上位概念扩大检索范围。比如“餐饮行业开瓶费告示的法律效力问题研究”，选取检索关键词“开瓶费”，边检索边发现还可以用“店堂告示”或“格式条款”重新扩展检索。还有“电竞直播中关于著作权合理使用的问题研究”，选取检索关键词“电竞游戏”，进一步可以扩大到“网络游戏”（网游）。但是要注意，上位概念的寻找也不能想当然，比较牢靠的方式还是借助工具，比如数据库中的关键词扩展、知识图谱分析、可视化、超链接推送等功能，或参照已有专业文献中知识体系或结构加以验证之后再使用。

五、检索也要有逻辑

检索不是机械地查资料，而是自始至终贯穿着逻辑性的一项操作。选题分析、检索关键词的抽取及它们之间的逻辑关系、数据库和检索字段的选择、检索结果的评价、常见问题的处理，每一个环节都有讲究。

检索关键词、数据库、字段，利用这三者构建检索式的过程就是在数据库中建立检索关键词之间逻辑关系的过程，这一过程决定了是否能找到相关文献。检索关键词之间常用的逻辑关系有三种：“逻辑与”（“并且”、and）表示两个检索关键词同时出现在一篇文献的某个位置；“逻辑或”（“或者”、or）表示两个词有一个出现在一篇文献的某个位置即可；“逻辑非”（not）表示需要在文献中排除这个词。字段可以理解为把文献切成若干块，其中的一块就是一个字段，比如论文的标题、主题或摘要等，法律法规的标题、全文、发文机关等，司法案例的标题、案由、裁判要点、审理法院等。假如要检索自动驾驶汽车侵权责任的期刊论文，检索关键词为“自动驾驶汽车”和“侵权责任”，逻辑关系一定要选择“并且”，字段选择论文的主题、篇名或摘要等才能保证找到相关论文（一般不推荐选择全文字段，它的检索结果关联性较弱）。

保证检索结果相关的基础上，如果结果特别多，还需要利用数据库排序、精练等功能把权威、影响力大的文献筛选出来。没有排序、精练功能的，可以通过添加关键词并利用“在结果中检索”功能重新检索，或者利用检索结果页面相关关键词推送选择下位概念、细化选题再检索。检索结果特别少时，则需要通过扩展检索关键词的同义词，或扩大字段检索范围，或通过一篇相关文献中的相似论文、参考文献、引证文献扩展，或通过数据库的模糊检索功能扩展。

六、法律文献检索要特别强调：权威、时效、准确

与其他文献检索相比，法律文献检索有其特殊性，这源于法律文献的规范和严肃。因此要注意检索结果的评估，文献的权威、准确、时效统统要考虑，进而筛选出“好”的文献。

从学术资源来源上看，尽量选择官网（平台）、专业性数据库、学术性组织网站、公众号等，并关注其是否及时更新。从法律文献本身来看，要考虑学术研究和法律实务的不同。如学术研究中筛选出被引证次数较多和发表日期较新的论文，可以同时抓住该领域主流文献和最新文献。法律实务当中支持己方诉求的法律依据要首选效力层级较高的中央法律法规，高层级缺位的，再顺位选择较低层级的中央法律法规，中央法律法规缺位的，再考虑地方法律法规。同时，一定要检查所选法条版本是否为最新，确保未有新法替代或部分修订。法律法规有一定的滞后性，对于一些新出现的法律问题，实务当中还会参照之前的相似案例，在类案选择上也要优先选择权威案例，比如法院审级较高的或参照级别较高的司法案例。

七、重要的事情说三遍：灵活、灵活、灵活

检索是有套路的，但是不能一根筋被固定套路套住。因为每个人的选题不同、检索任务不同，选择不同的学术资源和不同的检索策略，结果便会千差万别。甚至，同样的选题、检索任务、学术资源和检索策略，在不同的时

段上网检索所得到的结果也是不一样的。因此，一定要善于观察，及时调整，才能“左右逢源”。

用同学们时下喜欢的一个新鲜物来做比喻，法律检索的过程就好比开盲盒。在没打开之前，没有人知道里面到底是隐藏版、限量版还是普通版，甚至还有可能是谢谢惠顾。但是当我们不断精练自己的技术，就会仿佛开了挂一样，逐渐摸索到盲盒的套路。比如检索不到相关结果时更换检索关键词的同义词、寻找其上位概念扩展检索；在中国知网检索期刊论文没有结果，可以到北大法宝检索相关法条或司法案例，然后利用它的“法宝联想”超链接功能找论文；学会同类数据库的互补使用，比如在 Westlaw Next 中检索美国判例没有结果可以用 Lexis Advance 检索；同一篇论文如果所在的机构恰好网络不好或中国知网不能下载，可以到万方或维普检索下载；一些只授权给某一个数据商平台的文献，一个图书馆不能正常使用时，可以尝试到一些免费公共图书馆的电子资源里面去寻找这个数据库；另外，纸本和电子版的选择也要根据实际情况，哪种方式方便可行就用哪种方式。还有，同一个作者的博士论文与图书、同一个作者的图书或期刊论文等不同文献类型的选择也要灵活处理。灵活掌握就会发现检索其实是条条大路通罗马，上下求索总能找到目标文献，即为自己的选题打开更多、更适合的宝藏盲盒。

法律文献导读

理解法理学

——彼得·霍尔斯特德《法理学简明读本》导读

孙海波 *

摘　要： 法理学旨在研究一般法律现象及问题，其研究对象和研究方法的特定性，决定了这种学问的抽象性与复杂性。总体来说，它主要包括法概念论、法伦理学与裁判理论（法律方法论）三部分内容。法概念论集中关注法律的性质，尝试提供判定法律的根本标准；法伦理学则追求正当之法，告诉人们哪些举动在法律上是正当的，哪些做法应予以禁止；裁判理论关注的是法律规范在个案中如何适用，如何依照既有的法律推导出正当的裁判。《法理学简明读本》一书即是按照此一体例写作，从法概念论、法伦理学以及裁判理论三个方面将重要的法理学思想和流派分门别类，为人们迅速了解法理学的基本样貌提供了一个很好的窗口。

关键词： 法理学　法概念论　法伦理学　裁判理论

一

初入法学之门的学生，往往容易被“法理学”“法哲学”和“法律理论”这几个概念所困惑。事实上，在中文语境中，学者们对这几个概念的使用也较为混乱。按照现有的学术考证，“法理学”一词最早是由日本学者穗积陈重提出的，后被译介到中国。受制于特定的历史和社会环境，作为学科意义的法理学经历了从“法与国家的一般理论”到“一般法理论”再到“法理学”的流变过程。相对于部门法而言，法理学一般被定位为基础性学科。

总的来说，所谓“法理学”大体上是指对法律现象进行最基本、最一般

* 中国政法大学钱端升青年学者、副教授，法学博士。

和最理论化的分析。它所运用的视角与实务者往往也相去甚远，比如实务者更关注事实和法律文本，而法理学者更关注本体和价值层面的东西；实务者更多地思考“法律事实上是什么”（what is law），而法理学者更关心“法律应该是什么”（what law ought to be）。

在英文中，法理学对应的词是“jurisprudence”，由“juris”（法律）和“prudence”（智慧、系统之知识）复合而成，直观地来感受法理学的话，它就是指有关法律的系统性理论或知识。但是，请注意，“jurisprudence”有两种译法，第一种是“法学”，大致等同于“science of law”或“legal science”；第二种可以翻译为法理学。我们经常会发现在法理学这个提法之外，人们还经常使用“法哲学”这个称谓，什么是法哲学？法理学与法哲学又是一种怎样的关系呢？

“法哲学”（philosophy of law）或“法律哲学”（legal philosophy），是指以哲学化的方式来思考法律问题，或者说是将哲学的知识或方法运用至法律问题的思考上。在这个意义上，法哲学有更高的品格定位。法理学与法哲学有两种关系，在第一种意义上二者同义，法理学就是法哲学，法哲学就是法理学，这一点在英美表现得很明显，法理学（尤其是一般法理学）通常就是法哲学；在第二种意义上，法理学的外延更广一些，它不仅包括法哲学，还包括法哲学之外的其他研究进路，比如由此形成的法律社会学、比较法学等基础性理论学科。

至于法理论，也可以在两个层面上使用，有时候等同于法理学或法哲学，比如在英美法理学中，法理论一般指的就是法理学或哲学；而在更多时候，法理论的外延要更广一些，是一切研究法律问题的相关理论的总称，包括一般法理论（法理学、法哲学）和部门法理论。

摆在读者面前的这本《法理学简明读本》[1]，尽管英文标题使用的是“Jurisprudence”，但从讨论的内容来看，主要是围绕西方法律思想史中的一些核心议题，沿着法哲学的向度所展开的。法哲学的讨论一般要更为哲理化，

〔1〕 Peter Halstead, Key Facts: Jurisprudence, 2nd. ed., Routledge, 2013.

关注的议题也更加根本，所使用的话语也更为艰深晦涩一些。无论是从事法哲学的研究，还是阅读法哲学相关的作品，通常均需要一定的门槛。

许多法学院在低年级就开设法理学或法哲学课程，然而无论是讲授者还是聆听者都会发现这个过程很吃力。在学生眼中，这门课是无聊、抽象、乏味、艰深晦涩的，过了许多年之后再回忆时或许头脑中只剩下一堆干瘪的概念。同样，讲授者始终苦恼于选择何种语言或表达来向学生们传达知识，至于双方之间的交流就是更加困难的一件事情了。

瓦克斯教授在其《读懂法理学》一书的开篇，就一针见血地指出了这种现实的困惑和无奈。

法理学令人头痛，很多同学都有同感。如果有选择的余地，他们根本不愿意学习这门课程。而且即便告诉他们，若是有一天回首往事，他们定会承认接触法律理论的好处，也都无济于事。与大多数“重要的”法律课程不同，这个学科需要去思考、去阅读丰富的文献。这些文献往往都是索然无味甚至无法理解的著作，从表面上看他们甚至与“法律”毫无关联，而且通常以对哲学、社会学、经济学甚至人类学的理解为基础。你渴望的是一部制定法带来的安心，或者一份法院判决所产生的单纯快乐，而在法理学这里，几乎没有任何保障可言。你会发现自己突然陷入了宏大理论的危险深渊，那是认识论、目的论和形而上学栖居的世界，而且，与你的理解交相辉映的其实只是小伙伴们佯装理解的现实！〔1〕

产生这种尴尬处境的重要原因之一，在于法哲学的体系性不够强，在其内部也长期学派林立、纷争不止。教师在授课时会很纠结究竟选择何种教材，尤其在面对新生或低年级的学生时，想让所选授课材料既不失深度又不失简洁，就会变得更加困难。笔者在教学过程中，一直想寻找一本入门的法哲学教材。初读彼得·霍尔斯特德教授的这本《法理学简明读本》，就颇为惊喜，在反复斟酌之后决定将其译介过来。这本书的一个鲜明特点是，涵盖的主题较为全面，每一章开篇以图表的形式勾勒出主要内容，同时正文以“outline”

---

〔1〕［英］雷蒙德·瓦克斯:《读懂法理学》，杨天江译，广西师范大学出版社 2016 年版，第 2 页。

或“summary”的形式罗列本主题下的具体思想和观点。所以，无论从形式上还是从内容上来看，它都更像是一本讲义。“简论”之“简”正是这样体现的，初学者或对此感兴趣的读者能够通过简单明了的方式迅速领悟法哲学的核心要义。

法哲学这种抽象而晦涩的研究有用吗？对此引发了很多热议，形成了有用论和无用论两种基本立场。无用论的支持者，主要是法律实务工作者（practical lawyers）和部门法研究者，其论点无非是：法哲学的语言晦涩、法哲学讨论的话题脱离实践、法哲学生产的理论难以指导和应用于实践。德国学者马蒂亚斯・耶施泰特认为反理论者并非仅仅来自一个阵营，而是“多声部的合奏”，具体存在八种反对法理论的声音，分别是：实用主义者、现实主义者、理论虚无主义者、理论逃逸者、无政府主义者、启蒙者、美学家、拒绝反思者。〔1〕除了外部的反对声音外，法哲学的无用性也部分地源自其自身的弱体系性和不统一性。但是，什么是一种好理论的标准，有时候不能单纯地用有用或无用来衡量。

对于许多学生而言，这个问题似乎有一个很简单的答案：法理学是不得不完成的一门必修课。对于持这种态度的学生，他们关心的是顺利通过考试，如果可能的话争取较好的分数。不过，即便是这些学生也或许想知道，他们碰巧能从选择的这门课中获得什么知识或好处。如果非得说出个一二三来，法哲学至少在以下这样几个层面上能够让学生们变得更好：其一，在实践层面，参与法理学的讨论培养了批判地、创造性地分析和思考法律的能力；其二，即便在哲学对于考试和实践没有直接意义的地方，它也有许多间接的好处，比如会让一个人的思考变得尖锐和富有逻辑；其三，在职业层面上，法哲学也能为律师和法官提供一些抽象的概念和分析问题的方法，尤其在面对疑难案件时更是如此，因为在这种情形下往往要对法概念的深层性质作出抽象反思；其四，对有些人而言，不管法理学有什么其他的用处和好处，它本身便

〔1〕 参见［德］马蒂亚斯・耶施泰特：《法理论有什么用？》，雷磊译，中国政法大学出版社 2017 年版，第 39—51 页。

是有趣的。[1]总有一些人认为学习法理学本身是有趣的、有价值的，即使它并不能带来更大的财富、更多的自我认识或更大的社会进步。

除此之外，还有不少法理学者辩护了法理论或法哲学的积极价值。比如，威廉·特维宁教授指出法理论所可能具有的五个方面的功能：（1）管道传输功能（conduit function），能够吸收、消化和传输相邻学科的知识、方法；（2）拔高理论的功能（high theory），以抽象的、哲理化的方式讨论法律之性质、法律体系之概念、法律与道德之关系、法律与其他社会控制方式之关系等问题；（3）对一些可行理论或法律活动参加者的实践观念进行研究、批评和改进的功能；（4）形成一些关于法律问题或现象的中阶理论（theory of middle order），并提出一些能够引导在各领域中进行研究和探索的假设；（5）合成功能（synthesizing function），去描述法律的整体架构，或绘制法律的整体图像。[2]

抽象理论研究本身是有内在价值的，无论是否会带来直接或间接的好处，它都是一项值得坚持和投身的事业。确实，理论研究总是会面临一些局限，如瓦克斯所担忧的那样：

我们的这个世界并不太平，甚至很多地方充满了苦难。饥饿、环境退化、疾病、森林滥伐、自然灾害和战争几乎成了第三世界的地方病。面对诸多令人痛苦的不幸和灾难，学术讨论往往隔靴搔痒，甚至更糟糕。诺姆·乔姆斯基说道：置身于论证与反驳的竞技场，处理着技术可行性与策略，把玩着脚注与引证，只接受某些议题论辩的正当性，有些人已经失掉了人道。[3]

尽管如此，他并未因此对（法）理论丧失信心，继而说道：

诺姆·乔姆斯基所说的或许是对的，他指出了理论的缺陷与局限。但是，我们从内心希望他是错的，我们希望道德情操和理论论证能够真正地兼容。但是在罪恶面前，当我们思考法律的恰当本质和功能时，太容易堕入脆弱的

---

〔1〕 关于法理学是否是有趣的，在迪克森和恩诺克两位学者之间有过一场本身很有趣的争论，具体讨论参见：David Enoch, "Is General Jurisprudence Interesting？", (May 1, 2015), Available at SSRN: https://ssrn.com/abstract=2601537; Julie Dickson, "Why General Jurisprudence Is Interesting", (February 11, 2017), Oxford Legal Studies Research Paper No. 17/2017. Available at SSRN: https://ssrn.com/abstract=2921820.

〔2〕 See William Twining, "Some Jobs for Jurisprudence", British Journal of Law and Society, Vol. 1, No. 2 (Winter, 1974), pp. 149–174.

〔3〕［英］雷蒙德·瓦克斯：《读懂法理学》，杨天江译，广西师范大学出版社2016年版，第15页。

简化和浮华的文饰了。在动荡的年代，当煽动者大声喧嚣之际，太需要明断的分析了。因此，对法律、正义和法律概念之内涵的最根本问题进行严谨的法理思考尤为必要。法律理论发挥着极为重要的作用，它定义、捍卫着那些巩固我们社会的价值。〔1〕

在法律实践中我们可能感觉不需要法理论，但它却一直在潜移默化地发挥作用，只是有时候我们意识不到它的存在罢了。一如上文所言，在疑难案件中法理论可能就要出场了。一旦用到法理论，那么它所带来的影响是无比之大的。考夫曼曾经说过，不必要求每个法官都能成为优秀的法哲学家，但他们至少要有一定的法哲学品位，借此来扩大自己的“难题意识”。〔2〕而德沃金更是提出了一种“理论内置型”的司法裁判理论，主张法律实践是理论内置型的实践，法官的裁判过程都是有理论支撑的，因为实践本身就是带有理论旨趣的。〔3〕值得一提的是，霍姆斯（Holmes）也曾坚定地捍卫法理论的重要地位：

我们关于法律的理论不是太多，而是太少……理论是法律原则中最重要的部分，就像建筑师是房屋建造过程中最重要的人一样。不用担心他们不切实际，因为对于有能力的人而言，它仅仅意味着对问题的刨根问底。对于没有能力的人而言，有时正像人们所说的那样，对于普遍性理念的兴趣意味着对具体知识的缺乏。我记得我服兵役时读到过一个年轻人的故事，他的考试成绩最低，当被问到一个关于中队训练的问题时，他回答说自己从来没有考虑过一万人以下的操练问题。但必须允许软弱和愚蠢的人去做荒唐的事情。真正的危险在于那些有能力的实践者对于那些和他们的事业相去甚远的理念表现得漠不关心或者毫不信任。〔4〕

在法律实践中，如果掌握裁判权力的法官，尤其是手中握有生杀予夺大权的刑事法官或检察官，能够秉着公正和良心对争议问题刨根问底，那么无

〔1〕［英］雷蒙德·瓦克斯:《读懂法理学》，杨天江译，广西师范大学出版社 2016 年版，第 15 页。

〔2〕［德］阿图尔·考夫曼:《法律哲学》，刘幸义等译，法律出版社 2004 年版，第 1 页。

〔3〕 See Ronald Dworkin, “In Praise of Theory”, Arizona State Law Journal, Vol. 29, No. 2 (Summer, 1974), pp. 353–376.

〔4〕［美］小奥利弗·温德尔·霍姆斯:《霍姆斯读本：论文与公共演讲选集》，刘思达译，上海三联书店 2009 年版，第 39 页、第 41—42 页。

疑会给当事人带来更大的善。从人类历史的经验中，我们看到在危难关头，恰恰是法理论发挥了力挽狂澜之作用。不妨回想一下，“二战”后对纳粹战犯的审判，面对战犯以实证法之命令来狡辩时，国际法院的法官站在自然法理论的立场上，[1]成功地驳斥了纳粹战犯的辩解，以古老的自然正义原则将它们永远牢牢地钉在耻辱柱上。

二

彼得·霍尔斯特德长期担任英国格鲁斯特大学法律与人权中心高级研究员，在法哲学和人权理论方面颇有造诣。他有 30 多年的法律教学经验，并且是一名十分出色的律师，在私人事务所和政府部门都有过执业经验。在教学过程中所撰写的两本教科书都很受欢迎，一本就是读者眼前的《法理学简明读本》，另一本是《人权法简论》（*Huaman Rights：Key Cases*）。

法理学从构成上来看，主要包括法概念论、法伦理学与裁判理论（法律方法论）三部分内容。法概念论处理的是法律的性质问题，在法理论中这是一个核心性或根本性的问题。法伦理学追问的是什么样的法是好法，何种做法在法律上是可取的，何种行为应该是加以禁止的等。裁判理论则涉及法律在具体个案中的适用，即法官如何在规范的拘束下为个案寻求正义的裁判。

从《法哲学简论》一书 12 章所涉猎的主题来看，可以将它们分别安置在法概念论、法伦理学和裁判理论三个范畴之中。

第二章（自然法）、第三章（经验主义、理性主义和启蒙运动）、第四章（早期法实证主义）、第五章（当代法实证主义）、第七章（历史法学派）、第八章（社会法学派），主要涉及法概念的问题。这些不同学派之间有时是彼此竞争的，它们对法律是什么这个问题提供了各种不同的答案。

第六章（功利主义）与法概念论或裁判理论都有所关联。比如，边沁的功利主义理论影响了奥斯丁，对早期法实证主义的形成有一定的意义；而功利主

〔1〕关于自然法理论在世俗法院中的运用，see R. H. Helmholz，Natural Law in Court：A History of Legal Theory in Practice，Harvard University Press，2015.

义讲究效用、最大福利、关注最佳后果，这与实用主义的司法裁判观有不谋而合之处。但是，以上这两种关联都是相对较弱的。在三分法的法理学框架中，最合适的位置莫过于法伦理学，它涉及对法这种规范所持有的价值或态度。

第九章（形式主义、现实主义与实用主义）、第十一章（批判法律运动）尽管在法概念论上也有所涉及，但主要处理的并不是法概念论问题，而最好应将它们看作一种司法裁判理论。现实主义与实用主义是在批判形式主义的基础上而产生的，批判法律运动是法律现实主义的后裔。在弄清楚这个逻辑脉络之后，我们就能更清晰地把握它们的基本思想观点和内在的体系关联。

值得注意的是，本书用了专章介绍德沃金的理论，德沃金在法哲学史上的重要地位可见一斑。总体来看，德沃金的理论中既有法概念论的内容，也有裁判理论的内容。在其早期理论中，对法概念的讨论较多，尤其是他持续不断地挑战法实证主义关于法律之性质的理论。在德沃金后期的理论中，他建构了一套整全法的裁判理论，这种理论主要是围绕疑难案件的裁判而发展出来的，除此之外，德沃金在法伦理学方面也有过很多探讨，集中体现在《生命的自主权》（*Life's Dominion*）和《刺猬的正义》（*Justice for Hedgehogs*）这两本著作中。[1] 其中，对什么是一种好生活，人们如何能够过上一种值得过的生活，德沃金都从价值论的角度给出了专门的回应。

法概念所追问的是"法律是什么"，这一直是法理学或法哲学的最核心议题，以至于可以称之为法哲学中的"永恒之问"。数千年来，人们尝试给这个问题提供过无数种不同的定义，但至今依然未能达成共识。一如哈特所指出的那样：

关于人类社会的问题，极少像"什么是法律？"这个问题一样，持续不断地被问着，同时也由严肃的思想家以多元的、奇怪的，甚至是似是而非的方式提出解答。即使我们将焦点限缩在最近 150 年的法理论，而忽略掉古典的与中世纪的关于法律"本质"的思辨，我们将发现一个任何其他独立学术专业、系统性研究的科目所无法比拟的情况。与"什么是法律？"这个问题

〔1〕 参见［美］罗纳德 · 德沃金：《生命的自主权》，郭贞伶、陈雅汝译，中国政法大学出版社 2013 年版；［美］罗纳德 · 德沃金：《刺猬的正义》，周望、徐宗立译，中国政法大学出版社 2016 年版。

不同，并没有大量的文献致力于回答“什么是化学？”或“什么是医学？”这样的问题。在这些科学领域中，一本初级教学书前几页的几行字，往往就指出了这些科学的学习者对这些问题所有应该要思虑的东西；而在这些科学领域的教科书中，类似的问题被给予的答案与提供给法律之学习者的回答是相当不同的。〔1〕

自然法与法实证主义为法律是什么提供了截然对立的观点，前者主张对法概念的界定离不开对于法律应当是什么的理解，而后者坚持它们在概念上是可以分离的。自然法，因其信奉一种更高的自然秩序（自然之性质、神谕、人的理性等）而得名，自古希腊斯多葛学派起，一直延续至今，随着“自然”内涵的变化，自然法理论命运多舛，几经衰落又复兴。在本书的第二章就论及了早期的自然主义、罗马时代的法学家、中世纪的神学自然法、欧陆的理性主义者、德国的康德（Kant）和拉德布鲁赫（Radbruch），以及世俗化自然法的代表富勒（Fuller）和菲尼斯（Finnis）。其中每一个阶段的自然法思想都值得深入介绍，囿于篇幅，这里点到为止，不再展开论述。

古希腊时期，也是最早期的自然法，是一种朴素的自然法，这里的“自然”所指向的其实是“事物的本质”。到了中世纪经院神学自然法那里，法之性质走向了“神谕”，这一阶段自然法思想的主要代表是奥古斯丁和阿奎那。17、18世纪，以理性主义为代表的论者以“人的理性”为自然法注入了新的活力，人们将这一阶段的理论称为“古典自然法”。自此之后很长一段时期，自然法走向了没落，直至“二战”以后，以纳粹战犯的审判为契机，自然法重新被激活。不过，在这之后，拉德布鲁赫、马里旦（Maritain）、罗尔斯（Ralws）、富勒、菲尼斯等人的理论，更多地开始关注世俗社会中个人的权利。

人们时常不假思索地给自然法贴上“恶法非法”的标签，其实不然。早期的相对粗糙的自然法理论，可能会秉持这种判断，但后来经过发展了的理论并不认为恶法必然非法，而安定性才是法之存在的首要美德。也就是说，即使法律存在一定缺陷（deficiency law），也不必然导致其自身无效，只有这种缺陷

〔1〕［英］哈特：《法律的概念》，许家馨、李冠宜译，法律出版社2006年版，第1页。

比较严重，甚至带来极端的不正义，而不为正常理性人所容忍时，恶法才不再担当得起法律之称号。拉德布鲁赫公式对这一观点有十分清晰的阐述。[1]故而，不宜再以“恶法亦法”与“恶法非法”来武断地区分自然法与法实证主义。

三

本书用了两章篇幅来处理法律实证主义，可见这一理论的重要地位。自奥斯丁以降，实证主义在与自然法的争辩中，一直引领着法理论的主流思想。早期的法实证主义，作者讨论了边沁、奥斯丁和凯尔森（Kelsen）。

人们相对更熟悉边沁的功利主义思想，毕竟避苦求乐是人之本性使然，立法和社会制度的设计自然也要尽可能实现最大多数人的最大幸福。边沁的主权理论对后世法实证主义的形成和发展起到了重要作用。事实上，边沁本人有一本专门讨论主权与法律的著作《论一般法律》（*Of Laws in General*），今天来看，这本书应为法实证主义的奠基之作。该书基本完成于 1782 年，边沁生前未将该书付梓，使其长期淹没在大量的手稿之中，直至 150 年后被查尔斯 · 埃弗雷特教授发现并出版。其中，1945 年美国哥伦比亚大学出版社出版的是由埃弗雷特教授编辑的版本，1970 年伦敦大学阿斯隆出版的是由哈特教授编辑的版本。在该书第一章中，边沁就展示了一个“非常实证主义”的法概念：

由一个国家内的主权者（sovereign）所创制的或者所采纳的、用以宣示其意志（volition）的符号（signs）的集合，该等符号是关于某特定的个人或某种特定类型的人们在某个特定的情形（case）中应遵守的行为，而处于该情形中的该等人是或者被推定是受制于主权者的权力；主权者的意志得以实现，要仰赖于对主权者所意图发生的具体事件的预期——如此做出的意志宣示在必要的时候是意志得以实现的手段，并要仰赖这样的预期，即所宣示的意志

[1] See Gustav Radbruch, “Statutory Lawlessness and Supra-Statutory Law (1946)”, translated by Bonnie Litschewski Paulson and Stanley L. Paulson, Oxford Journal of Legal Studies, Vol. 26, No. 1 (Spring, 2006), pp. 1-11.

对那些行为被规范之人来说，是作为其行为的一种动机而发挥作用。[1]

简言之，法律是主权者依靠强力发布的一项命令，其特征有：命令性、普遍性、规范性、强制性、目的性等。仔细观察，会发现这一定义与奥斯丁的定义惊人地相似。以至于学者们戏称，"如若在其生前即已刊行，此书，而非约翰·奥斯丁后来的、显系衍生而来的作品，将统治英国的法理学，与边沁时代以来（分析法学）的现有状况相比，分析法学的发展将会快得多，分析法学的扩展将会以更富生命力的方式进行"[2]。果真如此的话，那么法理论究竟会朝着哪个方向发展也犹未可知。

在法实证主义的发展史上，奥斯丁是一个奠基性人物，虽然他的理论无疑受到了边沁的影响，但正是他真正开创了这一学派，并首先在大学正式讲授法理学这门课程。奥斯丁的思想集中体现在《法理学的范围》（*The Province of Jurisprudence Determined*）和《法学讲义》（*lectures on Jurisprudence*）中，这两本书的名字使用的都是"Jurisprudence"，学界今天多采"法理学"的译名，而在当时法学是否成为一门独立的学科都尚有争论，因此也有学者认为应采"法学"之译法。[3]在书中，奥斯丁立基于主权的概念，提出了"法律就是主权者的命令"这一观点，主权者是一个社会中地位最高的、获得人们习惯性服从而自己又无需服从其他更高主体的人，他所发布的一般性命令，表达了要求人们服从的愿望，如果相关主体不按照其指示行动，就会受到法律的制裁。为此，他还有一句很有名的论断：

法的存在是一回事，法的好坏则是另一回事。法是否存在，是一个值得研究的问题。法是否符合一个假定的标准，则是另一个需要研究的问题。尽管我们碰巧并不喜欢一项实在法，或者尽管它随我们据以赞许或责难某种行

---

〔1〕［英］杰里米·边沁：《论一般法律》，毛国权译，上海三联书店 2008 年版，第 1 页。

〔2〕 徐爱国：《分析法学》，法律出版社 2005 年版，第 30—33 页。

〔3〕 关于"Jurisprudence"的争论，参见陈景辉：《法律的界限：实证主义命题群之展》，中国政法大学出版社 2007 年版，第 33—42 页。奥斯丁生前出版的"The Province of Jurisprudence Determined"，被译介为"法理学"。参见［英］约翰·奥斯丁：《法理学的范围》，刘星译，北京大学出版社 2002 年版；奥斯丁去世后由其遗孀组织编辑的讲义"Lectures on Jurisprudence"，中译本译者也选择将"Jurisprudence"翻译为"法学"。参见［英］约翰·奥斯丁：《法学讲演录》，支振锋译，中国社会科学出版社 2008 年版。

为的标准而多变，但它仍然实际存在着。[1]

奥斯丁的重要贡献在于，为法学找到了独立的研究对象，即法学只研究实在法（positive law），只关心实际存在的法，至于法律之优良善恶应交由伦理学来探究。虽然他的“法律命令说”有一定的解释力，但应用范围却十分有限，无法很好地解释刑法之外的其他法律，比如私人之间自愿订立的契约、自愿设立的遗嘱等。不过，或许正是由于其理论所存在的这种内在局限，才为后世实证主义理论的发展留下了空间。在奥斯丁之后，实证主义有两个分支，一个是凯尔森所创建的规范法学，另一个是哈特开创的分析法学。

凯尔森的法理论有很强的新康德主义色彩，作为法律实证主义理论的坚持者，他认为需要在法体系内部为法效力找到根据。凯尔森放弃了主权者命令这一路径，而是预设了一个“基础规范”（basic norm）的先验概念。法律体系是一个拥有金字塔结构的规范等级体系，位于底部的是具体规范，每一个规范的效力都源自上一级更高的规范，由此一直回溯到最顶端的那个规范，其效力不再从更高的规范中获得，它是所有规范效力的最终来源，此即基础规范。[2]其基础性在于它是法效力判断的根本标准，相当于奥斯丁理论体系中的主权。对于基础规范的性质，学界历来也有不少争议，甚至不乏批评声。

虽然都是“去主权化”的进路，但哈特的理论与凯尔森有很大不同。他以批判奥斯丁的法律命令说为理论起点，认为奥斯丁的理论面临双重困难：首先，只有一小部分的法律可以说是由命令组成的；其次，更为重要的是，我们无法根据政治主权来说明所有法律的渊源。他对法律命令说的批判集中于三点：第一，仅可以解释刑法，但也不是非常成功；第二，无法解释广阔的私法领域；第三，某些法律并不起源于命令，而是起源于习惯。为此就需要寻找一个新的起点，这就是“义务”和“规则”。人们被迫做某事（持枪劫匪命令：把钱交出来！）与人们有义务做某事，存在着根本性的区别。义务概念的出现，与内在立场是联系在一起的，人们只有对某个规范从内在

---

〔1〕 John Austin, The Province of Jurisprudence Determined, edited by Wilfrid E. Rumble, Cambridge University Press, 1995, p.157.

〔2〕 参见［奥］凯尔森：《法与国家的一般理论》，沈宗灵译，商务印书馆 2013 年版，第 173—178 页。

的立场上持一种反思批判性的态度，将这一规范的要求内化于心（内在化/internalization），才能真正理解这一规范，并将其尊奉为行动理由（reasons for action）。这种内在的立场与法律现实主义者眼中的“坏人”（bad man）所持有的外在立场，是完全对立的，后者是出于某些审慎的理由（prudential reasons）而服从法律。

以此为基础，哈特型构了自己的社会规则理论。他认为，在前法律社会中，仅存在设定义务的规则，较为单一、僵化、不确定、静态、无效率，为此需要引入一些新的规则来改变这种现状。他将法律体系看作初级规则与次级规则的统一：前者是义务性规则，要求人们做一定的行为，或者禁止人们做一定的行为；后者是授权性规则，它负责引入新的规则，废除、修改旧的规则，并限定它们的范围和运作方式。次级规则包括承认规则、变更规则、裁判规则。其中，承认规则是法律效力之基石，被誉为帝王准则。变更规则是用来修改或变更规则的规则，裁判规则构成了法官裁判的准则。[1]哈特反对形式主义与现实主义的怀疑论，走出了一条中间道路，提出了法律的“开放性结构”（open texture）理论。他认为，语词有其核心与边缘地带，落在核心区域时语词就是清晰的，而一旦落入边缘区域，语词的意涵便会出现模糊和争议。伴随着这种开放性结构，法官拥有一种自由裁量权，可以通过造法的方式来呈现确定的法律标准，解决眼前的争议案件。

在“当代法律实证主义”这一章中，除了介绍哈特的理论之外，还介绍了麦考密克（MacComick）的理论贡献，他的研究兴趣广泛，涉及主权、宪法理论、自由主义以及社会民主等。他的主要贡献是在法律推理方面，提出了二次证明理论，这在英美法理学关于方法论的作品中产生了不小的影响。晚年麦考密克致力于研究法律权利与社会民主问题，并在这方面出版了一系列重要的论著。

第五章还介绍了拉兹（Raz）的理论。拉兹的研究涉及法哲学、道德哲学和政治哲学等诸多领域。不同于哈特，其立场是排他性法律实证主义，其选

---

〔1〕 参见［英］哈特：《法律的概念》，许家馨、李冠宜译，法律出版社2006年版，第86—93页。

择从权威的角度证成自己的理论主张。除此之外，他在法治理论方面亦有重要论述，因此获得了“2018 年唐奖法治奖”。拉兹教授在台北发表了“法自身之品性”（The Law's Own Virtue）的演讲，他认为法治是法律所必须追求的美德或品性，也是我们人类生活应追求的重要价值。为此，他重述了法治的重要原则：一是政府之行为必须受到法律之规制；二是法律要清晰和明确；三是法律要有安定性，不得朝令夕改；四是法律要公开；五是法律要具有一般性，能够被普遍适用；六是法律要具有可预测性；七是法律应指向未来，不得溯及既往。[1] 通过对这些大原则的进一步解释，法治的内容还可以进一步地扩展。法治存在的意义，是要让被法律规制之人（包括统治者与被统治者）都能了解法律是什么，要求统治者能够在法律的框架之下进行治理和统治，被统治者也能够知晓自己是如何被统治的。拉兹表示，法治的诸原则中有一条非常重要，这就是政府要守法、不可为所欲为，具体又可延伸为几个子原则：其一，政府要向大家公布决策背后的理由（giving reasons）；其二，理由必须是公正的，没有差别待遇；其三，让大家有发言的机会，通过理性辩论提出自己的主张；其四，法治要成为公共文化的一部分，必须与教育、政治的对话相结合，唯有如此法治才能真正落地生根。如此一来，法治的原则和内容就得到了扩展，变得更为厚重和全面。

四

德沃金是当代最伟大的法哲学家之一，他前期的法律思想集中于批判法实证主义，尤其体现在与哈特进行的长达数十年的学术论战中。德沃金挑战了规则模式，认为除了规则之外，在发达的法律体系中还存在着重要的法律原则，法实证主义者所共享的法效力判准无法识别出具有实质性内容的法律原则，因此实证主义无法为“法律是什么”提供一个成功的解释，规则模式应被抛弃或加以改造。

---

〔1〕 See Joseph Raz, “The Law's Own Virtue”, Oxford Journal of Legal Studies, Vol. 39, No. 1（Springer 2019）, pp.1–15.

哈特将承认规则作为法律效力的最高判准，能够识别出任何能够称为法律的东西，而承认规则自身的效力可以追溯至一个社会中的官员及大多数人的实际接受。用德沃金的话来说，“由此，我们可以这样来记录哈特的根本区别：一个规则之所以可能具有效力，是因为：（a）它被实际接受或（b）它是有效的”[1]。然而，德沃金将这种法效力的判别视为一种“谱系性判准”（pedigree），任何东西只要能符合相关的社会事实而无需考虑其实质内容（政治道德、正义或其他价值）如何，就可以将其判定为法律。此外，至于这种法效力的判准能否识别出法律原则？是什么使得一个原则能成为法律原则？哈特的理论是否像德沃金所批判的那样无法包容实质原则？承认规则如何能够识别原则呢？德沃金对这些问题给出了自己的回答。

德沃金主张，“实证主义是一种规则模式或规则体系，其为法效力提供的单一判准的核心概念，可能会使得我们错失一些非常重要的标准，而这些标准显然并不是单纯的规则”[2]。德沃金尝试建构出一种能包容法律原则的理论，并且他宣称规则与原则之间是一种质上的（quality distinction）或逻辑上的区别（logical distinction）。法律原则具有三个本质性特征，即可欲性（desirability）、一般性（generality）以及非排他性（non-conclusive）。这决定了法律原则具有分量的属性，必须以权衡的方式来运用，而法律规则是以全有或全无的方式适用的。

在德沃金的法哲学理论中，隐含着一个极为重要的问题，即（政治道德）原则何以能成为法律原则。对此，德沃金尝试将法律原则的效力与道德论证或原则的内容联系起来。一个原则之所以能成为法律的一部分，并不在于其谱系渊源，而在于它符合某种正义或道德标准。如此一来，一个原则如欲成为法律原则须通过两道门槛的检验：其一，必须是法律职业群体和公众随着时间的推移而发展起来的一种妥当感，比如任何人都不得从不义行为中获利，任何人都不能在缺乏充足证据的情况下被定罪等，它不能是一个真空中的实体，而是人们凭借智慧和经验长期积累起来的道德共识；其二，它仍然需要一

〔1〕 See Ronald Dworkin, Taking Rights Seriously, Harvard University Press, 1978, p.20.
〔2〕 See Ronald Dworkin, Taking Rights Seriously, Harvard University Press, 1978, p.22.

些制度性支撑，诸如制度性责任、成文法解释、各种先例的说服力、所有这些与当下道德实践的关系以及其他承载着这些标准的东西。一般而言，我们得到的这种制度性支撑越多，我们就越可以赋予这个原则更大的权重。可以说，德沃金在法概念上的立场是反实证主义的，即其认为对于法律的判别标准是无法脱离具有实质意涵的政治道德内容的。

历史法学派以及社会法学派，也通常被视作围绕法概念议题而形成的不同法学思潮。历史法学派和社会法学派，在"法律是什么"这个问题上，采取了一种典型的还原论进路，将法律这种东西还原为一种历史经验、民族精神或社会经验事实，换句话说，在它们这里，法律的规范性被事实性因素不同程度地消解了。

历史法学派一般可分为德国和英国两个分支，德国以萨维尼为主要代表，主张法律像风俗和习惯一样，是一个民族意志或精神的体现，就此，他认为习惯法或许才是法律的一种妥当存在形式，对制定法典应持有一种谨慎的态度，这也就是萨维尼和蒂堡关于是否需要制定一部德国统一的民法典曾展开激烈论辩的原因。[1]英国历史法学派的代表是梅因（Maine），他对自然法理论进行了一定的批判，并指出构成一个法律体系并赋予其效力的因素包括：传统、同意和互利互惠。梅因在其《古代法》（*Ancient Law*）一书中重点论及了法律的起源和进化，提出了那个很著名的论断：所有社会的进步都是一场从身份到契约的运动。

社会法学派则采取了一种外部的描述性视角，通过经验事实的归纳和分析来形成相关法理论。德国的埃利希（Ehrlic），指出应将关注点从"书本之法"（law in book）转移到"行动之法"（law in action），认为在实际生活中真正起作用的是"活法"（living law）。庞德则认为人类社会的控制手段，经历了从宗教控制和道德控制到法律控制的历程。总而言之，法律社会学的基本主张是：法律来源于整体的社群生活，它必须符合一般性而非个体性利益，它不应是一个静态的而是一个不断成长的存在。

---

〔1〕 参见［德］蒂堡、萨维尼：《论统一民法对于德意志的必要性：蒂堡与萨维尼论战文选》，朱虎译，中国法制出版社 2009 年版。

五

裁判理论也是法理论的一个重要部分，事实上任何一种裁判理论都预设了某种法概念论。至于法概念论与裁判理论之间的关系则颇为复杂，二者之间并不能用简单的“决定论”来描述。有时候持有相同的法概念立场，未必会得出同样的裁判结论；而另一些时候，持有不同的法概念论立场，也有可能得出相同的结论。

前述德沃金的法律思想中，法概念论与裁判理论的结合体现得就非常明显。尤其是在《法律帝国》一书中，他所建构的整全法（law as integrity）理论便是法概念论与裁判理论的统一，无论将其解释为法概念论还是裁判理论都是片面的。德沃金用了一定的精力处理了法律实证主义和法律实用主义在法概念论上的主张，进一步提出法律是一种解释性的概念，法律实践是一种以目的为导向的实践，必须根据目的或本旨来解释实践和解释法律，因此法律的概念必然要包容实质性的政治道德价值。法实证主义是一个被“语义学之刺”蛰中的理论，而法律实用主义所持有的怀疑论立场也有很大的危害。为此德沃金借助于建构性的解释，发展出了整全性的裁判理论。他认为在一切案件中都存在所谓正确的答案，对于所争议的法律问题都可以形成一种最佳的解释。只不过，这一理论需要满足两个条件：其一，是符合向度（fit），即必须与过去的政治决定保护一致；其二，是证立向度（justification），对解释进行正当化证成，形成一种与政治道德价值最融贯的判断。[1]在此理论之下，一切案件的裁判结果实质上就是解释的结果。

前文曾经指出，法律形式主义、现实主义和实用主义、批判法学也是一种重要的司法裁判理论，而且他们有时甚至会承诺某种法概念立场。法律形式主义产生在先，由于对它的诸种不满，催生了法律现实主义，后者经过发展又进一步衍生出批判法学运动，它们三者之间有一种内在的承启关系。

法律形式主义曾统治美国法学界很多年，这一段时期被吉尔莫称为“信

〔1〕 See Ronald Dworkin, Law’s Empire, Harvard University Press, 1986, p.67.

仰的时代”，形式主义者将法学当作一门科学来建构。其代表人物是兰德尔，他 1869 年被任命为哈佛大学法学院第一任院长，由于受到自然科学的影响，他认为“法律是一门科学”，法学院图书馆类似于实验室，应以与科学相同的方法来研究法律。他开创了具有深远影响的案例教学法（case method），案例构成了教学和研究法律的主要原料，通过与苏格拉底教学法相结合，学生们被引导从案例中提炼出相关的法律原则和教义。这一教学法对培养法科学生的实践技能发挥了十分重要的作用。借助于这种科学的方法，律师们可以从一些基础性的原则和概念中演绎出正确的司法裁决。他的这种方法和理念集中体现在《合同法判例》（*A Selection of Cases on the Law of Contracts*）中，该书也是第一本为学生编写的判例集。

法律形式主义，从字面上总会给人们带来一种机械主义或教条主义的感觉。总体上看，其核心主张是现有法律体系是完美的，通过演绎的方法可以从中为所有案件推演出答案。夏皮罗（Shapiro）将法律形式主义主张归纳为四个基本问题：（1）司法克制。除了寻找和适用既存的法律之外，法官再没有什么能够做的了。（2）自洽性。认为法律是确定的，既有法律可以为任何法律问题提供答案，因此法律不存在所谓的“漏洞”。（3）概念主义。即认为法律是由概念和规则所构成的一个层级有序的体系，位于上端的是抽象概念和原则，越往下规则的内容和形式就越具体，而且下层阶的低抽象度的规则都可以从上层阶的抽象概念和原则中推导出来。（4）裁判的非道德性。法官在裁判中只使用形式逻辑（主要是演绎的方法），而不得诉诸或求助于任何形式的道德推理。[1] 几乎所有的法律形式主义者都会共享以上这四个主张。

法律形式主义信奉法律的确定性，并坚持演绎推理的形式裁判方法。按照演绎推理的结构，如果作为推理之前提的法律确定，案件清晰明确，那么结论的得出就是顺理成章的。法律现实主义则整体上持有一种怀疑论，并以此对法律形式主义发起了全面的攻击。具体来说，法律现实主义主要采取了两种策略：其一，是攻击推理的大前提，主张法律是不确定的，此即所谓“规

〔1〕 See Scott J. Shapiro, Legality, Harvard University Press, 2011, pp.241–243.

则怀疑论”，即追问：什么是法律？如何确定法律？现实主义者给出的答案是，法院在案件中所做的判决或预测就是法律，这很明显是站在坏人立场上持有的一种外在主义观察，无论是哈特还是德沃金都曾极力批判过这种观点。还有一种看法，比如格雷（Gray），认为只有在审判过程中经过法官解释的东西才能称为法律。这种规则怀疑论，会极大地损害法律的确定性，也使得裁判的客观性难以得到保证。其二，是攻击推理的小前提，认为不仅规则，就连案件的事实也是极端不确定的，此即“事实怀疑论”，弗兰克（Frank）就是持这种观点的一个典型。他认为形式主义的理论不过是个“神话”，在现实裁判中真正起决定作用的不是法律或逻辑，而是法官个人的偏好、气质、品性等主观性因素。

美国法律现实主义与实用主义有时不是很好区分，他们的立场基本一致，霍姆斯、卡多佐（Cardozo）、波斯纳（Posner）等人更喜欢法律实用主义这个称号。实用主义整体上也持有一种法律怀疑论，更偏好后果和政策分析，寻求能够带来最佳社会效益的裁判，哪怕有时候背离法律的拘束也在所不惜。除了美国的现实主义者，在北欧还有斯堪的纳维亚法律现实主义者，他们一方面批判法实证主义的法理论，认为社会上大部分人之所以服从法律并不是出于强制而是因为习惯使然。另一方面从其理论中观察可知，与美国法律现实主义着重于从心理角度研究司法行为不同，斯堪的纳维亚法律现实主义主要是从社会学和心理学方面研究人们的守法行为。

法律现实主义向后发展，又衍生出了批判法学运动、女性主义法学和种族与法律等理论。批判法学运动（Critical Legal Studies Movement，CLS）是20世纪60年代末产生于美国耶鲁大学法学院的一股法学思潮，70年代在哈佛大学、斯坦福大学等著名法学院传播，其代表人物有邓肯·肯尼迪（Duncan Kennedy）、莫顿·霍维茨（Morton J. Horwitz）和罗伯特·昂格尔（Roberto Unger）。它以批判美国的法律思想和制度为己任，批判法学家们在理论上和政治上属于“新左派”。其核心观点，认为法律就是政治，自由主义关于法律是自治的、独立于政治的和伦理的观点就是一个谎言，如邓肯·肯尼迪所批判的那样：

当教师让学生们相信法律推理，作为一种获得正确结果的方法，它一般区别于伦理的或政治的论述，他们在胡说……对于法律问题，从来就没有一个与正确的伦理或者政治解决方法有别的“正确的法律解决方法”。[1]

以上是从法概念论和裁判理论这两条主线出发，对《法理学简明读本》一书主要内容进行的概述。法理学的内容博大精深，每一个主题都值得用更多、更厚重的篇幅来讨论。在写作这个导言的过程中，笔者也深切地感到吃力，因为很难用简短的话语来清晰地展现某一个学者或学术流派的思想观点。而本书作者，恰恰在这方面做了一个成功的尝试。想简要了解西方法律思想史或对法理学感兴趣的读者，不妨翻一翻这本小册子，相信会收获智识和思想上的愉悦。

（本书中译本由孙海波翻译，即将由中国政法大学出版社出版。）

〔1〕［美］安德鲁 · 奥尔特曼：《批判法学——一个自由主义的批评》，信春鹰、杨晓锋译，中国政法大学出版社 2009 年版，第 11 页。

图书在版编目 (CIP) 数据

法学教室 . 第 2 卷 / 李昊主编 . —北京: 中国法制出版社，2022.1

ISBN 978-7-5216-2417-5

Ⅰ . ①法…　Ⅱ . ①李…　Ⅲ . ①法学—研究　Ⅳ . ① D90

中国版本图书馆 CIP 数据核字(2022)第 004339 号

策划编辑: 马　颖

责任编辑: 王雯汀　　封面设计: 李　宁

法学教室 · 第 2 卷

FAXUE JIAOSHI · DI—2 JUAN

主编 / 李　昊

经销 / 新华书店

印刷 / 三河市紫恒印装有限公司

开本 / 710 毫米 ×1000 毫米　16 开　　印张 / 15.5　字数 / 225 千

版次 / 2022 年 1 月第 1 版　　2022 年 1 月第 1 次印刷

中国法制出版社出版

书号 ISBN 978-7-5216-2417-5　　定价: 59.00 元

北京市西城区西便门西里甲 16 号西便门办公区

邮政编码: 100053　　传真: 010-63141600

网址: http://www.zgfzs.com　　**编辑部电话: 010- 63141825**

市场营销部电话: 010-63141635　　**印务部电话: 010-63141606**

(如有印装质量问题，请与本社印务部联系。)